职业院校饭店服务与管理专业系列教材

酒店餐饮服务与管理实务

主　编　李　锦
副主编　柳礼奎　刘　菲

中国财富出版社

图书在版编目（CIP）数据

酒店餐饮服务与管理实务/李锦主编．—北京：中国财富出版社，2014.8

（职业院校饭店服务与管理专业系列教材）

ISBN 978－7－5047－5273－4

Ⅰ.①酒…　Ⅱ.①李…　Ⅲ.①饭店－商业服务－高等职业教育－教材②饭店－商业管理－高等职业教育－教材　Ⅳ.①F719.2

中国版本图书馆 CIP 数据核字（2014）第 138375 号

策划编辑　马　军　　**责任印制**　何崇杭

责任编辑　王淑珍　　**责任校对**　杨小静

出版发行　中国财富出版社（原中国物资出版社）

社　　址　北京市丰台区南四环西路 188 号 5 区 20 楼　**邮政编码**　100070

电　　话　010－52227568（发行部）　010－52227588 转 307（总编室）

010－68589540（读者服务部）　010－52227588 转 305（质检部）

网　　址　http：//www. cfpress. com. cn

经　　销　新华书店

印　　刷　北京京都六环印刷厂

书　　号　ISBN 978－7－5047－5273－4/F·2181

开　　本　787mm×1092mm　1/16　　**版　　次**　2014 年 8 月第 1 版

印　　张　14.75　　**印　　次**　2014 年 8 月第 1 次印刷

字　　数　350 千字　　**定　　价**　29.80 元

前　言

近年来，我国旅游业发展势不可当，酒店从业人员的需求量也日益增多，对员工素质的要求也越来越高，因此，培养实用型和应用型人才是我国旅游服务人才培养发展所要坚持的一贯方向。近年来，通过我们对酒店就业的毕业生和酒店部门经理的调研走访，高职高专旅游和酒店专业的学生已经成为旅游服务业从业大军中的主要力量。为了使学生学习本书后能够达到实际工作的上岗水平，实现就业的零过渡，我们组织了具有丰富的实践与教学经验，并且在酒店从事过管理工作，具备实战经验的教师，参考与借鉴众多国内酒店业的成功经验，编写本教材。

酒店餐饮部是任何酒店都不可缺少的业务部门。餐饮部是今后学生实习就业的主要部门。因此，学习本课程首先要以学以致用为主要目的。在教材编写过程中，紧密结合高职高专层次课程改革趋向，本着“项目导向、任务驱动、工学结合、能力培养”的原则，对本课程的教材建设进行了任务驱动模式的探索，打破传统教材按章节编排的体例。以酒店各业务部门所包括的主要岗位群的真实工作情境为学习模块来组织教学内容，每个学习模块又按真实的工作环节分为若干学习项目。为了使学生感受真实的工作现场，每个项目都以任务为导向。通过模拟完成具体的工作任务，让学生能够体验高星级酒店从业人员的职业要求，使学生养成良好的职业习惯，形成良好的职业素养，使教学效果最大化。

在本书的编写过程中，得到了多位从事酒店管理实践和教学的一线专家和教授的帮助与支持，在此表示衷心感谢。本书由李锦主编，负责拟写提纲，对全书进行统稿、定稿。本书具体分工如下：模块一由天津商务职业学院刘菲编写；模块二、模块四、模块六由天津商务职业学院李锦编写；模块三、模块五由天津商务职业学院柳礼奎编写。

本书适用于旅游管理、酒店管理等专业高职学生，还可供自学者及其他相关工作人员参考阅读。

由于时间仓促，加之受个人认识水平和实际工作环境所限，书中难免存在疏漏和不妥之处，恳请各位专家和广大读者不吝赐教，以便作进一步修订使之完善！

编　者

2014 年 3 月

目　录

模块一　酒店餐饮部岗位认知

学习目标

※ 了解酒店餐饮部的相关知识点
※ 了解餐饮部的组织结构
※ 理解餐饮部各部门的职能
※ 学习餐饮服务人员的岗位职责
※ 掌握在餐饮服务中需具备的礼仪服务标准

教学建议

通过教师课堂知识讲授、学生课后知识的收集、课堂知识的讨论、情景式互动、课堂场景训练等学习方法，使学生了解餐饮业的发展概况，明确餐饮部在旅游酒店中的地位和作用，明确餐饮部的经营特点、组织结构和部门职责，重点掌握餐饮部服务人员需具备的基本素质，从而培养学生在餐饮服务中必备的良好职业素养。

学习项目

项目一　认识酒店餐饮部的地位及作用
项目二　餐饮部组织机构及岗位职责
项目三　餐饮服务人员职业素养
项目四　服务礼仪规范与训练

项目一 认识酒店餐饮部的地位及作用

课程导入

中国饮食文化特点

纵观历代饮食风貌，博大精深、特立独行的中国古代传统饮食文化与西方相对粗糙的饮食千差万别。其特点如下：

第一，风味多样，四季有别。我国一直就有“南米北面”的说法。有来自甘肃的大学同学就告诉我，他们那儿说“吃饭”其实不是我们认为的吃米饭，而是“吃面”。一年四季，按季节变化来调味、配菜，冬天味醇浓厚，夏天清淡凉爽；冬天多炖焖煨，夏天多凉拌冷冻。

第二，讲究美感。中国的烹饪，不仅技术精湛，而且有讲究菜肴美感的传统。对菜肴美感的表现是多方面的，就算是一个红萝卜都可以雕出各种造型，给人以精神和物质高度统一的特殊享受。

第三，饮食结构有一定科学性。农耕文明下人们以五谷为主食，多食蔬菜少肉类，保障了维生素和膳食纤维的摄取，有效预防了肥胖症引发的疾病。而西方菜以肉食为主，近来兴起的快餐文化也使他们的体形变得臃肿，肥胖人群与日俱增，健康问题也随之而来。

第四，饮食与各个文化领域相联系，使自身富有品味情趣。饮食与手工业起源发展密切相关，如陶瓷就是因饮食的需要而产生的，产生了陶瓷文化。礼仪源于饮食，《礼记·礼运》：“夫礼之初，始诸饮食。”文学艺术源于饮食，赋诗也是宴饮中的文化内涵之一，将古诗句引入菜肴名称可谓出神入化、雅俗共赏，如“叫花鸡”、“龙凤呈祥”、“东坡肉”、“蚂蚁上树”等。

第五，食医结合。我国的烹饪技术，与医疗保健有密切的联系，利用食物原料的药用价值，做成各种美味佳肴，从而达到对某些疾病防治的目的。

第六，饮食与政治联系，赋予了特殊的政治寓意。据说伊尹借“五味”、“调和”向商王阐述如何成为“天子”的“圣王之道”。韩非子也认为治理大国要十分小心谨慎，如同烹饪小鱼那样不可随便搅动之。古礼规定统治阶级按照不同等级享受不同的肉食，士以上可以享受公家供应的肉食，故将统治者称为“肉食者”。而老百姓一年只有重大节日或祭祖祀神的时候才能够吃肉，所以平民又称为“蔬食者”。

餐饮是人类生存与发展的基础，人类生活中最基本、最重要的活动是餐饮。随着社会生产的发展及人们价值观的改变，人类对餐饮及其服务的要求越来越高。西方的先哲，如苏格拉底、柏拉图、亚里士多德，或是康德、黑格尔，似乎都不谈有关饮食的问题。然而中国的圣贤、哲人，几乎个个都要谈及这个话题。如老子说："食色性也。"《礼记·礼运》称："饮食男女，人之大欲存焉。"孔子发表过"食不厌精，脍不厌细"的议论，足以证明他对"吃"极其重视。在这些关于"吃"的论述中，充分证明了饮食在中国历史文化中占据着重要的地位和特殊的分量。

一、中国餐饮业发展概述

中国有句俗语：民以食为天。在人们对"吃"的孜孜追求的几千年里，中华民族逐渐形成了自己独特的饮食文化，中国也获得了"烹饪王国"的美誉，成为世界三大美食国之一。

（一）先秦时期四大菜系的出现

春秋战国时期，南北两地各自与当地少数民族融合，差异渐显，北方形成了中国最早的地方风味菜——鲁菜；南方，占有"鱼米之乡"的楚人利用优越的自然资源，再与南夷特色相结合，形成了苏菜的雏形；而在西部，李冰治水后的"天府之国"吸引了大量移民，与古蜀国的饮食习俗相结合，形成了川菜的雏形。

相比之下，粤菜的出现相对较晚，汉高祖被册封为越南王时，利用珠江三角洲气候温和，物产丰富，可供食用的动植物品种繁多，加之水陆交通四通八达的优势，建立了岭南的政治、经济、文化中心。这里饮食业比较发达，使"飞、潜、动、植"皆为佳肴，并流传至今，形成兼收并蓄的饮食风尚，产生了粤菜。

（二）秦汉的饮食文化——中华饮食文化形成时期

秦汉是中国封建社会发展的高峰期，整个中华民族呈现出一种欣欣向荣的态势，此间我们与外域的交流日益频繁，引进了种类繁多的食物品种。张骞出使西域后，通过"丝绸之路"引进了石榴、葡萄、胡桃、西瓜等水果，以及黄瓜、菠菜、胡萝卜、芹菜、扁豆、大葱等蔬菜，丰富了我们的饮食文化。

被誉为"中国第五大发明"的豆腐也在此时被端上饭桌，据史料《本草纲目》的记载，豆腐是刘姓嫡亲淮南王刘安首创。另外，现代常用的酱油、豉、醋等都是这个时期产生的，东汉的豆豉已经开始大量产生，人工酿造的食醋也是在汉代产生的，当时称为"酢"，酱油则称之为清酱。

（三）饮食文化的高峰时期——唐宋

作为中国人最引以为豪的一段历史，饮食文化在发达繁荣兼容并包的唐宋时期自然也随着经济政治的发展，而达到一个高峰。

唐代，麦、稻的地位逐渐上升。唐代初期，麦作为一种主粮是比较奢侈的，且被认为是"杂种"。

唐代中期以后，由于城市人口的增长、饼食的普及，对麦的发展起到了巨大的促进作用。唐德宗建中元年实行的“两税法”已明确将麦作为征收的对象，麦取得了与粟并驾齐驱的地位。宋代的主粮跟唐代大同小异，只是稻子变得越发重要，最终取得了现代作为中国主要谷物的地位。

过分讲究饮食的现象也以唐为甚，菜肴分高、中、低三个档次。高档为宫廷宴用菜，最有名的要数烧尾宴了，烧尾宴是指士人刚做官或做官得到升迁，为应付亲朋同僚祝贺，而准备的宴席。尚书令左仆射韦巨源在家设烧尾宴请唐中宗，肴馔丰美，世所罕见，宴会上的58道菜可以说是唐代市场上高档菜的代表。“李公羹”是唐武宗时宰相李德裕创制的保健食品，用珍玉、宝珠、雄黄、朱砂、海贝煎汁，每杯羹费钱三万。

现代人总觉得唐代是我国历史上最为繁荣昌盛的时期，因而往往误认为宋代的经济相较稍逊，其实宋代的商业远比唐朝繁荣，唐代饮食业的营业时间基本局限在白天，也就是说晚上就是一片“黑灯瞎火”的景象，这种严格控制商铺空间和时间的坊市制度严重阻碍了饮食业的发展。宋朝废除了坊市制度，夜市非常盛行，使人们的休闲饮食娱乐大大丰富起来。此时不但出现了王楼梅花包子、曹婆婆肉饼、郑家油饼、湖上鱼羹等著名风味食品，而且还注重食品的形象和包装。著名的《清明上河图》便生动地刻画了宋人热闹非凡的市井风貌。

（四）走向成熟时期——明清

明清时期是我国封建社会走向衰弱的时期，此时政治上中央集权增大，专制皇权空前升级，以雍正年间设立军机处为标志达到顶峰。经济上出现了资本主义萌芽，但由于失去兼容并包的精神和推行闭关锁国的政策而被扼杀在摇篮。文化上，政府严格控制言论，八股取士，许多文人为逃避现实，乐于从事饮食，游山玩水、吃遍天下饕餮盛宴，达到空前高涨时期；同时由于混入满蒙的特点，饮食结构有了很大变化，北方黄河流域小麦的比例大幅度增加，面食成为北方的主食，明代又一次大规模引进马铃薯、甘薯；人工畜养的畜禽成为肉食主要来源。

至高无上的宫廷皇族及贵族为了显示其尊贵无比的地位，在饮食上也是标新立异。满汉全席是满汉两族风味肴馔兼用的盛大宫廷筵席，表明尊重两民族的文化习俗，寓意着满汉一家。满汉全席达到清代宫廷菜宴的极致。而著名的贵族菜要数谭家菜，其肴馔集南北烹饪之大成，既属广东系列，又有浓郁的北京风味，在清末民初的北京享有很高声誉。谭家菜的特点是选材用料范围广泛，制作技艺奇异巧妙，尤以烹饪各种海味为著。调味讲究原汁原味，以甜提鲜，以咸引香；讲究下料狠，火候足。

现代的中国餐饮业继承了中国传统的餐饮文化，众多中国餐饮集团在开拓创新，使传统工艺更符合现代饮食的科学要求，使中国餐饮的精粹一步步走向世界。

二、世界餐饮业发展概述

饮食是伴随人类的出现而起源的，世界各地均不例外，国外的餐饮业起源并不晚于中国，西方餐饮业起源于公元前1700年小客栈的出现，这是一种小规模餐饮店铺，被发现在赫冈兰城的废墟中，足见当时古罗马帝国人民的饮食习惯因商旅活动频繁而非常普及，但是若论有系统且具规模的经营，则要从十六七世纪店家开始讲究精致烹调、使用较好的餐具招徕顾客开始，这可溯源到英国于1650年在牛津出现的咖啡屋。不同于中国的是，国外的餐饮业多以酒吧、快餐或者是伴随着旅馆出现。古罗马时期的庞贝古城的客栈、酒吧和餐馆都十分兴盛。16世纪中期，欧洲文艺复兴的中心意大利，随着艺术、科学、经济的发展，博众家烹饪技术之长，吸收精华，形成了奢华、典雅、排场、华丽的独具特色的烹饪。18世纪中期，欧洲政治、经济、文化的中心转向了法国，此时的法国物产丰富，农牧业发达，餐饮业也随着快速发展，法国菜选料广泛，烹饪方法讲究，大量使用复合调料使菜肴味道浓郁、丰富多彩。18世纪末期，由于英国工业革命的影响，使得整个欧洲交通运输事业发达昌盛，火车、轮船等公共运输工具尤其发展快速，更带动旅游风潮，欧洲各国餐饮业与旅馆业因而发展快速又随着商业贸易与观光业的盛行，餐饮业者为迎合顾客需求以壮大竞争力，在质量上开始讲究，在服务上开始出现桌边服务，大大提升西方饮食文化的艺术层次。

说到餐饮业，不得不提的还有美国的快餐业，由于美国是英国人民早期移民过来的，初时传承了不少欧洲饮食文化色彩，经过南北大战，成立联邦形成美利坚合众国后，美国本土化的饮食模式才逐渐发展起来，西部拓荒史的荒野简餐以及牛仔酒吧，就是美国餐食最主要的特色之一，而麦当劳快餐就是在这种理念下筹创而生，如今风靡全球，是最具代表性的美式餐食文化。进入20世纪以后，为适应经济迅速发展、社会节奏加快的需求，美国餐饮业开始注重营养，并且求新、求快。这个时期的美国出现了一大批“营养丰富、快速简洁”产业链，被称之为快餐业，其中“肯德基”“麦当劳”就是代表，随着国际贸易的迅速交流，美国的快餐业迅速而大量地推向了世界各地，并有席卷世界之势。

由于西方经济的高速发展，物质丰富，发达国家的餐饮业形成了以获取人体所需的营养为主，过分讲究营养质量的风格，其食品有“高热量、高脂肪、高蛋白”的特点，使许多人营养过剩，体形发胖，这已成为现代营养科学的关注焦点。

从中外餐饮业的历史来看，世界餐饮业是随着人类经济活动的出现和文明程度的提高而产生和发展的。中外餐饮业的发展有着各自的发展历史和特点，并在历史的一定时期相互渗透、相互竞争、相互促进中推动了彼此的发展。

三、餐饮业发展的趋势

20世纪末以来，中国的餐饮业进入了史无前例的大发展时期，2006年全国的餐饮销售额突破一万亿元人民币，市场竞争日益激烈。随着东西方饮食文化的交汇，一方面，餐饮市场异彩纷呈，美食节的兴起、菜肴的创新、经营模式的变异、餐饮市场的进一步细化，使得人们能随时、随地、随心、随意地享受美食；另一方面，经济实力的增长，传播媒介的积极引导，营销的合理组合，人们可支配的收入有了大幅度增加，也使得我国餐饮市场的消费潜力不断壮大。总之，我国的餐饮业将走向多元化、地方化和国际化，出现百花齐放、百舸争流的局面。

（一）全新格局，模式新颖

1. 酒店餐饮

高星级酒店的餐饮经营突出精品战略，燕鲍翅和高档海鲜层出不穷，在餐厅装修、菜肴出品、服务水平、营销方式等方面精益求精。低星级酒店和经济型酒店则纷纷弱化餐饮功能，只提供有限的餐饮服务，如只提供早餐或只有一个餐厅，突出客房这一核心产品以降低管理费用。

2. 社会餐饮

社会餐饮蓬勃发展，各种主题餐厅争奇斗艳，满足不同年龄层、不同消费心理、不同消费目的的消费者需求，其中以各类高档餐饮会所最为瞩目；休闲餐饮以酒吧、咖啡厅、茶餐厅和农家乐等形式适应假日消费和休闲消费的需要，越来越受到各类消费者喜爱；而随着生活节奏的日益加快，中西式快餐业蓬勃发展，以满足大众快节奏生活的需要。

（二）餐厅选址，成败关键

酒店业先驱埃尔斯沃思·密尔顿·斯塔特勒曾经说过："对任何酒店来说，取得成功的三个根本要素是地点、地点、地点。"现代餐饮企业在投资前应全方位进行深入细致的市场调研。根据地区经济、区域规划、文化环境、竞争状况、消费时尚、地点特征、经济成本、旅游资源、社区服务、能源供应、形象特征和当地人可用性等诸多因素来综合分析和预测本餐饮企业未来可能占领的市场份额，制订可行性经营方案，确定目标市场，进行餐饮定位，对投资前景做定量分析，并付诸实施。其中，餐饮选址至关重要。

选择餐饮场所的地点和确定营业区域要考虑以下因素和趋势：

（1）餐厅选址应考虑地区规划、能源供应、社区服务姿态、竞争状况等。

（2）快餐店尽量选在商业繁华区或居民集中地带，以确保客源流量。

（3）尽量不要选在餐厅成群的区域，但著名的饮食一条街因能吸引大量的游客也可以作为选择。如香港的兰桂坊，广州市东路一带，北京凯宾斯基酒店对面的食街有"万国料理"之称，南京山西路狮子桥美食街等。

（4）独具特色的餐厅地理位置可以稍偏，但应有足够多的停车位。

（三）中西快餐，深得民心

作为餐饮业发展中的一支主力军，中国快餐业的年增长率达20%以上。全社会快餐连锁网点已达近百万家，营业额已占整个餐饮业营业额的40%。行业规模日趋扩大，经营领域不断拓宽。以肯德基（KFC）、麦当劳（McDonald's）、必胜客（Pizza Hut）为代表的西方快餐连锁企业在国内市场迅速扩张。如肯德基自1987年在北京前门商业街开设第一家中国店至今，连锁分店遍布中国二百多个城市，超过1000家。上海人民公园的肯德基分店曾以39万元的日营业额刷新了当时肯德基全球日营业额纪录。中式快餐在学习

“洋快餐”先进管理模式的基础上，探索和确定自己的发展模式，涌现出如常州的“大娘水饺”、兰州的“马兰拉面”等一批品牌企业。西式快餐值得学习的地方很多，尤其是它的经营管理信条、店景文化和严格的产品质量监控。如麦当劳把 Q. S. C. V.（即品质、服务、清洁和价值）作为神圣不可侵犯的信条。对于产品质量控制，麦当劳规定：“巨无霸汉堡包”肉饼的直径 98. 5mm，厚度 5. 56mm，重 47. 32g，“炸薯条”炸出 7 分钟后，即不允许出售。中式快餐也在变革中求生存，不断改进产品质量、卫生状况、服务态度以塑造品牌。

（四）经营管理，方式多样

餐饮企业经营方式有独立经营、连锁经营、特许经营和租贷经营。

1. 独立经营

独立经营的餐饮企业特点：

（1）虽然有自己的品牌，但企业影响力受地域的限制。

（2）营运费用相对于连锁餐饮企业来说要高，如不能享受到集团大规模采购和广告的优惠，人力资源也无法共享等。

（3）独立经营的餐饮企业竞争力较差，但经营灵活，调整方便，资本投入相对较小。

2. 连锁经营

连锁经营的餐饮企业特点：

（1）管理模式统一。连锁店以主店为大本营，在中央管理系统严格的管理下进行投资、采购、出品、服务、销售、业务推广等一系列经营活动，在成本投入方面能够有效地加以控制。

（2）连锁企业经营的产品可以说是主店产品的“克隆品”，其餐饮产品和餐饮服务能够保持主店的水准，遇到问题时又能及时得到主店管理系统的帮助和解决。

（3）连锁经营可不断增强本餐饮系统集团在市场上的竞争能力。由于其分布地点大多位于新城旺地和繁华的商业地带，加之企业品牌鲜明，传播速度极快，能迅速拓展业务，可形成规模经营。

（4）营销计划和促销活动同步展开。各连锁经营店分摊广告宣传费用，能在进一步挖掘潜在客源市场的同时，有效调节各店之间的需求平衡，使本系统在市场的调节和引导下良性发展。

3. 特许经营

通过出让特许经营权或租贷经营权，一些知名的餐饮公司得以在全球推广他们的产品，并统一规格、统一市场形象、统一服务方式。大多数特许经营店是各地区当地企业或私人投资者向知名品牌餐饮母公司购得商标使用权。母公司有责任对投资者在可行性研究、建筑设计、设施配备、人员培训、广告宣传、原料采购、管理制度、操作规程和质量控制等方面给予咨询和支持。其特点为：投资者走捷径，共享品牌和市场，有强大的支持系统，但要支付昂贵的品牌使用费。目前，在我国肯德基、麦当劳、硬石餐厅等除了由外资自主经营外，各城市的投资者还可以申请加盟特许经营。

（五）主题餐饮，彰显文化

1. 地域文化

如北京的全聚德、杭州的楼外楼等餐厅，通过特色菜肴和就餐环境等体现了独特的地域文化。

2. 时空文化

如模仿知青生活的龙江餐厅遍布各地，很容易使就餐者穿越时空，置身于当时的生活场景。

3. 历史文化

如宫廷餐厅，从餐厅装饰、就餐用具、员工服饰、菜肴点心等方面展现某一时期的历史文化。

4. 乡土文化

如在全国各地盛行的农家乐，体现了当地的各种乡土文化。

5. 都市文化

如以摇滚乐为主题，被誉为主题餐厅之父的硬石餐厅（Hard Rock Cafe）于1971年6月14日在英国伦敦海德公园旁开张，立即在全球掀起主题餐饮的热潮。

（六）错位经营，全面发展

高档酒店的餐饮经营，其规模和经营水准，代表了目前我国餐饮界的最高水平，在当地发挥着领导美食潮流、影响餐饮时尚的巨大作用。注重追求文化品位、体现个性魅力、升华美食理念，是他们的共同特点。他们的菜肴制作赋特色创新于传统经典，款客服务赋超常超值于标准规范，营造气氛赋主题概念于典雅装潢，宣传促销赋承诺回报于消费者。高档餐饮企业设备设施先进，技术力量雄厚，信息来源广泛，形象设计完美，这些明显的行业优势有利于加强地区之间和国家之间的餐饮企业合作。美食节的成功策划与举办，一方面为餐饮市场注入了新鲜的血液，扩大了客源市场；另一方面又有效地推动了餐饮文化多元化的发展进程。高档酒店餐饮客源市场以社会名流、专家学者、高档商务客人为主。他们在消费的同时也潜移默化地带动了其他领域的经济增长。所以说，高档餐厅在社区的政治、经济、文化活动中扮演着重要的角色。

大众化消费比较稳定，并且具备极其丰富的消费潜力。目前，许多中低档餐饮场所已占据了较大比例的市场份额，他们凭借着充足的客源市场、合理的定价策略、整洁宽松的就餐环境、可口卫生的菜肴、优良快捷的服务、诚实可靠的信誉，走上了良性发展的轨道。中低档餐饮企业在获得最大经济效益的同时，还扮演着向大众传播餐饮文化的角色，让人们了解美食、钟情美食、享受美食。所以，从现在和长远的观念来看，大众永远是餐饮消费市场。

四、酒店餐饮部的地位及作用

饮食是人类生存的最重要的物质条件之一。随着社会生产力的发展及人们价值观的改变，对餐饮的要求越来越多，人们更加关注食品的营养、环境的舒适、服务的优质，在享受饮食的过程中品味文化。

酒店是随着人们旅行活动的发展而出现在社会生活中的，酒店最初的功能是为在旅途中的人们提供住宿服务。由于人类社会的发展和经济水平的提高，酒店已演变为向顾客提供集住宿、餐饮、交通、购物、娱乐、商务等诸多功能于一身的综合性服务企业。酒店餐饮的发展水平不仅反映了一个国家或地区的经济发展水平及开发利用自然资源的能力，也体现了该国家或地区物质文明和精神文明的程度。

（一）餐饮及餐饮服务的概念

1. 餐饮

餐饮或餐馆，是通过出售菜肴酒水及相关服务来满足客人饮食需求的场所。

开设餐饮必须具备以下条件：

（1）具备一定的场所，即具有一定接待能力的餐饮空间和设施。

（2）能够为客人提供菜肴饮料和服务。菜肴饮料是基础，而餐饮服务是保证。

（3）以赢利为目的。餐饮是酒店的利润中心之一，餐饮从业者应致力于开源节流，以获得最佳的经济效益。

2. 餐饮服务

餐饮服务是指客人在就餐的过程中，餐饮工作人员利用餐饮服务设施向客人提供菜肴饮料的同时提供方便就餐的一切帮助。

餐饮服务的内容包括：

（1）辅助性的设备设施，如桌椅、餐具、服务用品等。

（2）使餐饮服务易于实现的产品，如菜肴酒水等。

（3）明显的服务，即消费者感觉到的各种利益。

（4）隐含的服务，即消费者的心理感受或附属于服务的特征。

（二）餐饮部在酒店中的地位

1. 餐饮部是星际酒店的重要组成部分

饮食是人们生命维系的重要条件，也是人们最基本的需求。酒店是旅行者的家外之“家”，离开了餐饮服务，这个“家”就不是一个完整的“家”了。对于相当一部分的住店客人来讲，在酒店内用餐既方便又快捷，是其主要的用餐方式。

2. 餐饮服务直接影响酒店的声誉

餐饮部是为宾客提供食品、饮料和良好服务的部门，餐饮产品是有形产品（食品、饮料等）和无形产品（烹饪技术、餐饮服务等）的有机结合体。美国酒店业先驱斯达特勒（E. M. Statler）曾说过：“酒店从根本上说，只销售一样东西，那就是服务。”提供劣质服务是失败的酒店，而提供优质服务的酒店才是成功的酒店。因此服务水平的高低则反映了酒店的成败。

3. 餐饮部为酒店创造了可观的经济效益

餐饮部是酒店获得经济收益的重要部门之一。餐饮部的收入在酒店总收入中所占的比重因地、因酒店状况而异，受到酒店本身主、客观条件的影响，就目前国内而言，餐饮部的营业收入约占酒店营业收入的1/3。

4. 餐饮部是酒店在市场营销中的重要组成部分

餐饮部是酒店的重要组成部分，承担着对客人提供餐饮服务、满足餐饮需要的任务。餐饮部作为集采购、生产加工、销售、服务于一身的酒店内唯一生产实物产品的部门，有经营管理环节多、管理范围广、分工细、员工数量多（一般约占酒店总人数的1/3）、管理运作难度大等特点。

要将这样一个部门管理好，必须明确餐饮部在酒店中的地位和任务，熟悉餐饮部的经营特点，建立合理有效的组织结构，科学分工、合理用人、注重员工的培训，以保证餐饮部的正常运转，达到餐饮部的运营目标。

5. 餐饮部是酒店管理的重要环节

餐饮部规模大、工作环节多、用工量大，是酒店中员工最多和工种最多的部门，因此也是酒店管理的重要环节。

（三）餐饮部在酒店中的重要作用

1. 向宾客提供以菜肴为主要代表的有形产品

餐饮部是酒店唯一提供实物产品的部门。向宾客提供菜肴、饮料等实物产品是酒店餐饮部的基本任务，也是首要任务。

2. 向宾客提供满足需要的、恰到好处的服务菜肴、饮料等是以餐饮服务为依托的

首先餐饮实物产品需要服务员传递到宾客就餐地点，其次用餐前餐具的摆设、用餐中的分菜服务、用餐后的结账服务都是宾客用餐需要顺利满足所必需的。

没有必要的餐饮服务，菜肴等实物产品就无法更好地满足宾客的就餐需要。同时，恰到好处的餐饮服务还可以大幅增加餐饮产品的附加值，提升酒店档次。因此餐饮服务是餐饮部的重要任务。

3. 增收节支、开源节流，提高酒店经济效益

获得经济利益是酒店企业的根本目标，作为酒店的最重要部门之一，为酒店赢得经济利益是餐饮部最根本的任务。客房和餐饮部是酒店的两大基本部门，也是酒店收益的两大重要来源。由于客房数一定、房价在一定时期内不会有大的变动，因此客房部的创收能力有限。而餐饮部则灵活得多，同样的餐饮接待规模，在档次上的差异可以很大；同时餐饮部还可以通过提高工作效率、提高服务质量、提高菜肴质量等措施，使餐座的周转率和人均消费水平得到进一步提高。

因此餐饮部的创收能力显著，在大多数星级酒店中是最大的创收部门。以我国为例，餐饮部的营业收入占酒店营业收入的1/3左右，在长三角和珠三角发达地区的酒店，餐饮收入已经大大超过客房部的收入，占酒店总收入的一半以上。

4. 为酒店树立良好的社会形象

餐饮部的客流量大，来源广泛。不但有旅游观光客、外地商务客人、公务出差人员，而且还有当地政要、本地大公司领导等尊贵客户，其消费能力和社会影响力都非常大。

因此餐饮部的服务质量给这些客人留下的印象不但影响其对整个酒店的评价，而且还影响受顾客影响力覆盖的一大部分社会公众和潜在消费者对酒店的评价。因此餐饮部还有一个重要的宣传任务，就是树立酒店良好的社会形象。

（四）酒店餐饮部的经营特点

餐饮部虽然同酒店的其他部门一样，主要向客人提供无形接待服务，但与酒店其他部门不同的是，餐饮部还向客人提供有形的饮食产品，而这一点正好与社会大多工业生产部门类似。因此酒店餐饮部的经营在提供服务方面类似于酒店其他部门，而在生产实物产品方面，又与工业生产部门相近。

因此，餐饮部的经营特点不能从一个方面笼而统之地进行归纳，而只能从生产、销售和服务三个方面进行总结。

1. 生产方面

（1）餐饮生产属个别订制生产，产品规格多、批量小。餐饮销售的菜肴基本上是客人进入餐饮部后，由客人个别点菜，然后制作成品。它与工业生产的大批量、统一规格生产是不同的。这给餐饮产品质量管理和标准统一带来了一定的难度。

（2）餐饮生产的过程短暂。餐饮生产根据客人到店后的要求制作，随后立即消费，因此生产过程短暂。这给餐饮产品质量的控制带来了很大难度。尤其在餐饮生意好的季节和时段，保证客人及时有餐可用和质量稳定具有很大难度，通常需要经验丰富的厨师才能满足宾客需求。

（3）餐饮生产产量难以预测。由于餐饮生产绝大多数是现场式生产，没有客人往往就没有生产任务，因此就餐者的到来时间、规模、消费要求都很难准确预测，产品生产的随机性很大。

（4）餐饮生产原料、产品容易变质。餐饮原料和成品大都是鲜活货，容易变质，其质量与时间成反比。因此原料的合理储备具有极强的科学性，处理得当可以节约成本，提高餐饮产品质量。

（5）餐饮生产过程的管理难度大。餐饮部的生产过程环节多（包括原料采购验收、储存保管、领用、粗加工、切配、烹饪、销售服务、结账等）、事情杂（仅管事部都有上千件物品），有些环节还具有一定的封闭性（如包厢服务无法时时对服务质量进行监控），因此管理起来难度大。

2. 销售方面

（1）销售量受餐饮经营空间大小的制约。由于餐饮经营场所的空间具有刚性特点，一旦确定餐位数量，其可变动的范围就非常狭小，同时餐饮销售量又受就餐人数的影响，因此销售量受餐饮经营空间大小的制约。

（2）餐饮销售量受就餐时间的制约。餐饮销售受时间的制约，集中在早中晚一般就餐时间前后一小段时间。因此，就餐者的就餐时间长短影响餐饮周转率，进而影响销售量。

（3）餐饮经营毛利率高、资金周转较快。酒店餐饮部的毛利率一般都较高。而且酒店档次越高，毛利率越高。一般而言，三星级可达一半左右，而四五星级甚至可达七成。如果做好成本控制，会得到较高的纯利润。此外餐饮销售主要以现金收取为主，而原料多半是当天采购、当天生产，因此资金周转较快。

（4）餐饮经营中固定成本占有一定比重，变动费用的比例也较大。各种餐饮设备的投资使得餐饮经营活动中固定成本占有相当比重。另外，包括员工报酬、水电气费用、餐饮原料的支出等在内的变动成本也占相当的比重。因此餐饮工作人员应该爱护餐饮设备、尽量减少餐饮原料的浪费，降低各种费用指标，做好成本控制，以实现增收的目的。

3. 服务方面

（1）无形性。作为服务的一种，餐饮服务不可触摸，具有没有实体形象、不可量化。餐饮服务的无形性是指餐饮服务只能在就餐宾客购买并享用了餐饮产品后，凭生理和心理满足程度来评估其质量的优劣。

（2）一次性。餐饮服务的一次性是指餐饮服务只能当次应用、当场享用。

（3）同步性。餐饮的同步性是指餐饮部的绝大多数产品其生产、销售、消费几乎是同步的，餐饮产品的生产过程，也就是就餐者的消费过程。

（4）异质性。餐饮服务的异质性是指餐饮服务因提供服务的人员的素质、特点等差异和享有服务的客人的千人千面、特征迥异而使客人得到的每次服务都具有不同品质和表现。

（五）餐饮企业的主要职能

1. 掌握市场需求、合理制定菜单

要满足客人对餐饮的需求，必须首先了解餐饮企业目标市场的消费特点与餐饮要求，掌握不同年龄、不同性别、不同职业、不同民族和宗教信仰的客人的餐饮习惯和需求，并在此基础上制定出能够迎合客人需求的菜单，作为确定餐饮企业经营特色的依据与指南。

2. 广泛组织客源、扩大产品销售

客源是餐饮企业生存与发展的基础与前提，只有广泛组织客源，才能扩大餐饮产品的销售，因此，餐饮企业必须采取各种方法招徕并吸引客人前来就餐，从而提高餐饮企业的知名度、美誉度和经济效益。

3. 加强原料管理、保证生产需要

餐饮原料的质量直接影响餐饮产品的质量；而其价格又直接关系到餐饮企业的经济效益，因此，加强对餐饮原料的采购、验收、储存管理，既可保证厨房的生产需要，又可降低餐饮成本。

4. 搞好厨房管理、提高菜点质量

厨房是餐饮产品的生产场所，其管理水平的高低直接影响餐饮产品的质量和客人满意程度。因此，餐饮企业应搞好厨房管理，根据客人需要，合理加工餐饮原材料，组织厨师及时烹制出适销对路，色、香、味、形俱佳的餐饮产品，并加强生产过程的控制，努力提高餐饮产品的质量。

5. 抓好餐厅管理、满足宾客需要

餐厅是餐饮企业的销售场所，又是为客人提供面对面服务的领域，它使餐饮产品的价值最终得以实现。

因此，抓好餐厅管理，既可满足客人的物质和精神需要，提高客人的满意程度，又可体现并反映餐饮企业的管理水平与服务质量。

6. 加强宴会管理、增加经济收入

宴会是餐饮企业产品销售的重要形式和经济收入的重要来源，其特点是产品一次性销售量较大，质量要求较高，经济效益较好。因此，加强宴会管理，包括中西餐宴会、冷餐会、酒会等的管理，是餐饮管理的重要任务之一。

7. 加强成本控制、提高经济效益

餐饮企业应根据等级、客源市场的消费水平和经营目标等因素制定相应的成本标准，按规定的毛利率确定菜肴的售价，在满足客人需求的前提下，保证餐饮企业的经济利益。

因此，餐饮企业应建立餐饮成本控制体系，加强对餐饮生产全过程，如采购、验收、库存、发放、厨房的粗加工、切配、烹制、餐厅销售等各环节的成本控制。并定期对餐饮成本进行比较分析，及时发现存在的问题及其原因，从而采取有效的降低成本的措施，最终提高餐饮企业的经济效益。

知识链接

我国餐饮业的现状

据国家统计局统计1978年全国的餐饮业零售额仅为54.8亿元，经过20年的发展，1998年餐饮业的营业额达到了2816.4亿元，比1978年增长了50倍。自1991年以来，全国餐饮业零售额每年增幅都在两位数以上，2004年零售额达到7556亿元，占社会消费品零售总额的比例达13.9%，对社会消费品零售总额增长贡献率达到21个百分点，拉动社会消费品零售额增长2.79个百分点。2005年全国餐饮业零售额达8886.8亿元，同比增长17.7%，比上年净增1331亿元，高出社会消费品零售总额增幅4.8个百分点，占社会消费品零售总额的比重达到13.9%，对社会消费品零售总额的增长贡献率和拉动率分别为17.4%和2.3%。全年实现营业税金488.8亿元，同比增长17.8%。2006年全国餐饮业零售额实现1万亿元跨越，2010年达到2万亿元左右。

项目二　餐饮部组织机构及岗位职责

课程导入

餐饮部经理岗位职责

［管理层级关系］

直接上级：酒店副总经理

直接下级：各餐饮经理

［岗位职责］

1. 执行总经理的经营管理指令，坚持“以市场为导向，以效益为中心，以质量为生命”和“以部门为成本中心”的方针。

2. 负责制订餐饮部各项业务计划、组织、协调、指挥和控制各管辖部门准确贯彻实施。负责抓好本部门的营销和质量、成本等经营管理工作和深入开展“学先进、找差距”活动。

3. 主持本部门例会，听取各部位汇报，督促工作进度，解决工作中的问题。

4. 负责本部门安全和日常的质量管理工作，检查和督促各部门严格按照工作规程和质量标准进行工作，实行规范作业。

5. 负责按月进行经营活动分析，研究当月经营情况和预算控制情况，分析原因，提出措施，改进管理，开拓市场，厉行节约，提高经济效益。

6. 负责本部门员工工作岗位

业务培训，加强让客人完全满意的基本宗旨的教育，督促各部门有计划的抓好培训工作，提高全员业务素质。

7. 建立良好的客户关系，广泛听取和收集宾客及客户单位意见，认真处理投诉建议，不断改进工作。

8. 审阅当日营业报表，掌握当日预订、货源供应和厨房准备工作情况，了解当日的重要宴请以及来宾的有关情况和特殊要求，认真组织做好一切准备工作。

9. 负责督促有关人员搞好食品卫生、成本核算、食品价格、供应标准等工作，积极支持对菜点的研究，不断推陈出新。

10. 沟通本部门与其他部室的联系，协调配合，搞好工作。

11. 负责餐饮部财产管理，拟定各项设备的添置、更新和改造计划，不断完善服务项目。

12. 负责制定餐饮部管理人员和服务、工作人员的考核标准，认真考核部门管理人员的日常工作业绩，激发员工的士气和积极性，不断提高管理效能。

13. 控制食品和饮品的标准、规格和要求，正确掌握毛利率，抓好成本核算，加强食品原料及物品管理，降低费用，增加赢利。

14. 抓好员工队伍的基本建设，熟悉和掌握员工的思想状况、工作表现和业务水平，开展经常性的礼貌教育和职业道德教育。

15. 抓好设备、设施的维修保养，使之经常近于完好的状态，并得到合理的使用，加强日常管理，防止事故发生。

16. 抓好卫生工作和安全工作，组织检查个人、环境、操作等方面的卫生评比，贯彻执行饮品卫生制度，开展经常性的安全保卫、防火教育，确保餐饮、厨房、库房的安全。

17. 了解采购部食品原料的进货渠道及价格，并核对进货及库存情况，采取降低成本、减少库存的有效措施，并控制好成本核算，提高毛利率。

18. 做好思想政治工作，抓好全部门的精神文明建设，关心员工生活。

任何一个组织的管理都有一个共同点，即一旦该组织成立且其目标得以确立，就要通过设计任务结构的权利关系来协调各方面人员的行动，以确保组织目标的实现，这就是组织结构的设计。

餐饮部要完成酒店下达目标，同样需要进行餐饮组织结构的设计。餐饮部组织结构是餐饮部进行生产的基础，是餐饮部更好地为宾客提供餐饮服务而建立起的旅游酒店企业成员间分工和合作机制。其组织结构直接决定部门、职工间的沟通效率，进而决定了餐饮部的生产效率。

一、酒店餐饮部组织结构设置的原则

（一）效率原则

餐饮部组织结构的建立目的是为了更加高效地完成酒店分配的业务，同时便利部门、职员间的工作沟通，以提高部门的生产效率和赢利水平。因此，效率原则是餐饮部组织结构设计的基本原则。要做到效率原则，餐饮部在进行组织结构设计时应注意以下几点。

首先，管理跨度和与之相关的权利分配也是影响餐饮部组织设计的因素，对餐饮部的执行效率有重要影响。管理跨度小意味着直接下属少，也意味着工作负荷量较小，效率相应提高，但管理跨度太小则会增加人力资源成本；跨度大则相反。岗位的科学设置，首先要做到因事设岗、因岗设人，不因人设岗、因人废岗，即岗位的设置不因为人员的考虑而是根据业务的需要设立，因人设岗会造成人员浪费，因人废岗则会降低工作效率得不偿失。

其次，岗位的设置要严格遵循必要原则，不必要的岗位绝不多设。尽量减少管理层级，加快信息传递。管理层级过多意味着命令和汇报渠道的延长，这样就会降低信息的传递速度，也会使工作效率降低。

（二）授权明确、完整原则

是指管理者在给下级授权时，必须明确规定下级的职责范围和权限，并将职责范围和权限具体列在岗位描述中。同时为了达到酒店经营目标，须将要完成目标所需要的职权全部授予相关部门以使执行部门能按要求完成相应的经营任务。

（三）统一指挥原则

餐饮部的每个职员只接受直接上级领导的指挥，各级管理者也只按管理层级向自己管辖的下级人员发号施令。以免政出多门使下级无所适从。

（四）权责对等原则

权利是责任的保证、责任是权利的基础。只有权责对等，餐饮管理人员才能正常地从事各项管理工作。

二、餐饮部组织结构的设计

餐饮部组织结构的设计对于方便酒店餐饮部门的管理有着至关重要的作用，而绝大多数酒店餐饮部均配有组织机构图便于职员清楚餐饮部每个部门和个人的职责，以免重复工作以提高工作效率。一般而言，餐饮部对于餐饮部组织结构的设计根据其规模或职能来进行不同的设计。

根据酒店的规模和等级以及餐饮部门本身职能的不同，餐饮部的组织结构没有统一的模式，各餐饮组织通常根据自身的特殊性和经营任务，在组织结构设置原则指导下来设计。

（一）根据餐饮部规模划分的餐饮部组织结构

1. 大型酒店餐饮部组织结构（见图 1－1）

酒店规模的划分依据是酒店拥有客房的数量，国际上通行的标准是：客房数在 600

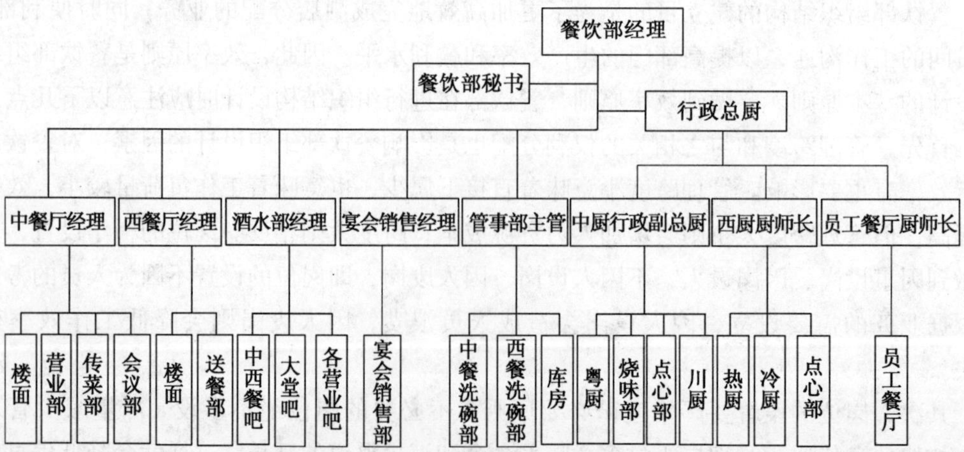

图 1－1　大型酒店餐饮部组织结构

间以上的为大型酒店，客房数在 300 ~ 600 间的为中型酒店，300 间客房以下的为小型酒店。

大型酒店餐饮部数量较多，一般在 5 个或 8 个以上，可以满足宾客的不同饮食要求，厨房与各类餐饮配套，内部分工细致，专业化程度高。目前在很多酒店还单独设立中心厨房，实行专业化管理。

2. 中型酒店餐饮部组织结构（见图 1 – 2）

在我国，中型酒店所占比例最大，餐饮部一般按经理、主管、领班、员工四级管理层次形成管理体系，分工较为细致。

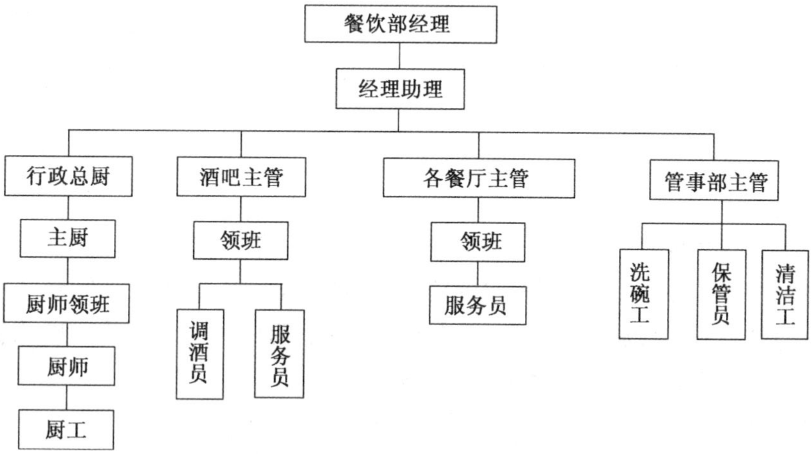

图 1 – 2　中型酒店餐饮部组织结构

3. 小型酒店餐饮部组织结构（见图 1 – 3）

小型酒店一般只有 1 ~ 2 个餐饮部，规模较小，人员分工简单。在一些经济性酒店中，

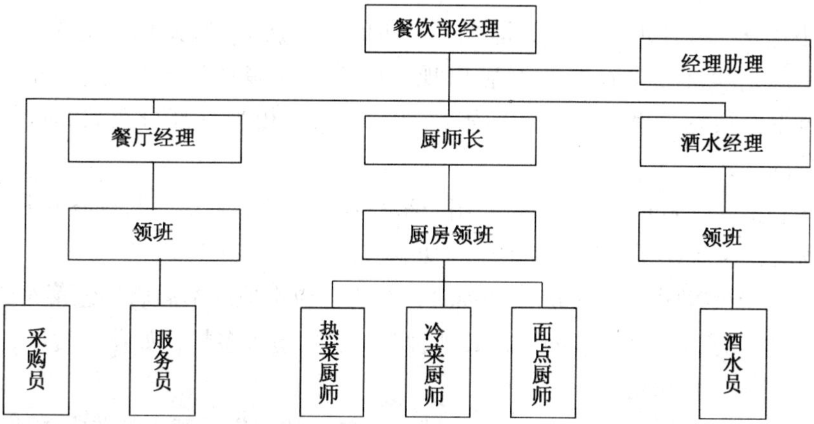

图 1 – 3　小型酒店餐饮部组织结构

甚至只提供简单早餐，不提供正餐服务。

（二）根据功能划分的餐饮部组织结构

餐饮部是酒店为宾客提供各色菜品、饮品和餐饮接待服务的部门，是酒店重要的经营创收部门之一，又是体现酒店服务质量、管理水平的对外窗口。餐饮部的功能组织结构主要由采保部、厨务部、管事部等部门组成。

采保部（Purchasing and Storing Department）负责餐饮生产原料的采购与保管。

厨务部（Kitchen）负责餐饮产品中的菜肴、点心等的食品加工。

各营业点（Outlets）包括各类餐饮、宴会厅、酒吧、房内用餐服务部等直接对客服务部门。

管事部（Steward）是餐饮运转的后勤保障部门，为前后台的运转提供物资用品、清洁餐具、厨具，并负责前后台环境卫生的重任。

三、餐饮的种类

酒店是为顾客主要提供食、住等服务的场所，而如前面章节我们谈到餐饮部的重要地位时所谈的，“食”往往占据了很重要的地位。“咖啡厅”、“酒吧”、“宴会厅”等作为酒店满足顾客餐饮需求的设施，其实就是“餐馆”在酒店中的表现形式，也就是酒店餐厅的不同类别。具体而言，酒店有多少类餐厅呢？

酒店内餐厅多种多样，常见的有以下种类：

（1）中餐厅（Chinese Restaurant），是指以提供中式餐饮为主的就餐设施。

从餐厅供应的餐厅品种、餐厅的内外部环境装饰到餐厅提供的服务等多方面均具有中国特色。具体而言，各不同酒店提供的中式餐厅在风格上又因地域和酒店本身而具有差异性，有以川菜为主的、有以粤菜为主的等不同类别。

（2）咖啡厅（CoffeeShop），咖啡厅是酒店中营业时间最长（高星级酒店 24 小时营业），以供应中西餐及本地小吃为主的餐厅。

（3）法式餐厅（Grill Room），即很多酒店的“扒房”，它是以供应法式菜肴为主的餐厅，属于高档餐厅，多在高级酒店出现。此类餐厅多用法式服务、餐厅布置豪华、优雅，富有浪漫情调，设施、设备配置精良、高档，相当一部分菜肴是需要在客人面前当面烹制的。

（4）多功能厅（Function Room），用于举行各种宴会、酒会、自助餐和其他各种会议等活动的场所，通常具有分割成大小厅的功能。

（5）风味特色餐厅（Specialties Room），是为供应本地或本酒店特色菜肴的餐厅。

（6）其他种类的餐厅（Others），其他种类的餐厅多种多样，如花园餐厅、池边餐厅、旋转餐厅、屋顶餐厅等形式。

酒店的餐厅多种多样，但无论何种形式，其餐厅的销售对酒店都非常重要，因而应尽可能利用每种有潜力、能赢利的餐厅形式。

知识链接

餐饮的起源

Restaurant一词，按照《法国大百科辞典》的解释，意为恢复元气；给予营养的食物与休息。餐厅是提供餐食与休憩的场所，是使顾客恢复元气的地方。餐厅的起源远在罗马时代，在罗马市有名的“喀拉喀拉”浴场，可容1600人，其间有许多休息室、娱乐场所，并供应餐食及饮料，此即为早期餐饮的原始设备。同时，在古时的客栈、修道院也曾供给过路者餐食与住宿，渐而独立发展为现代的餐馆。在英国，餐馆的出现在17世纪，当时的餐馆在一定的时间内供应餐食，群聚于同桌，不得有个别择食的自由，与现代餐馆实有差别。1765年，在法国有一位叫MonBoulamge的人所开的餐馆，供应一种restaurant-soup，并在店门招牌上写着“本餐馆正在出售神秘营养餐食”以号召顾客，其实是用羊脚煮成的汤。当时经营餐饮业者，必须参加公会，因为他未参加公会，所以同业提出抗议并控告他。但结果他胜诉，因而更替他做了一次有利的宣传。以后，就以他的汤名restaurant为餐馆的名称，而被人广泛的采用。

至于中国的餐厅起源，在唐朝诗歌中，李白、杜甫、韩愈、白居易皆曾提及有关餐馆的名称，例如：旗率、酒家、酒肆等，可能就是早期的餐馆。清末时在北京出现了西餐厅。（全文引自《酒店餐饮经营实务》）

项目三　餐饮服务人员职业素养

课程导入

为客人服务的那颗心

"王品台塑牛扒"店最早知道它，就是源于经典的服务标准和周到的服务意识，台北、上海、北京、洛杉矶比佛利山庄店……王品最看重服务员的是"为客人服务的那颗心"，我们选取的人可能在其他的方面不是非常优秀，但只要他有"全心全意为客人服务"的那颗心，就是非常难能可贵的。"客人其实就像是你的朋友，哪怕说你今天犯了一些错误和过失，只要你真诚地对待他，他们都是可以原谅你的。""对于服务员的选择，我们在招聘的阶段就会对他们进行一个选择了，除了对于他们外形的要求外，更重要的是我们更看中他们对客人的服务态度，比如说微笑。我们要看他是否真的是从内心有为客人着想的特质。进入王品之后，我们会有一个比较特别的'新人庆'，也就是一个七天的培训期。我们会教授他们公司的经营文化和基本的服务流程，这七天虽然是带薪的培训，但如果在这个过程中有不符合要求的地方，我们还是会把他淘汰的。七天之后他就会到现场去服务客人了，从这天开始我们又开始了一个叫'黄金 14 天的学习'。会有专职的培训师进行带领，手把手一对一地进行培训，我们会在这 14 天中了解学员的一些特点和喜好，知道他适合什么样的职位，按照他们的特性去发挥他们的特长，这样就会让我们的新同事有一个更快的进步。我们在这个培训期中也会教授一些特别实用的东西。"

随着竞争的日趋激烈和消费者自我保护意识的增强，宾客对餐饮服务质量的要求越来越高。而餐饮服务质量的提高有赖于高素质的员工。因此，餐饮从业人员应树立正确的观念与意识，改善服务态度，更新本职工作所需的知识，提高管理与服务能力，从而提高餐饮服务质量。

一、餐饮服务人员的专业思想素质

良好的思想素质是做好服务工作的基础，对餐饮服务人员思想素质的要求是:

（一）树立牢固的专业思想

从事餐饮服务的工作人员必须充分认识餐饮服务工作对发展旅游业及整个社会经济文化事业的重要作用，热爱自己的工作，有意识地培养对专业的兴趣，不断学习，尽忠职

守，开拓创新。

（二）培养高尚的职业道德

职业道德规范要与餐饮业的特点相适应，应做到：满腔热情、乐于助人的服务精神；文明礼貌、不卑不亢的职业风尚；诚信无欺、真实公道的经营作风；廉洁奉公、谦恭自律的优良品质；团结友爱、顾全大局的高尚风格。

（三）具有良好的纪律观念

餐饮服务人员必须具有良好的自律意识，自觉遵守法律法规及酒店的规章制度，以部门和酒店的整体大局为重，服从工作安排。

（四）服务态度要求

服务态度是指餐饮从业人员在对宾客服务过程中体现出来的主观意向和心理状态，其好坏直接影响到宾客的心理感受。服务态度取决于员工的主动性、创造性、积极性、责任感和素质的高低。其具体要求是：

1. 主动

餐饮从业人员应牢固树立“宾客至上、服务第一”的专业意识，在服务工作中应时时处处为宾客着想，表现出一种主动、积极的情绪，凡是宾客需要，不分分内、分外，发现后即应主动、及时地予以解决，做到眼勤、口勤、手勤、脚勤、心勤，把服务工作做在宾客开口之前。

2. 热情

餐饮从业人员在服务工作中应热爱本职工作，热爱自己的服务对象，像对待亲友一样为宾客服务，做到面带微笑、端庄稳重、语言亲切、精神饱满、诚恳待人，具有助人为乐的精神，处处热情待客。

3. 耐心

餐饮从业人员在为各种不同类型的宾客服务时，应有耐性，不急躁、不厌烦，态度和蔼。服务人员应善于揣摩宾客的消费心理，对于他们提出的所有问题，都应耐心解答，百问不厌；并能虚心听取宾客的意见和建议，对事情不推诿。

与宾客发生矛盾时，应尊重宾客，并有较强的自律能力，做到心平气和、耐心说服。

4. 周到

餐饮从业人员应将服务工作做得细致入微、面面俱到、周密妥帖。在服务前，服务人员应做好充分的准备工作，对服务工作做出细致、周到的计划；在服务时，应仔细观察，及时发现并满足宾客的需求；在服务结束时，应认真征求宾客的意见或建议，并及时反馈，以将服务工作做得更好。

二、餐饮服务人员的业务素质

（一）不断提高自身的文化素质

文化素养的提高，不仅是做好服务工作的需要，而且能潜移默化地培养服务人员高雅的气质、广泛的兴趣、准确的判断能力及坚定的意志。餐饮服务人员应侧重掌握的知识有：烹饪知识，商品知识，营养卫生知识，心理学知识，酒店设备的使用、保养、维修知识，旅游文学知识，旅游地理知识，美术与音乐方面的知识，民俗和法律方面的知识，电脑应用知识等。

（二）熟练掌握专业操作技能

餐饮服务的每项工作、每个环节都有自己特定的操作标准和要求，因此餐饮服务人员要努力学习，刻苦训练，熟练掌握餐饮服务的基本技能，明确各项服务的规格、程序和要求，做到服务规格化、标准化和程序化。

（三）讲究各种服务礼节

自古以来，餐饮服务总是与礼仪密不可分。虽然服务形式不同，其礼节的简繁程度表现不同，但问候、称呼、迎送、操作等过程中，均应做到礼貌待人，以体现酒店服务水准。

（四）具有良好的人际交往能力

餐饮服务是一种特殊的人际交往活动，服务人员应主动加强与客人的交往，加深对客人的了解，采取客人乐于接受的方式进行服务。服务人员还可以通过与客人的交往，创造出亲切、随意的就餐环境，加强与客人的情感交流，提高客人对酒店的忠诚度。所有这些，均要求餐饮服务人员具备一定的人际交往能力。

（五）具备灵活、敏捷的应变能力

在餐厅，有时会发生一些特殊情况，这就要求服务人员具备敏锐的观察能力、判断能力，并在遵守酒店各项制度的前提下灵活处理，本着尽快、妥善的原则，尽量满足客人的要求，积极、热情地帮助客人解决问题。

三、服务人员的身体素质

服务人员的身体素质是做好服务工作的保证。

（一）健康的体格

无论何种岗位，其在工作中站立、行走、托盘、上菜等都需要有一定的腿力、臂力和腰力，所以只有健康的身体才能胜任工作。另外，服务人员直接接触食品，要求服务人员要定期体检，确保没有传染性疾病。

（二）端庄的仪表

端庄的仪表能给客人留下美好的第一印象，它直接影响客人与服务人员的交往是否顺畅，所以仪表修饰不仅是工作的要求，还体现出对客人的礼貌，进而为服务工作奠定良好的基础。餐饮服务人员的仪表包括服饰、仪容、仪态、举止等。

四、餐饮服务人员的能力要求

（一）语言能力

语言是人与人沟通、交流的工具。餐厅的优质服务需要运用语言来表达。因此，餐饮从业人员应具有较好的语言能力。《旅游酒店星级的划分及评定》（GB/T14308—2003）对酒店服务人员的语言要求为："语言要文明、礼貌、简明、清晰；提倡讲普通话；对客人提出的问题无法解答时，应予以耐心解释，不推诿和应付。"

此外，服务人员还应掌握一定的外语。

（二）应变能力

由于餐厅服务工作大都由员工通过手工劳动完成，而且宾客的需求多变，所以，在服务过程中难免会出现一些突发事件，如宾客投诉、员工操作不当、宾客醉酒闹事、停电等，这就要求餐厅服务人员必须具有灵活的应变能力，遇事冷静，及时应变，妥善处理，充分体现酒店"宾客至上"的服务宗旨，尽量满足宾客的需求。

（三）推销能力

餐饮产品的生产、销售及宾客消费几乎是同步进行的，且具有无形性的特点，所以要求餐厅服务人员必须根据客人的爱好、习惯及消费能力灵活推销，以尽力提高宾客的消费水平，从而提高餐饮部的经济效益。

（四）技术能力

餐饮服务既是一门科学，又是一门艺术。技术能力是指餐厅服务人员在提供服务时显现的技巧和能力，它不仅能提高工作效率，保证餐厅服务的规格标准，更可给宾客带来赏心悦目的感受。因此，要想做好餐厅服务工作，就必须掌握娴熟的服务技能，并灵活、自如地加以运用。

（五）观察能力

餐厅服务质量的好坏取决于宾客在享受服务后的生理、心理感受，也即宾客需求的满足程度。这就要求服务人员在对宾客服务时应具备敏锐的观察能力，随时关注宾客的需求并给予及时满足。

（六）记忆能力

餐厅服务人员通过观察了解到的有关宾客需求的信息，除了应及时给予满足之外，还应加以记忆，当宾客下次光临时，服务人员即可提供有针对性的个性化服务，这无疑会提高宾客的满意程度。

（七）自律能力

自律能力是指餐厅服务人员在工作过程中的自我控制能力。服务人员应遵守酒店的员工守则等管理制度，明确知道在何时、何地能够做什么，不能够做什么。

（八）服从与协作能力

服从是下属对上级的应尽责任。餐厅服务人员应具有以服从上司命令为天职的组织纪律观念，对直接上司的指令应无条件服从并切实执行。与此同时，服务人员还必须服从客人，对客人提出的要求应给予满足，但应服从有度，即满足客人符合传统道德观念和社会主义精神文明的合理需求。

知识链接

“service”的内涵

服务业经常运用的“服务”一词来源于英文的“service”，“service”一词来源于拉丁语“servus”（slave：奴隶），在《朗文词典》中其解释为“work done for others as anoccupation ora business.”意为“一种作为职业或事业而为他人做的工作。”由此可见“fo-rothers（为他人）”为该词解释的关键。在国际服务业中，“service”还经常被解释成七个字母组合，以揭示其内涵。

“S”——Smile（微笑）其含义是接待人员应该对每位宾客提供微笑服务。

“E”——Excellent（出色）其含义是接待人员应该将每个程序、每次微小的服务都做得很出色。

“R”——Ready（准备）其含义是接待人员应该随时准备好为宾客服务。

“V”——Viewing（看待）其含义是接待人员应将每位宾客看作是需要提供优质服务的贵宾。

“I”——Inviting（邀请）其含义是接待人员应该在每次接待服务结束时，主动邀请宾客再次光临。

“C”——Creating（创造）其含义是每位接待人员应设法精心创造出宾客能享受其热情服务的氛围。

“E”——Eye（眼光）其含义是接待人员应始终以热情友好的眼光关注宾客，适应宾客心理，预测宾客要求，及时提供有效的服务，使宾客时刻感受到接待人员在关心自己。

这七个字母的解释归结到一句话，就是服务人员要为其服务对象提供高标准、高质量的卓越服务。

项目四　服务礼仪规范与训练

课程导入

“微笑”带来的财富

号称美国“旅馆之王”的希尔顿，是世界上非常有名气的会展公司业者，是国际会展公司的第一个管理者，也是最长久的一个。从1919—1976年，57年时间美国希尔顿旅馆从一家店扩展到70家，遍布世界五大洲的各大城市，成为全球最大规模的旅馆之一。50年来，希尔顿旅馆生意如此之好，财富增加得如此之快，其成功的秘诀之一，就在于服务人员微笑的魅力。

美国“旅馆大王”希尔顿于1919年把父亲留给他的1.2万美元连同自己挣来的几千美元投资出去，开始了他雄心勃勃的经营旅馆生涯。当他的资产从1.5万美元奇迹般地增值到几千万美元的时候，他欣喜自豪地把这一成就告诉母亲，想不到，母亲却淡然地说：“依我看，你跟以前根本没有什么两样……事实上你必须把握比5100万美元更值钱的东西：除了对顾客诚实之外，还要想办法使来希尔顿旅馆的人住过了还想再来住，你要想出这样的简单、容易、不花本钱而行之久远的办法去吸引顾客。这样你的旅馆才有前途。”

母亲的忠告使希尔顿陷入迷惘：究竟什么办法才具备母亲指出的“简单、容易、不花本钱而行之久远”这四大条件呢？他冥思苦想，不得其解。于是他逛商店、串旅店，以自己作为一个顾客的亲身感受，得出了准确的答案——“微笑服务。”只有它才实实在在地同时具备母亲提出的四大条件。

从此，希尔顿实行了微笑服务这一独创的经营策略。每天他对服务员的第一句话是：“你对顾客微笑了没有？”他要求每个员工不论如何辛苦，都要对顾客投以微笑。

1930年，西方经济全面危机，也是美国经济萧条严重的一年。在这一年，全美旅馆倒闭了80%。希尔顿的旅馆也一家接一家地亏损不堪，曾一度负债50亿美元。困难时期，希尔顿旅馆的老板希尔顿并不灰心，而是充满信心地对旅馆员工说：“目前正值旅馆亏空靠借债度日时期，我决定强渡难关，我请各位记住，千万不可把愁云挂到脸上，无论旅馆本身遭遇的困难如何，希尔顿旅馆服务员的微笑永远是属于顾客的阳光。”因此，经济危机中纷纷倒闭后幸存的20%旅馆中，只有希尔顿旅馆服务员的脸上带着微笑。当经济萧条期刚过，希尔顿旅馆就率先进入新的繁荣时期，跨入黄金时代。

自称“微笑之邦”的泰国，一切服务工作都是在微笑中进行的。正是由于拥有微笑这一服务制胜的法宝，泰国的“东方大酒店”才多次在世界十佳会展公司评比中名列榜首，成为会展公司服务行业的一面旗帜。

总之，“微笑”是不见金钱的资本，生意兴隆的法宝，是搞好优质服务的基本保证。

现代社会餐饮服务业日益发展，人们与餐饮业的联系越来越多，对服务水平的要求越来越高，餐饮业的服务礼仪是服务质量、服务态度的直接表现，其中餐饮服务水平更是餐饮业服务水平的缩影，讲究礼仪更为重要。餐饮的服务礼仪主要由领台、值台、账台、走菜、厨台等服务礼仪构成。

一、餐饮服务人员的仪表礼仪

（一）服装

应根据各种不同餐饮特色，穿着适宜的制服，制服须合身、每日换洗，并熨烫整齐。工作时间应着规定的制服。衣服要整齐干净，注意保持衣服袖口、领口处的清洁。衣服应扣的扣子要扣好，衣服的衬里不可露出，不要挽袖子卷裤腿。要佩戴标志卡。男、女服务员均以深色皮鞋为宜，袜子颜色要略深于皮鞋颜色。上班时必须戴工作帽。必须系围裙及佩戴净布。

（二）袜子和鞋

男性着深色袜子，女性着肉色丝袜。

必须穿着由酒店发给的工鞋或皮鞋上班。鞋子为黑色皮鞋，并要时常擦亮。

（三）首饰

女员工不可佩戴垂下来或夸张的耳环。

项链不可露出制服外。

不能佩戴任何质地的戒指和手链以免掉入食物中或碰触到食物造成污染。

二、餐饮服务人员的仪容礼仪

服务人员是餐饮的灵魂人物，是餐饮与顾客间的沟通桥梁，虽属基层，却扮演着重要的角色。一位优秀的服务人员除了对服务方式要具专业性外，更应重视自身的仪容与卫生，因为顾客对服务人员的视觉印象来自外表，所以服务人员不仅代表餐饮的门面，更是激发顾客食欲的媒介，因此服务人员不论是在穿着打扮或姿态上，都应表现得极为整洁与得体。

（一）头发

保持头发清洁，经常洗发。

前发不可遮及眼睛，发式不可吹得过于夸张。

女员工穿制服时，头发必须束起，发夹必须为黑色。

男员工长发侧面不可以盖过耳部。不留大鬓角，后面的头发不能长到衣领。

（二）脸部

化妆宜清淡，不可浓妆艳抹，朴素大方即可。经常留意及修剪鼻毛。男员工不准留胡须并且每天必剃须修面。

（三）身体

每日清洁，不宜使用香水，如易流汗产生体味，应穿吸汗内衣，并勤换洗，可喷洒少许抑制体味的止臭剂。不得抹刺激性的香水。

（四）手部

常洗手保持干净，指甲要修饰整齐，不可有咬指甲的习惯；女员工不能涂色彩艳丽的指甲油。女性如要擦指甲油，以透明无色为佳。

（五）口部

牙齿勤刷，保持干净，尽量避免食用含有特殊味道的葱、蒜，如不得已，也要尽快除去口中异味，不要抽烟或嚼口香糖，保持口气清新。

三、餐饮服务人员的仪态礼仪

要成为好的服务者，首先要成为一个善于沟通的人。服务员整天与客人打交道，时时刻刻离不开沟通。在服务过程中，与客人沟通经常使用的方法是听、说、写及仪态，仪态就是体态语言。你的一个动作，一个眼神及面部表情都将影响着你与客人之间的每一次沟通过程是否完美。体态语言也称为视觉沟通，在沟通过程中占据55%的信息量，包括目光、身体的姿态、手势动作及面部表情。

（一）举止

所谓举止是指一个人活动时的姿态，换句话说，也就是仪态，包括行走、就座、手势和表情等。每一位餐饮服务人员的举止是否文雅、合乎规范，不仅反映出其个人的性格、修养和文化素质，同时也反映出一个餐饮的管理水平，只有严格要求服务人员的举止，才有助于提升其服务质量。例如在顾客面前不能有吃东西、饮酒和挖鼻孔、打饱嗝、伸懒腰、打喷嚏、打哈欠等不雅的举动，咳嗽时应用手帕捂住嘴，面向一旁避免发出声音；在公共场所中不能随地乱吐痰，乱扔果皮、纸屑。递茶、上菜、端茶、撤菜时要轻拿轻放，动作要优雅，开门、关门动作要轻，不要用力过猛，要随时随地保持餐厅的安静。

（二）行走

行走时，身体的重心稍向前倾，收腹、挺胸、抬头、肩膀放松，同时眼睛平视前方，面带微笑，上身应保持挺直，两手臂自然前后摆动，步伐要轻且稳，保持两脚并行且直线前进，走路速度以不快不慢为原则，切勿慌张，亦不可奔跑。多人一起行走时，不能横着一排行走，若有急事超越前面的人时，不能跑步，可大步超前，且回头表示歉意。

服务人员在酒店内行走，需要靠右侧，与顾客同行时，要让顾客走在前面，若遇通道比较狭窄，有顾客从对面走来时，服务人员应主动停下来，靠其右边，让顾客先行通过，再行通过，切勿背对顾客。在走廊、通道、电梯或活动场所与顾客相遇时，应该主动礼让。上楼梯时，若女服务员穿裙子，则应走在顾客之后，让顾客先上，否则不雅，与顾客距离保持一至二阶。引导顾客，须走在顾客前方一两步大约45度的位置，要配合顾客的脚步，途中若遇见用完餐的顾客离开，应侧让或退避，避免碰撞，然后再进入。

（三）站立

可分为等待站姿和服务站姿。

1. 等待站姿

身体要端正、挺胸、抬头、收腹、收臀，眼睛平视前方，并且嘴微闭、面带微笑、双臂自然下垂，或在体前交叉，其右手放在左手上，以保持随时都可以提供服务的姿态。双手不可叉在腰间，不可放在身后，亦不可抱在胸前。女服务员站立时，双脚呈“丁”字形，膝和脚后跟要靠紧，不能双脚分开。

2. 服务站姿

挺直腰背，脚跟靠拢，脚尖不可过度撇向外翻，眼光平视向前，右手由肩至臂自然下垂，左手持服务巾，手臂须自然弯曲，手肘处呈90度，膝部放松。保持面对顾客的服务方向，要移动或后转时，须先移动足部再转身。

（四）表情

表情是一种无声的语言，适当的表情可向顾客传递对他们的热情、敬重、宽容和理解，给顾客带来亲切和温暖，并可传达不同的信息。只有发自内心的笑容，才是最美丽、最自然的笑容。要保持面带微笑、和蔼可亲、毫不做作，且要彬彬有礼、稳重端庄、不卑不亢。

人的面部表情在很大程度上显示出人的态度。大多数人在沟通时会注意对方的表情，他们能从你的面部表情里看出你是喜是忧、是怒是惑。面部表情是非常自然的东西，呆板的面部表情难以让人接受。面部表情不是总与言语一致，出现不一致时，人们往往相信面部表情，而不是你的言语。由此可见面部表情在沟通过程中起着很重要的作用。

服务人员在接待中要热情适度，耐心周到，对宾客的态度反应敏感，虚心听取客人意见，遇事要冷静、沉着、表情要含蓄大方。自控能力要强，使自己保持良好的心态。

（五）目光

在沟通过程中用目光注视对方，是体态语言沟通方式中最有力的一种。当你在交流过程中使用目光接触时，你实际在说，我对您感兴趣，我在关注您。

目光接触是对对方的尊重。反之当你避免目光接触时，一般会认为你对自己没有把握、在说谎或者对他们毫不在意等，因此会产生负面影响。

（六）手势

手势是最有表现力的一种肢体语言，当餐饮服务人员向顾客做介绍、谈话、引路、指示方向时，都会借用手势来帮助顾客理解。向顾客指引方向时要将手臂伸直，手指自然并拢，手掌向上，以肘关节为轴指向目标，同时眼睛也要转向目标，并注意对方是否已看清目标；在介绍或指路时切忌用一个手指去指点；与顾客谈话时手势不宜过多，幅度不宜太大，并要有亲切的笑容和恰当的言语。

手势动作包括你讲话时手、臂、肩甚至头部的动作，借助手势动作可辅助你解释问题或支持你的说法。手势动作能够添加信息及其变化，能够反映出一个人的自身修养程度及心理素质是否良好，如服务员摆弄头发、咬嘴唇等都会使人觉得你正在感到不自然或过于随便，这样就会使客人产生疑虑。

餐饮服务人员的站姿应是端庄、挺拔，体现出优美和典雅。坐姿要端正，表现出坐的高贵和娴雅。步态应轻盈、稳健。一般要靠右行走，不能走中间，不可跑步，不可与客人抢道。接待客人时，手势的运用要规范和适度，谈话中手势不宜过多，动作不宜过大。如为客人指点方向时应正确采用“直臂式”，请客人进入时应用“横摆式”等。同时需要注意手势运用时要和面部表情及身体各部分协调配合，以免显得生硬，给客人造成误解。

四、餐饮部各岗位服务人员礼仪

（一）领台服务人员礼仪

领台服务人员包括：门卫礼仪服务人员和引领服务人员。领台服务人员营业前一定要了解本店的概况和当天预约的客人情况，做好仪容、仪表和精神准备，营业前站在餐饮门口两侧或里面，便于环顾四周位置，等待迎接客人。客人到来时要热情相迎，主动问候。在引领客人时，应问清是否预约、几位，然后把客人引到合适的座位。这主要根据客人的身份、年龄等来判定。宾客就餐完毕离开时，要有礼貌地欢送，并致告别语，目送宾客离开。

（二）值台服务人员礼仪

值台人员服务礼仪主要包括开菜、点菜、斟酒、派菜、分菜时的服务礼仪。客人被引到餐桌前，要主动问好，并给客人拉椅让座，递香巾。递香巾时，可双手捏住香巾并且递到客人面前，也可用不锈钢夹夹起香巾送给客人。

客人如点饮料，饮料应放在客人的右侧，然后打开饮料瓶盖。同时需注意要用右手握瓶，露出商标，左手托瓶子上端，将饮料徐徐倒入饮料杯中，不宜倒得太满，也不可倒太快。拉开易拉罐时，不要将罐口冲向客人，如客人没点饮料，则一定要上茶，茶杯放在垫盘上，轻轻放于桌上，把茶杯把手转向客人右手方向。

客人如没有预先定菜，值台服务人员要站在主宾的左侧，躬身双手将菜单递上，请客人点菜。

点菜时可适当地向客人推荐本店名菜。菜单一般先递给主宾、女宾或者长者。点好的菜名应准确迅速地记在菜单上，一式两份，一份送给厨台值班，一份送给账台埋单。

快开席时，值台服务人员应将主宾、主人的口布从水标内取出递给他们围上，从第一道菜开始，值台服务员应为客人斟上第一杯酒。斟酒、分类的须序是：男主宾、女主宾，从正主位左侧开始，按顺时针方向逐位斟酒，最后再斟主位。当主人、主宾祝酒、讲话时，服务员应停止一切活动，站一适当位置。斟酒时，应先斟烈性酒，后是果酒、啤酒、汽水饮料。

服务人员在斟酒、上菜、分菜时，左臂应搭一块干净餐巾，以备擦酒滴、饮料滴等用，但不可擦自己的手。斟酒时，一般右手拿酒瓶，左手拿杯徐徐倒入，特别是啤酒，开始倒要把瓶口放到杯的正中内快点倒入，一面倒，一面把瓶口慢慢移向杯边，而且倒得速度也由快变慢，以防啤酒的泡沫上升溢杯。啤酒倒好一般以七分液体，两分泡沫为好。

（三）走菜服务人员礼仪

1. 上菜

一般在十分钟内把凉菜送上台，20 分钟内把热菜送上台。上菜要求快，特别是午餐。主食由服务员用右手放于客人的左侧。最后一道菜是汤，饭后上茶。

上菜时动作要轻、稳，看准方向，摆放平稳，不可碰倒酒杯餐具等。上菜还要讲究艺术。服务员要根据菜的不同颜色摆成协调的图案。凡是花式冷盘，如孔雀、凤凰等冷盘，以及整鸡、鸭、鱼的头部要朝着主宾。上好菜后，服务员退后一步，站稳后报上菜名。

2. 端菜

一定要用托盘，不可用手直接端拿，更不允许大姆指按住盘边或插入盘内。端菜的姿态是既稳又美，具体要求是用五指和手掌托起，托盘不过耳，托盘不能太低，托盘边太靠近于耳及头发是不雅的，重托时可用另一只手扶着托盘。

3. 撤换餐具

撤换餐具时要先征得客人同意。撤换时一定要小心，不可弄倒其他新上的菜、汤。撤换的餐具要从一般客人的右侧平端出去。如果菜汤不小心撒在同性客人的身上，可亲自为其揩净，如撒在异性客人身上，则只可递上毛巾，并表示歉意。

（四）账台服务人员礼仪

主要包括收款、埋单、转账时的礼仪。埋单，当把客人用餐的细目送到收款台后，账台服务人员一定要准确、迅速地把食品的单价标上，一并合计好用款总数。合计好后，在客人用毕主餐饮茶时，由值台服务员用托盘将账单送到客人面前，并且应站到负责埋单客人的右后侧，轻声告之，然后用钱夹把钱放进托盘送回账台，并把找回的余款送到埋单客人面前，叙说清楚。

埋单时如客人转账，一定请客人填定账号并签字。账台服务人员一般正坐在账台内，可戴两只套袖。坐姿要娴雅、自如、端庄、大方，面带微笑。

（五）厨台服务人员礼仪

上岗前首先要整理工作环境卫生和个人卫生。厨台卫生主要包括：厨台、砧板、刀、地面和墙壁卫生。厨台要清洁、整齐、美观。服务员要彻底洗手，梳理头发，整理面容，戴上工作帽，穿上白上衣，系上围裙，工作服一定要清洁。在操作时，一定要养成良好的卫生习惯。如不用袖子擦脸、擦汗，不能在工作现场打喷嚏等，也不允许边操作、边吸烟，等等。

五、餐饮服务礼仪的应用

餐饮是宾客的用餐场所，餐饮服务员不但要掌握业务技能，还要遵守服务中的各种礼仪，使宾客不但吃得饱，还要吃得愉快。

（1）脸迎宾客，自然大方并亲切问候："您好，欢迎光临！请问一共几位？"

如果是男女结伴而来，应先问候女宾，再问候男宾。对老幼残宾客，应主动上前照料。

（2）根据宾客的不同情况把他们引入座位。如重要宾客光临，应把他们引领到餐饮中最好的位置；夫妇、情侣就餐，应把他们引领到安静的角落位置；全家、亲朋好友聚餐，应把他们引领到餐饮中央的位置；对老幼残宾客应把他们安排在出入比较方便的位置。

安排座位应尽量满足宾客的要求，如果该座位已经被先到的宾客占用，服务员应解释致歉，求得谅解，推荐其他令宾客较满意的座位。

（3）宾客走近餐桌，服务员应按先女宾后男宾，先主宾后一般宾客的顺序用双手拉开椅子，招呼宾客入座；宾客曲膝入座的同时，轻轻推上座椅，使宾客坐好、坐稳。

（4）宾客送上茶水，切忌用手接触茶杯杯口。适时主动恭敬地递上菜单，不能随意将菜单扔在桌上。顾客点菜时要耐心等候，不能催促，让宾客有考虑的时间。

点菜时，拿好纸、笔随时记录。如宾客犹豫不决，服务员应当好参谋，热情介绍菜肴品种和特色。应注意语言艺术，礼貌委婉，不要勉强或硬性推荐，以免引起宾客反感。如宾客点的菜已经无货供应，应礼貌致歉，求得谅解。

如宾客点的菜，菜单上没有，不要拒绝，可以说："请允许我与厨师商量一下，尽量满足您的要求。"

宾客点菜时，服务员应面带笑容，上半身略微前倾，身体不能靠在餐桌边，不能把手放在餐桌上，要认真倾听，准确记录，避免出错。

（5）有儿童就餐，可给儿童加上小凳，方便儿童入座。

（6）宾客不慎掉落餐具，应迅速为其更换干净的餐具，不能在宾客面前一擦了事。

（7）宾客的电话，应走近宾客轻唤，不能在远处高喊。

（8）工作中必须随时应答宾客的召唤，不能擅离岗位或与他人聊天。

（9）宾客斟酒上菜要讲究程序。上菜时手指不能碰及菜肴，每上一道菜要报菜名，简要介绍其特色，说话时不能唾沫四溅。斟酒时手指不能触摸酒杯杯口，应按酒的不同种类决定斟酒的程度。倒香槟或冰镇饮料时，酒瓶应用餐巾包好，以免酒水滴落到宾客身上。

（10）宾客吸烟，应主动上前点火。宾客的物品不慎落到地上，应主动上前帮助拾起，双手捧上。

（11）宾客应一视同仁，生意不论大小都应服务周到。逢年过节，要对每一位宾客致以节日的问候。

（12）在全部宾客离去后，再进行清扫，不能操之过急。

（13）结账时，应把账单放在托盘中，正面朝下递给宾客。宾客付账后，要致谢。宾客起身后，服务员应拉开座椅，并提醒宾客不要忘记随身携带的物品。帮助宾客穿大衣戴帽子，在餐饮门口与宾客友好话别："再见，欢迎您再次光临。"

（14）餐饮服务员要与食物、餐具打交道，所以要对服务员的个人卫生严格要求。应穿着干净整洁的制服，勤洗澡，勤理发，勤剪指甲，勤刮胡须，勤刷牙，勤洗手，不佩戴首饰，不浓妆艳抹，不梳披肩发。在宾客面前不掏耳朵，不剔牙，不抓头发，不打哈欠，不掏鼻孔。如不得已要打喷嚏、咳嗽，应背转身体，用手帕遮住口鼻，并向宾客致歉。工作前不吃有刺激气味的食品。

知识链接

服务人员的"界域"

服务人员的服务工作总是在一定的空间中进行的，要实现与客人的礼貌交往，应有一个恰当的交往空间，即交往距离。所以，会展公司从业人员与客人保持适度的服务与交往距离是十分必要的。心理学实验表明，人际距离过大，容易使人产生疏远之感；人际交往距离过小，则又会使人感到压抑或是冒犯。酒店服务人员应当根据不同的工作内容、工作场合和服务对象等具体情况来把握好，大体有以下几种人际距离：

1. 服务距离

服务距离是酒店服务人员与客人之间所保持的一种最常规的距离。它主要适用于员工应客人的请求，为其直接提供服务之时。在一般情况下，服务距离以0.5~1.5米为宜。

2. 展示距离

即在客人面前进行靠作示范，以便使客人对服务项目有更直观、更充分、更细致的了解。展示距离以1~3米为宜。

3. 引导距离

引导距离是酒店服务人员在为客人带路时彼此间的距离。根据惯例，在引导时，服务人员行进在客人左前方1.5米左右为宜。

4. 待命距离

待命距离特指酒店服务人员在客人尚未传唤要求自己为之提供服务时，与对方自觉保持的距离。在正常情况下，应当是在 3 米之外只要服务对象视线所及，可以看到自己即可。

5. 信任距离

信任距离是指服务人员为了表示自己对客人的信任，同时也为了使客人浏览、斟酌、选择或体验更为专心致志而采取的一种距离，即离开对方而去，从对方的视线中消失。采取此距离时必须注意：一是不要躲在附近，似乎是在暗中监视客人；二是不要一去不返，让客人在需要帮助时根本找不到人。

6. 禁忌距离

主要指服务员工在工作岗位上与客人之间应当避免出现的距离。其特点是双方身体相距过近，甚至有可能直接发生接触，即小于 0.5 米。这种距离，一般只出现于关系极为亲密的人之间。

实训考核

一、考核内容

维多利亚酒店是一家四星级酒店，酒店位于市中心，地理位置优越，但由于开业时间较早，酒店无论是装修还是设施设备都无法满足客人的需求，经过一年多的精心改造提升，酒店准备今年年底重装开业，目前该酒店已经装修完毕，现面向社会招聘餐饮部各岗位员工及实习生。并积极筹备几个月后的软开业阶段。

二、考核要求

1. 将学生分成两组，一组同学扮演酒店招聘方，另一组同学扮演实习生，回答招聘方提出的关于餐饮服务方面的问题。并根据餐饮员工素质要求对应聘的实习生进行现场打分，选出表现优秀的同学进入餐饮部实习。

2. 小组每个成员都必须积极参与，以提高团队合作能力和沟通能力。

3. 教师点评，进行小组互评。

三、考核标准

考评小组		被考评小组	
考评地点			
考评内容	仪容仪表		
考核内容	考评标准	分值（分）	实际得分（分）
头发	男士：后不盖领、侧不盖耳、干净整齐；女士：后不垂肩、前不盖眼、干净整齐	10	
面部	男士：胡子刮净；女士：淡妆	20	
服装	专业设计、美观大方；合体（不松不紧）；干净、无污渍、熨烫平整；无破损、无卷起、扣子扣好	10	
鞋袜	黑鞋；袜子要男深女浅；无破损、不皱	10	
饰物	不戴饰物；佩戴工作牌（左胸）	10	
形体礼貌	形象良好、表情自然；举止礼貌	10	
仪态	无不良习惯及小动作	10	
考评内容	现场应答		
考评标准	思维清晰，表达流畅，内容正确，没有知识性错误	20	
合　计		100	

模块二　中餐厅服务与管理

学习目标

※ 理解中餐零点服务的基本程序和相关知识

※ 熟练掌握服务过程中基本的操作技能

※ 掌握零点服务程序与方法

※ 具备能够为客人提供中餐零点服务的能力

※ 能够在规范服务的基础上为顾客提供个性化服务

教学建议

根据学生的特点和实训教学的要求，把学生编成几个学习小组，教师模拟现实中餐厅服务环境，创设逼真的工作情境，学生以学习小组讨论并结合情景模拟形式模拟练习。其中教师现场指导，其他学生对表演组进行客观的评价，以最终完成项目，达到教学目标。

学习项目

项目一　预订及迎宾准备服务

项目二　迎接客人及点菜服务

项目三　传菜和上菜服务要求

项目四　席间巡台及分餐服务

项目五　客人结账与收银服务

项目六　送宾服务及撤台服务

项目一　预订及迎宾准备服务

课程导入

5 月中旬的一天，16：00 左右，一位姓许的客人打电话到餐厅预订，并说明要订一个可以容纳十几个人的大包厢，希望餐厅能为其预留。预订员小刘查看后，还有最后一个包厢，可以安排 12 人左右，就帮客人预留下来。

过了一会儿，许先生又打电话过来确认，说人数可能增加，问是否可以坐得下。小刘想，很多客人为了预订到大的包厢，经常多报人数；这次即使真的多来了几个人就多加几张椅子，稍微挤一点儿应该没关系。于是就对客人说："给您预留的包厢肯定没有问题，您就放心来吧。"18：30 客人到了，发现包厢并没有想象的那么大，而且来的客人有 16 位。服务员急忙帮客人加好位置，但是座位之间几乎已经没有空隙了，显得非常拥挤。客人非常生气地说："你们怎么回事，我还打电话来确认过，问你们是否可以安排，你们说的让我放心就是这个样子的吗?"得知此事后，餐饮督导和经理纷纷过来向客人表示歉意。客人的朋友也帮忙打圆场，说："挤挤热闹。"

在大家的说笑下，客人的情绪渐渐稳定下来。招呼好朋友落座，确定了菜单，并强调："希望席间再也不会出现问题了!"服务员主动认真殷勤地服务着，上菜也更加注意，经理也多次过来巡视并主动和客人打招呼。客人有说有笑，用餐过程很满意，酒店最后赢得了客人的谅解。

一、预订服务

餐饮预订工作一般由酒店的销售部和餐饮部共同完成。销售部负责大型餐饮活动的销售，如针对团队客人、会议客人的销售；餐饮部一般负责小团队或者散客的销售工作。餐饮部向销售部提供各种即时促销活动资料，销售部向餐饮部提供营销信息，餐饮部与销售部共同完成各类餐饮促销活动，由餐饮部具体完成到店客人的服务工作。

在餐饮预订中，要根据客人的具体要求和酒店餐饮部的实际情况，为客人安排所需的从事餐饮活动的地点和服务等。在客人消费前进行确定，并做好相应的准备工作。

（一）预订相关知识

（1）预订的方式：电话、面谈、传真、网络等。

（2）预订的内容：时间、单位和人员、联系人、规模与标准、宴会类型、付款方式、宴请事由及特殊要求、场地确定、菜肴酒水要求等。

（3）宴会预订的确认：

①暂时性预订：指预订员仅仅是填写完预订单而未得到所涉及的有关部门和主办单位的确认。

②确定性预订：指预订已经得到涉及部门和主办单位负责人的进一步确认。通常是由双方签订预订确认书或宴会合同书。大型宴会需交纳一定的宴会预订金。预订金一般为菜肴总额的30%～50%。

（4）预订的变更。双方应就预订变更相关事宜事先达成具体协议，如有违约按协议处理。

（二）预订服务程序及标准

主要预订方式是电话预订，大规模或重要宴会通常还需进行当面商讨和确认。

表2－1　电话预订程序和标准

工作流程	服务标准
问候客人	①电话铃响三声之内接听电话 ②主动向客人礼貌问好，并准确报出餐厅名称。如：您好，某某餐厅，我是预订员小张 ③及时表示愿意为客人提供服务，如：有什么事情需要帮忙？或很高兴为您服务
了解需求	①对报出姓名的客人，服务员应称呼其姓名，以示对客人的尊重 ②仔细聆听客人的介绍，了解客人的身份、用餐日期及时间、宴请对象、人数、台数及其他要求 ③征得客人的同意后为其安排相应的包房或餐台，并告知客人房号或台号
接受预订	①复述预订的内容，并请客人确认 ②请客人留下电话、姓名 ③告知客人，预订餐位最后的保留时间 ④向客人致谢并道别
预订通知	①填写预订单 ②订好菜单的预订或大型宴会的预订，立即通知餐厅经理、厨师长、采购部门 ③未订标准或菜单的预订，只通知餐厅即可 ④有特殊要求的预订，要及时通知餐厅总领班和厨师长
预订记录汇总	将预订的详细内容记录在预订登记本上或录入计算机

续表

工作流程	服务标准
预订变更处理	①接到客人变更通知，首先确认客人身份并对变更内容进行详细记录，并根据相关规定予以确认 ②将变更内容及时通知相关岗位人员

二、迎宾准备服务

餐前准备是餐厅服务员在客人到达之前按服务程序要完成一系列的服务准备工作，是做好服务工作的开始。

（一）餐前准备的内容

1. 环境准备

打扫地面卫生。扫地、擦地板、地板打蜡或吸尘。

打扫四周卫生。擦门窗玻璃、楼梯扶手，拂去墙壁、衣帽柜、装饰物等上面的尘土。

打扫餐桌椅卫生。桌面无油腻、坏损，若有应及时修补。无水迹，桌腿、椅背、椅腿擦净，并检查有无松动，若有应及时修补。

打扫工作台。工作台应干燥、清洁，无灰尘、油污。整个餐厅窗明几净，整洁明亮。

调好室内灯光、音响，摆好室内屏风、装饰物等。

根据需要做好节假日、喜宴的店堂美化工作。

2. 物品准备

餐用具准备。根据餐厅类别，将所需餐具消毒后叠放在备餐间或备餐桌上，检查餐用具是否有破损情况，如有破损，立即更换。所需餐具有：餐碟、味碟、汤碗、汤勺、筷子等。所需用具有：台布、餐巾、小毛巾、花瓶、调料瓶、牙签筒、烟灰缸、冰桶、洗手盅等。所需酒具有：水杯、葡萄酒杯、烈性酒杯等。

服务用品准备。如各种托盘、开瓶工具、餐巾、牙签等。

酒水饮料准备。备好供应的酒水饮料的质量，发现问题，坚决退回。摆好餐巾、牙签等，备好茶叶、开水、冰块等。检查酒水饮料的质量，发现问题，坚决退回。

当日菜单准备。开餐前，应熟悉当日菜单、品种、价格、主料、辅料、口味特点、基本烹制过程和方法、烹制时间、菜肴典故等。

3. 心理准备

在接待服务中，餐厅服务员要做好应酬各种情况的心理准备。俗话说，店门一开，八方来客。来餐厅用餐各种各样的人都有，由于他们年龄、职业、身份、地区、性别、国籍不同，眼观六路，耳听八方，因此用餐目的、标准及要求也各不相同，餐厅服务员要能做到处处留心，时时细心，事事精心，对顾客的眼神、表情、举止、动作要善于观察和判断。对各类宾客多种用餐要求要有心理准备，要因人而异地服务，掌握好尺度，使服务接待工作恰到好处。

4. 仪表仪容准备

餐厅服务员仪表仪容总的要求是端庄典雅。容貌端庄大方，给人以亲切可人的印象。仪容要求适度、美观、容光焕发、精神振作。女餐厅服务员应淡妆上岗，各种饰品一般不用，用则求简。餐厅服务员上岗，必须按规定着装。衬衣一般系裤内或裙内，左前胸佩戴标牌，工作服整齐清洁，纽扣齐，领带、领结符合规定，做到无脏、无皱、无破损。头发梳理整齐，男发不超过发际线，不盖耳，不过领，不留大鬓角，女发不过肩。个人卫生清洁，保持手清洁，不留长指甲，要勤换衣，避免异味，保持体味清新。餐厅服务员上岗要精神饱满，注意力集中，女餐厅服务员不能涂抹有色指甲油。面带微笑，体态高雅，举止庄重，落落大方。上岗前，餐厅服务员要面对镜子，自我检查一下是否合乎要求。服务员双方相互检查，相互纠正，以最佳的精神状态做好开业前的准备。

（二）餐前会

在完成各项准备工作，餐厅即将营业前的30分钟左右，要举行一次餐前会，一般由餐厅经理或领班负责。

1. 餐前会的内容

检查服务人员的仪表、仪容及服务工具是否备好。

了解厨房当天菜点水果供应情况和当天特色菜肴的原料、口味及烹饪方法等。

介绍客人情况以及重要客人的接待工作。

向服务员说明客人的投诉及处理解决方法。

总结前一天的工作，讲解当日工作要点。

协调解决其他部门对本部门的意见及请求协作事项。

2. 开好餐前会的要点

要有时间的限制，一般以十分钟为宜；要有统一约定的开会时间，通常午餐餐前会在上午10点进行，晚餐餐前会在下午4点进行。

开会前要做好充分的准备，事先写下开会时要讲的工作要点。

开会时要求员工列队，要抱着期望员工做好工作的态度去激励员工。

讲话要清晰，气氛要轻松，让员工易于接受。

定期请上级领导到会指导，及时传达上级的指示，做到下情上报、上情下传。

遇到重大问题可延长开会时间。

利用餐前会实施培训和技术交流。

强调餐厅制度及工作标准。

开餐前要检查员工的仪容、仪表是否符合要求。

知识链接

中餐摆台

一、铺台布

（一）铺台布方法

铺台布的方法以介绍中餐圆台铺台的方法为主，常用的方法有三种。

1. 推拉式

服务员站在副主人位置上，右脚向前迈一步，上身前倾，用双手将台布打开后放至餐台上，将台布贴着平行推出去再拉回来。这种铺法多用于零点餐厅或较小的餐厅，或因有客人就座于餐台周围等候用餐时或在地方窄小的情况下，选用这种推拉式的方法进行铺台。

2. 抖铺式

服务员站在副主人位置上，右脚向前迈一步，上身前倾，用双手将台布打开，平行打折后将台布提拿在双手中，身体呈正位站立式，利用双腕的力量，将台布向前一次性抖开并平铺于餐台上。这种铺台方法适合于较宽畅的餐厅或在周围没有客人就座的情况下进行。

3. 撒网式

服务员站在副主人位置上，右脚向前迈一步，上身前倾，将台布正面朝上打开，用两手的大拇指与食指分别夹住台布的一边，其余三指抓住多余台布提拿起至左肩后方，上身向左转体，下肢不动并在右臂与身体回转时，台布斜着向前抛出去，将台布抛至前方时，上身同时转体回位，台布平铺于台面。这种方式适用于宽大场地或技术比赛场合。

（二）铺台布服务的程序

台布铺设是将台布舒适平整地铺在餐桌上的过程，前期的准备工作相当重要。铺台布之前，首先应将所需餐椅按就餐人数摆放于餐台的四周，使之呈三三两两的并列状。然后服务人员应将双手洗净，并对准备铺用的每块台布进行仔细地检查，发现有残破、油液和皱褶的台布则不能继续使用。最后应根据餐厅的装饰、布局确定席位。餐厅服务员站立在副主人餐椅处或者服务员站在与主位成 90 度，将选好的台布放于副主人处的餐台上。

1. 选台布

根据周围的环境选用合适的颜色和质地的台布，根据台桌选择合适规格的台布。认真细致地检查台布。如有污迹、破损要立即更换。

2. 中式铺台布

中餐铺台一般使用圆桌布台，服务员站在正面一侧进行。铺台布时，双手将台布打开并提拿好，身体略向前倾，运用双臂的力量，将台布朝主人座位方向轻轻地抛抖出去。在抛抖过程中，做到用力得当，动作熟练，一次抖开并到位。分三道工序：抖台布、定位、整平。

抖台布：用力不要太大，动作熟练、干净利落、一次到位。

定位：台布正面向上，台布中心对正桌子中心位置，舒展平整，四角下垂，台布四角对正桌边。

整平：整理使台布平整美观。

3. 铺台裙

把整个桌边围上一周，可提高餐厅的规格档次，使台面美观大方、高雅、舒适。操作方法：先将台布铺好，再沿顺时针方向用针、胶带固定台布，台布的折要均匀平整。用针时针尖向内，防止对客人造成伤害。

4. 上转盘

大型宴会和国宴不用转盘，中小型宴会用；服务员先将转盘和玻璃台面用双手放在转台上，轻轻转动，看是否灵活。

二、中餐摆台

1. 铺台布、放转盘、配餐椅

铺台布时，服务员站在与主位成 90 度的左侧或右侧将折叠好的台布放在餐桌中央；将台布打开，找出台布正面朝向自己一侧的边缘，用手指捏住，抖动手腕，抛出台布，借助产生的气流将台布平铺在餐桌上；铺台布时，要做到动作熟练，干净利落，一次到位。铺好的台布要求做到台布图案花饰端正，中间鼓缝穿过正副主人的位置，十字折线居中，四角与桌腿成直线平行，并与地面垂直，台布四边均匀下垂，以 30 厘米为宜。多桌宴会时，所有台布规格颜色均需一致。

转盘摆放在桌面中央的圆形滑轨上，检查转盘是否旋转灵活。

根据出席宴会的人数配齐餐椅，以十人为一桌，一般餐椅放置为三、三、两、两，即正、副主人侧各放三张餐椅，另两侧各放两张餐椅，椅背在一直线上。

2. 拿餐具

一律使用托盘，若无防滑托盘则应用干净专用布巾铺垫，左手托托盘，右手拿餐具。拿酒杯、水杯时，应握住杯脚部；拿刀、叉、匙、勺时，应拿柄部；拿瓷器、金属等餐具时，应尽量避免手指与边口接触。避免将手印留在餐具表面。落地后的餐具，未经清洗消毒不得使用。

3. 摆餐具

骨碟定位。将骨碟摆放在垫有布巾的托盘内，或徒手用餐巾托住骨碟定位；从主人座位处开始按顺时针方向依次用右手摆放骨碟，要求碟边距离桌边 1.5 厘米，骨碟与骨碟之间距离均匀相等，碟中店微等图案对正。

摆放调味碟、口汤碗和小汤勺。在骨碟纵向延长线上1厘米处摆放调味碟；汤碗距骨碟1厘米，左上方45度，小汤勺置于汤碗，小汤勺勺柄向左。

摆筷架、勺和筷子。在口汤碗与调味碟横向直径右侧延长线处放筷架、勺，袋装牙签和筷子，筷套离桌边1.5厘米，并与骨碟纵向直径平行，袋装牙签与勺末端平齐。意轻拿轻放。

摆放玻璃器皿。在调味碟纵向直径线1厘米处摆放葡萄酒杯，葡萄酒杯右侧摆放烈性酒杯，在葡萄酒杯左侧摆放水杯，三杯成一直线，与水平线平行。杯肚子间的距离为1厘米。

摆公用餐具。在正、副主人杯具的前方，各横向摆放一副公用筷和汤勺，汤勺在外侧，筷子在内侧，汤勺柄和筷子的尾端向右。

摆放烟灰缸、火柴。在公用餐具的右侧各摆放一只烟灰缸；在与主位、副主位成90度处各摆放一只烟灰缸；烟灰缸的边缘摆放火柴，正面朝上。目前，中餐宴会摆台一般不摆放烟灰缸，当发现某位宾客有吸烟需求时，要由服务员用托盘给该宾客送上。

摆放宴会菜单、台号。在通常情况下，十人餐台放两张菜单，十人以上餐台放四张菜单。放两张菜单时，菜单放在正、副主人骨碟的左侧，菜单的下端距离桌边1.5厘米，与骨碟纵向直径平行；放四张菜单时，除正、副主人旁边各放一张外，另两张放于与正、副主人位成90度的两侧宾客骨碟的左侧。菜单也可以竖立摆放于水杯或口汤碗的旁边。高档宴会上，菜单也可每人一张。台号牌放在花瓶左边或右边，并朝向大门进口处。转台正中摆放花瓶或插花，以示摆台的结束（见图2－1）。

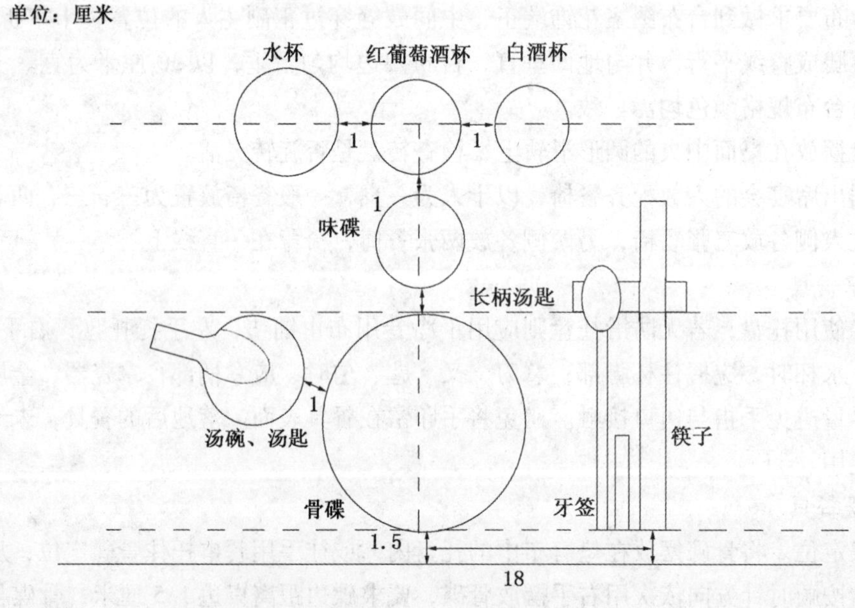

图2－1　中餐摆台

实训考核

一、考核内容

每位学生在十分钟内能够独立摆完十人餐台，操作手法卫生，餐具配套齐全，位置摆放合理、均匀，整体美观大方，摆放顺序正确，餐具无落地，对餐具轻拿轻放。

二、考核标准

被考评人			
考评地点			
考评内容	中餐摆台		
考评标准	内　容	分值（分）	实际得分（分）
铺台布	正面朝上	5	
	台布折叠的十字中心位于餐桌中心	5	
	中间鼓缝线对准正、副主人位	5	
	台布四边均匀下垂	5	
	台布四角包住餐桌四只腿	10	
	干净利落，一次到位	10	
骨碟定位	骨碟定位：餐位均匀	10	
	骨碟距离桌边 1.5cm	10	
摆放汤碗、汤勺	汤碗距骨碟 1cm，左上方 45 度，汤匙把朝左	10	
摆放筷子、筷架	筷套离桌边 1.5cm，并与骨碟纵向直径平行，袋装牙签与勺末端平齐	10	
摆放水杯、红酒白酒杯	三杯成一直线，与水平线平行。杯肚子间的距离为 1cm	10	
摆放公筷、公勺	各横向摆放一副公用筷和汤勺，汤勺在外侧，筷子在内侧，汤勺柄和筷子的尾端向右	10	
合　计		100	

项目二　迎接客人及点菜服务

课程导入

身价不菲的引座员

美国餐饮界一直有这样一个关于一位迎宾引座员的美谈。他叫格里庭，40岁左右，品貌并非出众，但他一直是美国身价最贵的餐厅引座员，年薪约60万美元，为各大餐厅争相聘用的对象。

是什么使一个餐厅引座员的身价如此之高（普通美国人的年收入也就是10万美元）？其秘密在于，他对人名和相貌有着特殊的记忆力，凡他所见过的人，如果知道其姓名、无论时间间隔多久，第二次见面时他肯定能准确地叫出其姓名。因此，凡光顾过他所在餐厅的顾客，只要见过面，格里庭都能称呼其姓名，使顾客感到特别亲切，惠顾次数自然增多，餐厅生意自然兴隆。因此，各餐饮店老板争相聘用，使格里庭身价倍增。

一、迎接客人服务

迎宾引座是顾客来到餐饮服务场所与服务人员发生直接服务接触的首个环节，餐饮企业一向非常重视且指定专人负责，经常由领班或专职迎宾员担任其事。有礼貌地迎接及恭送顾客，往往使顾客产生良好的印象，使陌生的客人渐而成为本餐馆的常客。

客人到达餐馆，总期望很快地就得到招待。经验丰富的迎宾员，是不会让客人在餐馆门口久等而无人接待的。至少双方会有目光接触。迎接中对初次见面的客人，迎宾员立即趋前以恳切诚挚的态度去接触，使他（她）感到已受重视与欢迎（见表2－2）。

表2－2　迎宾员的工作流程和服务标准

程　序	服务标准
迎接客人	客人来到餐厅时，引位员应面带微笑主动上前问好
引位	①如客人已预订，引位员应热情地引领客人入座 ②如客人没有预订，引位员则礼貌地将客人安排到满意的餐台 ③引领客人时，应走在客人右前方1米处且不时回头，把握好客人与自己的距离

续　表

程　序	服务标准
拉椅让座	①当引位员把客人带到餐台边时，应让座且不时回头，服务员应主动上前问好并协助为客人拉椅让座，注意女士优先 ②站在椅背的正后方，双手握住椅背的两倒，后退半步的同时，将椅子拉后半步，用右手做请的手势，示意客人入座 ③在客人即将坐下的时候，双手扶住椅背的两侧，合将椅子轻轻往前送，用右腿顶住椅背，手脚配合使客人不用自己挪动椅子并能恰到好处地入座 ④拉椅、送椅的动作要迅速、敏捷，力度要适中、适度
送上菜单	①引位员在开餐前应认真检查菜单，保证菜单干净整洁，无破损 ②按引领客人人数、拿取相应数量的菜单 ③当客人入座后，打开菜单的第一页，站在客人的右后侧，女士优先的原则，依次将菜单送至客人的手中
服务茶水	①服务茶水时，应先询问客人喜欢用何种茶，适当作介绍并告之价位 ②按照先宾后主的顺序为客人倒茶水 ③在客人的右侧倒第一杯礼貌茶，以八分满为宜 ④为全部客人倒完茶，将茶壶添满水后，放在转盘上，供客人自己添茶
服务毛巾	①根据客人人数从保温箱中取出小毛巾，放在毛巾篮中用毛巾夹夹平 ②服务毛巾时，站在客人右侧 ③按女士优先、先宾后主的原则依次送上 ④热毛巾要抖开后放在客人手上 ⑤冷毛巾直接放在客人右侧的毛巾盘中 ⑥客人用过毛巾后，征询客人同意后可撤下 ⑦毛巾要干净无异味，热毛巾一般保持在40℃
铺餐巾	①依据女士优先、先宾后主的原则为客人铺餐巾 ②一般情况下应在客人右侧为客人铺餐巾，如果在不方便的情况下（如一侧靠墙）也可以在客人左侧为客人铺餐巾 ③铺餐巾时应站在客人右侧，拿起餐巾，将其打开，注意右手在前，左手在后，将餐巾轻轻铺在客人腿上，注意不要把胳膊肘送到客人的面前（左侧服务相反） ④如有儿童用餐，可根据家长的要求，帮助儿童铺餐巾

续 表

程 序	服务标准
撤、加餐具	①按用餐人数撤去多余餐具，如有加位则补上所需餐具、并调整座椅间距 ②如有小孩就餐，需搬来加高童椅，并协助小孩入座
撤筷套	①在客人的右侧，用右手拿起带筷套的筷子，交于左手，用右手打开筷套封口，捏住筷子的后端并取出，摆在桌面原来的位置上 ②每次脱下的筷套握在左手中，最后一起撤走
记录	在协助服务员完成上述服务后，引位员回到迎宾岗位，将客人人数、到达时间、台号等迅速记录在迎宾记录本上

二、点菜服务

点菜服务是餐厅服务的主要环节，是餐厅营销工作的重要组成部分，是服务语言、专业知识和服务技巧的集中体现，体现了餐厅员工的综合从业素质。

（一）点菜的方法

客人各自点菜，应从主宾开始；点菜顺序一般为：凉菜—热菜—主食；使用菜单点菜时，应在点菜单上写清日期、台号、进餐人数、开餐时间、服务员姓名。

使用计算机点菜时，服务员先将点菜的分量、品种、价格、总金额输入计算机，打印后交给客人，并通过屏幕显示通知厨房（自动点菜系统）。

介绍菜单时要做好客人的参谋，适时、适当推荐菜肴，用看、听、问的方法来判断客人的需求，注意原料、口味、烹调方法、高低价格等方面的搭配，时刻体现对客人的关心，提供情感式的服务，菜肴介绍应突出重点并有针对性，对某些特殊情况做好事前说明。

（二）点菜服务步骤

1. 问候客人

（1）礼貌问候客人，如“晚上好，先生。很高兴为您服务”。

（2）介绍自己，如“我是服务员小王”。

（3）征询客人是否可以点菜，如“请问现在可以为您点菜吗?”

2. 介绍、推荐菜肴

（1）根据客人的消费要求和消费心理，向客人推销、推荐餐厅的时令菜、特色菜、畅销菜、高档菜。

（2）介绍时要作适当的描述和解释。

(3) 必要时对客人所点的菜量、数量和食品搭配提出合理化建议。

(4) 注意礼貌语言的运用，尽量使用选择性、建议性语言，不可强迫客人接受。

3. 填写点菜单

(1) 为客人点菜时，要站在客人的左侧，身体略向前倾，认真倾听客人的描述。

(2) 回答客人问询时要音量适中、语气亲切。

(3) 注意身体姿势，不可将点菜单放在餐桌上填写。

(4) 熟悉菜单，对于客人所点菜肴要做到了如指掌。

4. 确认

(1) 点完菜后，要向客人复述一遍所点菜肴及特殊要求，并请客人确认。

(2) 感谢客人，告知客人大约等待的时间。

5. 点酒

(1) 征询客人是否可以点酒，如“请问现在可以为您点酒吗”。

(2) 根据客人的消费要求和消费心理，向客人推销、推荐餐厅的酒水。

(3) 介绍时要作适当的描述和解释，适宜地提出合理化建议。

(4) 尽量使用选择性、建议性语言，不可强迫客人接受。

6. 下单

(1) 填写点菜单和点酒单要准确、迅速、清楚、工整。

(2) 填写内容齐全，点菜单注意冷热分开。

(3) 及时分别送交厨房、收银处、传菜部。

(三) 点菜服务注意事项

(1) 客人所点菜肴过多或重复时，要及时提醒客人。

(2) 如客人点菜单上有没有的或已经销售完的菜肴时，要积极与厨房取得联系，尽量满足客人需要或介绍其他相应的菜肴。

(3) 如果客人所点菜肴需烹制时间较长时，要主动向客人解释，告知等待时间。

(4) 如客人需赶时间，要主动推荐一些快捷易做的菜肴。

(5) 记清客人的特殊要求，并尽量满足客人。

(四) 递送菜单、推荐菜式、填写点菜单、询问酒水

1. 递送菜单

宾客坐稳后，值台员把菜单递给宾客，菜单要从宾客的左边递上。对于夫妇，应先递女士；如果是团体，先递给主宾。递送的菜单要干净、无污迹，递进时要态度谦恭，切不可随意把菜单往宾客手中一塞或往桌上一扔就一走了之，这是极不礼貌的行为。

2. 推荐菜式

不要催促宾客点菜，要耐心等候，让宾客有充分的时间考虑决定。值台员对菜单上宾客有可能问及的问题要有所准备。对每道菜的特点要能予以准确的答复和描述。推荐本餐厅特色菜、时令菜、创新菜等时要讲究说话方式和语气，察言观色，充分考虑宾客的心理

反应，不要勉强或硬性推荐，以免引起宾客反感。服务员应熟悉菜单，主动提供信息和帮助并按规范安排菜单。

知识链接

一、八大菜系

一个菜系的形成和它的悠久历史与独到的烹饪特色是分不开的，同时也受这个地区的自然地理环境、气候条件、资源特产、饮食习惯等影响。我国把中国菜系分成八大菜系，这八大菜系分别为：山东菜系、四川菜系、江苏菜系、浙江菜系、广东菜系、湖南菜系、福建菜系、安徽菜系。

（一）山东菜系

流派：由齐鲁和胶辽风味两部分组成。

特点：味浓厚、嗜葱蒜，尤以烹制海鲜、汤菜和各种动物内脏为长。

名菜：葱烧海参、九转大肠、糖酥鲤鱼。

山东是中国古文化发祥地之一。山东菜系被称为八大菜系之首，有他独特的地方。齐鲁风味以济南菜为代表，在山东北部、天津、河北盛行。齐鲁菜清香、鲜嫩、味纯著称，一菜一味，百菜不重。尤重制汤，清汤、奶汤的使用及熬制都有严格规定，菜品以清鲜脆嫩著称。用高汤调制是济南菜的一大特色。胶辽菜起源于福山、烟台、青岛，以烹饪海鲜见长，口味以鲜嫩为主，偏重清淡，讲究花色。

（二）四川菜系

流派：有成都、重庆两个流派。

特点：以味多、味广、味厚、味浓、味辣著称。

名菜：宫爆鸡丁、一品熊掌、鱼香肉丝、干烧鱼翅。

四川菜系各地风味比较统一。主要流行于西南地区和湖北地区，在中国大部分地区都有川菜馆。川菜是中国最有特色的菜系，也是民间最大菜系。川菜在于味型多样。辣椒、胡椒、花椒、豆瓣酱等是主要调味品，不同的配比，化出了麻辣、酸辣、椒麻、麻酱、蒜泥、芥末、红油、糖醋、鱼香、怪味等各种味型，具有“一菜一格”、“百菜百味”的特殊风味。川菜在烹调方法上，有炒、煎、干烧、炸、熏、泡、炖、焖、烩、贴、爆等38种之多。在口味上特别讲究色、香、味、形，兼有南北之长。川菜系具有取材广泛、调味多样、菜式适应性强三个特征。由宴席菜、大众便餐菜、家常菜、三蒸九扣菜、风味小吃五个大类组成一个完整的风味体系。在国际上享有“食在中国，味在四川”的美誉。

（三）江苏菜系

流派：由扬州、苏州、南京地方菜发展而成。

特点：烹调技艺以炖、焖、煨著称；重视调汤，保持原汁。

名菜：鸡汤煮干丝、清炖蟹粉、狮子头、水晶肴蹄、鸭包鱼。

江苏菜系由原浙江菜系分出。它在烹饪学术上一般称为“苏菜”，而在一般餐馆中，常常会被称为“淮扬菜”。由徐海、淮扬、南京和苏南四种风味组成，是宫廷第二大菜系。今天国宴仍以江苏菜系为主。江苏菜系中苏州小吃是中国四大小吃之一，是品种最多的小吃。

（四）浙江菜系

流派：由杭州、宁波、绍兴等地方菜构成，最负盛名的是杭州菜。

特点：鲜嫩软滑，香醇绵糯，清爽不腻。

名菜：龙井虾仁、西湖醋鱼、叫花鸡。

浙江菜系以杭州菜为代表。浙江菜有悠久的历史，原浙江菜系可分为淮扬风味、南京风味、苏南风味、浙江风味和徽州风味。后来浙菜、徽菜以其选料讲究，刀工精细，咸甜适中，讲究造型，鲜明特色各为八大菜系之一。现浙江菜系各地风味比较统一，主要流行于浙江地区。它的风味包括杭州、宁波、绍兴、温州等地方的菜点特色。杭州菜重视原料的鲜、活、嫩，以鱼、虾、时令蔬菜为主，讲究刀工，口味清鲜，突出本味。宁波菜咸鲜合一，以烹制海鲜见长，讲究鲜嫩软滑，重原味，强调入味。绍兴菜擅长烹制河鲜家禽，菜品强调入口香绵酥糯，汤浓味重，富有乡村风味。温州菜则以海鲜人馔为主，口味清鲜，淡而不薄，烹调讲究轻油、轻芡、重刀工。浙江菜具有色彩鲜明，味美滑嫩，脆软清爽，菜式小巧玲珑、清俊秀丽的特点。它以炖、炸、焖、蒸见长，重原汁原味。

（五）广东菜系

流派：有广州、潮州、东江三个流派，以广州菜为代表。

特点：烹调方法突出煎、炸、烩、炖等，口味特点是爽、淡、脆、鲜。

名菜：三蛇龙虎凤大会、烧乳猪、盐焗鸡、冬瓜盅、古老肉。

广东菜由广府、客家、潮汕三种风味组成，在中国大部分地区都有粤菜馆。在国内、海外影响极大。所以，也有不少人，特别是广东人认为粤菜乃八大菜系之首。不仅在中国香港、澳门地区，而且世界各国的中菜馆，多数是以粤菜为主。粤菜是国内民间第二大菜系，地位仅次于川菜。在国外是中国的代表菜系。粤菜以广府风味为代表。广府菜注重质和味，口味比较清淡，力求清中求鲜、淡中求美。而且随季节时令的变化而变化，夏秋偏重清淡，冬春偏重浓郁。食味讲究清、鲜、嫩、爽、滑、香；调味遍及酸、甜、苦、辣、咸；此即所谓五滋六味。有“食在广州”的美誉。

（六）湖南菜系

流派：湖南一带。

特点：注重香辣、麻辣、酸辣、焦麻、香鲜，尤为酸辣居多。

名菜：红煨鱼翅、冰糖湘莲、腊味合蒸、东安子鸡、剁椒鱼头等。

湖南菜系，以长沙菜为代表。湖南菜系各地风味统一。主要流行于湖南地区。在中国大部分地区都有湘菜馆。是民间第三大菜系。湘菜特色是油重色浓，讲求实惠，注重鲜香、酸辣、软嫩，尤以煨菜和腊菜著称，以烹制河鲜和家禽家畜见长，以炖菜、烧菜、蒸菜出名。

湘西菜擅长制作山珍野味、烟熏腊肉和各种腌肉、风鸡，口味侧重于咸香酸辣，有浓厚的山乡风味。湖南菜最大特色一是辣，二是腊。湖南长沙小吃是中国四大小吃之一。

（七）福建菜系

流派：由福州、泉州、厦门等地发展起来，并以福州菜为其代表。

特点：以海味为主要原料，注重甜酸咸香、色美味鲜。

名菜：雪花鸡、金寿福、烧片糟鸡、橘汁加吉鱼、太极明虾。

福建菜系又称为闽菜，是以闽东、闽南、闽西、闽北、闽中、莆仙地方风味菜为主形成的菜系。以闽东和闽南风味为代表。闽东菜有“福州菜飘香四海，食文化千古流传”之称。选料精细，刀工严谨；讲究火候，注重调汤；喜用佐料，口味多变，刀工巧妙，寓趣于味，素有“切丝如发，片薄如纸”的美誉。闽南菜具有清鲜爽淡的特色，讲究佐料长于使用辣椒酱、沙菜酱、芥末酱等调料。闽南菜的代表有海鲜、药膳和南普陀素菜。

（八）安徽菜系

流派：由皖南、沿江和沿淮地方风味构成，皖南菜是主要代表。

特点：以火腿佐味，冰糖提鲜，擅长烧炖，讲究火工。

名菜：葫芦鸭子、符离集烧鸡。

徽州菜系，不等同于安徽菜。徽菜发端于唐宋，兴盛于明清，民国间继续发展，新中国成立后进一步发扬光大。徽菜具有浓郁的地方特色和深厚的文化底蕴，是中华饮食文化宝库中一颗璀璨的明珠。

徽菜主要流行于徽州地区和浙江西部。和江苏菜系中的苏南菜、浙江菜系较近。徽州主要有两百多个品种，风味主要特点是：擅长烧、炖，讲究火功，很少爆炒，并习以火腿佐味，冰糖提鲜，善于保持原汁原味。不少菜肴都是用木炭火单炖、单燂，原锅上桌，不仅体现了安徽古朴典雅的风格，而且香气四溢，诱人食欲。徽菜烹调方法上擅长烧、炖、蒸，而爆炒菜少，重油、重色、重火功。

二、中餐常见的制作方法

蒸：使用蒸汽进行加热的方法，如清蒸鲈鱼、清蒸大闸蟹等。

炒：将加工成丁、丝、条、片等小型原料投入小油锅并在旺火上急速翻拌的一种烹调方法，如清炒虾仁、炒时蔬等。

熘：先将原料用炸、煮、蒸、过油的方法加热成熟后调制卤汁浇淋或将原料投入卤中搅拌的一种烹制方法，如醋熘鱼片、虾仁锅巴等。

炸：用旺火、热油较长时间加热的一种烹调方法，如炸八块、口酥蘑菇等。

烹：先将小型原料用旺火、热油炸至金黄色，再烹入不勾芡调料的一种烹调方法，如炸烹带鱼背等。

炖：原料放入不易传热的器皿（陶器）中，用小火长时间加热，使原料成熟的一种烹调法，如清炖狮子头等。

焖：在经过炸、蒸、煸、炖或水煮的原料中加入酱油、糖等调味品和汤汁，并用旺火烧开后再用小火长时间加热成熟的一种烹调方法，如黄焖子鸡、花雕酒焖甲鱼等。

煨：将炸、煎、煸炒或水煮的原料放入陶制器皿内，加葱、姜、绍酒等调味品及多的水，用旺火烧沸后用微火长时间加热的一种烹调方法，如煨牛肉等。

烧：在经过炸、煎、煸炒或某些水煮的原料中加适量汤和调味品旺火烧开，用中火烧透入味，再用旺火稠浓卤汁的一种烹调方法，如红烧划水、蟹黄鱼肚等。

煮：原料经过煎、煸炒后放入水中不断加热，使之成熟后汁浓白，不勾芡的半汤半菜的一种烹调方法，如醋椒鳜鱼等。

烩：将经过初步熟处理的原料加工成片、条、丁、粒等小型原料、再用旺火烹，勾芡的半汤半菜的一种烹调方法，如烩八胗、湘莲鸭丁等。

氽：用旺火沸水下料，一滚即成的一种烹调方法，如白灼基围虾、莼菜鱼片汤等。

三、菜式单位

所谓菜式单位即一份菜的规格、分量等，通常以盘（例盘、中盘、大盘）、斤、两、只、打、碗等来表示，如一斤基围虾、两只大闸蟹、半打小馒头、一碗小刀面等。

宾客在不同的地点、时间及不同的情况下点菜的量不尽相同，这就要求服务员帮助宾客点菜时，注意不要硬推销，而应掌握宾客需求和心理，使分量恰到好处，避免浪费，按人数提供的菜点应点清人数。

四、宾客口味及饮食需求

帮助宾客点菜首先要了解宾客的饮食习惯和口味要求，掌握主要客源国的饮食概况等知识，同时从宾客言谈举止、国籍或地区、口音、年龄等方面了解宾客的饮食需求。如我国香港地区人喜食清淡菜肴；美国人偏好清淡、鲜嫩、爽口、微辣、咸中带甜的菜肴；日本人喜清淡、喜食生鱼片、麻辣豆腐、水鱼、榨菜汤面等；我国大陆宾客口味特点是南甜、北咸、东辣、西酸。在接受宾客点菜时，还必须注意宾客的饮食禁忌，如伊斯兰教徒戒猪肉；佛教徒只吃素食；印度人忌食牛肉；欧美人不喜欢动物内脏、狗肉、鸽子肉；节食宾客喜食低热量、低脂肪、少油的食品。在接受点菜时服务员要能用流利的中英文介绍菜肴口味、特点、烹饪方法，懂得上菜顺序、上菜时机和作料搭配，做好宾客的参谋。

实训考核

一、考核内容

许先生带着客户一行 13 人（其中一位为 VIP 客户）来到餐厅门口，许先生是酒店的常客，为了避免客户不好意思点菜的尴尬，自己做主点了以下菜品：老醋花生、上汤娃娃菜、一品全素、虾仁全贝、扬州炒饭、什锦果盘、松鼠桂鱼、布袋鸡、蟹粉狮子头、鲍汁猴头菇、紫菜蛋花汤。假如你是迎宾员，请模拟接待许先生一行人。

1. 小组讨论，许先生点菜时出现哪些错误。

2. 根据情景，将学生分成 2 ~ 3 组，每组学生自行分角色扮演餐饮部员工和许先生一行人。各组模拟完成接待和点菜服务

3. 教师点评，小组互评。

二、考核标准

考评小组		被考评小组	
考评地点			
考评内容	迎接客人及点菜服务		
考评标准	内　容	分值（分）	实际得分（分）
迎客服务	语言得体规范，手势正确大方	10	
	迎宾服务员精神面貌、仪容仪表好	10	
	掌握一定的服务技巧	10	
点菜服务	语言得体规范、手势正确大方	10	
	点菜服务员精神面貌、仪容仪表好	10	
	掌握一定的服务技巧	10	
	菜肴复述确认并礼貌致谢	10	
	正确推介酒水	10	
团队精神	通力合作、分工合理、团结互助	10	
	发言积极，乐于与同学分享成果	10	
合　计		100	

项目三　传菜和上菜服务要求

课程导入

某大餐厅的正中间是一张特大的圆桌，从桌上的大红寿字和老老小小的宾客可知，这是一次庆祝寿辰的家庭宴会。朝南坐的是位白发苍苍的八旬老翁，众人不断站起对他说些祝贺之类的吉利话，足见他就是今晚的寿星。

一道又一道缤纷夺目的菜肴送上桌面，客人们对今天的菜显然感到心满意足。寿星的阵阵笑言为宴席增添了欢乐、融洽和睦的气氛又感染了整个餐厅。

又是一道别具一格的点心送到了大桌子的正中央，客人们异口同声喊出“好”来。

整个大盆连同点心拼装成象征长寿的鲜桃状，引起邻桌食客伸颈远眺。不一会儿，盆子见底了。客人还是团团坐着，笑声、祝酒声、贺词声，汇成了一首天伦之曲。可是不知怎的，上了这道点心之后，再也不见端菜上来。闹声过后便是一阵沉寂，客人开始面面相觑，热火朝天的生日宴会慢慢冷了下来。众人怕老人不悦，便开始东拉西扯，分散他的注意力。

一刻钟过去，仍不见服务员上菜。一位看上去是老翁儿子的中年人终于按捺不住，站起来朝服务台走去。接待他的是餐厅的领班。他听完客人的询问之后很惊讶：“你的菜不是已经上完了吗?”中年人把这一消息告诉大家，人人都感到扫兴。在一片沉闷中，客人怏怏离席而去。

一、传菜服务

传菜员岗位职责如下：

（1）按规定着装，提前十分钟到岗，做好备餐间及所辖公共区域的卫生清洁工作。听从领班布置的开餐任务，以及重要客人和宴会的传菜注意事项。按照本岗工作程序与标准做好开餐前的准备工作。

（2）熟悉餐厅菜单，掌握当餐菜肴供应情况，并通知相关人员。根据订单和传菜领班的布置，迅速将菜准确无误传递到餐厅内，向服务员报出菜名。

（3）传菜过程中检查菜的质量、温度及分量。做好厨房和餐厅内的沟通工作。

（4）协助值台员将撤下的餐具分类送回洗碗间洗涤。

（5）负责传菜用具的洗涤、归位、保养及酒具的消毒擦拭，并做好记录。

（6）用餐结束后，关闭电源，做好收尾工作，与下一班做好交接工作。

(7) 积极参加培训，不断提高服务技能技巧，提高服务质量。

(8) 及时完成上级交给的工作任务。

二、传菜员工作流程及标准（见表 2－3）

表 2－3　传菜员工作流程及标准

工作流程	服务标准
清洁卫生	做好备餐间及所辖公共区域的卫生清洁工作
物品准备	①餐用具准备：根据宴会、零点情况备好足够的客用餐具、配餐用品，并按规定摆放，保持清洁 ②工作用品准备：备好托盘传菜用具、划单用具等
餐前会	参加餐前会，接受工作任务，并按具体情况予以调整
信息准备	①熟悉餐厅菜单，掌握当餐菜肴供应情况 ②通知餐厅领班当日厨师长推荐菜和不能供应的菜
迎接客人	于开餐前十分钟，站立于备餐间规定位置，随时准备划单、传菜
接单分类	①接到点菜单后，首先检查点菜单上的桌号菜肴名称和有关事项，以防出错 ②传菜员留第三联，将第二联夹上台号夹交厨房，按厨房分工对菜单进行分类，分送不同的加工间
配料准备	菜肴如有配料、调料要提前准备好
核菜划单	①根据点菜单核对桌号和菜肴名称，避免出错； ②把好菜肴质量关，做到“五不取”：数量不足不取，汤汁温度不适不取，颜色不正不取，调料、配料不全不取，器皿不洁、破损不符合规格不取 ③出菜后传菜员核对划单，将做好的菜肴准确无误地送至餐厅
传菜	①做好菜肴的保温，按照规定路线及时准确地将菜肴传到餐厅指定位置，传菜时应做到传送平衡、汤汁不洒、及时到位，不拖不压 ②将菜肴放在工作台上，告知值台员，不得自己动手上菜
收盘	协助服务员将撤下的空盘、杯等撤回洗碗间
信息传递	及时将餐厅客人的进餐情况反映到厨房，保持餐厅与厨房的沟通

三、上菜服务

（一）上菜的位置

零点餐上菜服务比较灵活，服务人员应注意选择比较宽敞的位置上菜，以不打扰客人为宜。最好不要从老年人和小孩的身边上菜。

中餐宴会一般选择在副主人右侧的第一位客人右侧（即第三客人右侧）上菜，或在翻译和陪同人员座位之间，也有在副主人右侧进行，严禁在主人和主宾之间上菜。

（二）上菜时机

零点餐服务的冷盘应在客人点菜十分钟之内上桌，冷盘吃到一半时上热菜，一般30分钟左右上完所有菜品，也可根据宾客要求灵活上菜。

宴会上菜要掌握好时机，冷盘可在宴会开席前五分钟上好，宾客入座开席后，传菜员即可通知厨房准备出菜。当冷盘吃去1/2左右时，开始上第一道热菜。上热菜要注意观察宾客进餐情况，并控制上菜、出菜的节奏。宾主正式讲话、致辞、敬酒时，不能上菜，以免影响宴会气氛。

（三）上菜顺序与原则

中餐上菜的顺序一般按“凉菜—热菜—大菜—汤菜—甜菜—点心—水果”。上菜的原则一般是先冷后热，先菜后点，先咸后甜，先炒后烧，先清淡后肥厚，先优质后一般。中式粤菜上菜顺序不同于其他菜系，其顺序为拼盘—热荤—汤羹—禽肉类—鱼类—蔬菜类—饭面类—甜品/点心类—水果类。

（四）上菜要求

（1）上菜时，若桌面上菜盘较多而使下一道菜无法放下时，服务员应征求客人意见，将剩菜量较少的菜肴换成小盘或分派给客人，然后再上新的菜肴，切忌将新上的菜压在其他菜盘上。

（2）如遇羹汤、面条时，服务员应主动为客人分让。上带壳的菜肴要跟上小毛巾或洗手盅，盅内温水约七成满，加花瓣或柠檬片以解油腥。

（3）如某道菜迟迟未上，应及时向厨房查询，并向客人表示歉意：“对不起，让您久等了。”或“真抱歉，耽误您很长时间。”

（4）如发现宾客餐桌上的菜肴快吃完时，服务员应主动询问宾客是否需要添加。

（5）如果宴会客人全部停筷后，应迅速撤去盘、碗、碟、筷，接着送上水果。同时送上香巾，供客人净手拭汗。

（6）如果有小孩同桌就餐，一定要将热菜、汤羹远离孩子并提醒成年人注意。

（7）所有菜点上齐后应礼貌地告诉主人：“您的菜上齐了，请慢用。”

（五）摆菜要求

上菜过程中要注意菜品摆放的位置，各种菜品应对称协调摆放，以尊重主宾，注重礼貌，方便食用，讲究造型为原则。

（1）摆放冷菜。冷菜分为主冷菜和一般冷菜。主冷菜如拼盘、工艺冷菜等应摆在餐桌的中央，并根据菜品的造型选择最佳观赏面对准主位。一般冷菜对称摆放在主冷菜的四周，注意菜品荤素、颜色、口味的搭配摆放，盘与盘之间距离相等。

（2）摆放热菜。热菜分为主菜和一般热菜。主菜摆在餐桌的中央，供所有客人欣赏和食用。高档菜品或有特殊风味的菜品要先摆在主宾的位置上。其他一般热菜也应按口味、荤素、盛器、造型等对称摆放。每上一道菜前，都须将餐桌上的菜品做位置上的调整或撤换，让台面始终保持整齐美观。

（3）上整形的特殊菜肴，如整鸡、整鸭、整鱼时，中国传统习惯是“鸡不献头，鸭不献掌，鱼不献脊”，应把鱼腹朝向主宾，也可按地方习俗摆放菜肴。

（4）如果有的热菜使用长盘，菜肴最佳观赏面要横向主宾和主人。

知识链接

托盘服务

托盘是服务员首先要掌握的最基本的服务技巧。托盘的技术也最能体现服务员的服务技能水平。许多餐厅都将它作为考核服务员技术等级水准的一项必要内容。

餐厅托盘通常为防滑托盘。圆托盘的直径一般为14英寸，这是所谓轻托使用的，也就是单手托的托盘。另一种是长方形或是椭圆形的大托盘，尺寸在22英寸×14英寸左右，这是搬运较重的食品器具和用完餐后撤下杯碟时使用的。使用长托盘或椭圆托盘通常采用重托的方法托盘。

一、轻托

（1）检查托盘是否干净；

（2）将左手张开，放在托盘下面，五指展开，手心放在托盘中央，以保持托盘平衡；

（3）右手将物品放置在托盘中央，注意重心应落在手掌的中心；

（4）左前臂前伸，要求放至水平，以保证托盘的平衡；

（5）左上臂自然下垂，与前臂呈90度；

（6）托较重、较多的东西（如酒水）可先将托盘放在桌上，将物品整齐放在托盘上，重心居中，然后用左手张开放在托盘下部，右手轻轻推动托盘，注意保持平衡，慢慢将托盘移到左手上即可。

二、重托

在很多餐厅中，并不太鼓励用重托的方法来托盘，因为需要很长时间的练习，才能真正掌握托盘时的平衡，而在大量使用小时工、临时工的今天，对员工的培训确实存在一定的难度。使用重托的方法托盘，是专门托那些较大较重的物品，要求服务员有较强的臂力和熟练的技巧。

重托的程序为：

（1）整理好托盘中的物品，避免托盘中物品在走动时倒翻或滑动；装盘时托盘内的物品要分类码放，重心均匀；物品应按高矮大小摆放，高的、重的物品摆放在靠近自己身体的部分。准备起托。

（2）首先将托盘移出服务台边缘，使托盘的一半悬空。

（3）面向托盘，右手扶托盘将托盘托平。双脚分开呈八字形，双腿下蹲，略成马步蹲势。

（4）左手伸开五指，掌心向上，逐渐将左肩移至托盘下方。

（5）左手托住盘底，掌握好重心后，用右手将托盘向自己方向轻拉。

（6）左手向上用力将托盘慢慢托起，托起的同时，左手掌一边向外逆时针方向转动，直至手掌与左肩平衡，掌心向上，并且指尖向后；一边用右手帮助将托盘托稳。

（7）托盘托稳后，将右手撤回，下垂。

（8）注意托盘不要靠臂，行走时，上身挺直，两臂平行，注视前方。

实训考核

一、考核内容

李先生为母亲的80大寿预订在桃园酒店举办寿宴，以示庆贺。李先生一共订了四桌，晚上李先生一家及亲朋好友陆续来到中餐厅。

请同学以小组为单位，根据以下任务步骤，一组同学扮演餐饮部各岗位员工，一组同学扮演李先生一家中的各种角色。扮演餐饮部员工的小组完成传菜和上菜任务，扮演李先生一家的小组，根据情景为上菜和传菜环节设置障碍，最后由扮演李先生一家的小组成员对上菜和传菜服务进行点评。

二、考核标准

考评小组		被考评小组	
考评地点			
考评内容	传菜及上菜服务		
考评标准	内　容	分值（分）	实际得分（分）
托盘服务	理盘	10	
	装盘	10	
	起托	10	
	行走	10	
	卸盘	10	
上菜服务	上菜位置	10	
	上菜时机	10	
	上菜要求	10	
	上菜顺序	10	
	摆菜要求	10	
合　计		100	

项目四　席间巡台及分餐服务

课程导入

老鸭被端走了

我曾经和朋友去一家颇受欢迎的餐馆进餐。记得那天那里特忙，人们好像都赶着去凑一凑热闹。看到这种场面，我们想他们的服务质量和餐饮质量肯定没的说，要不然，何以人们会如潮般地涌进去？“看来我们选对地方了。”大家不约而同地这么想。

进到里面落好座，感觉不是很好：场地太拥挤，摆设不是很合理，不过看到这么多人兴高采烈，我们也就不计较这一点了，耐心等着服务生过来招呼。终于有人过来“搭理”我们了，接着拿菜单点菜。到底也只是杭城里普通的饭馆之一，上面也只是普通的菜名。点好了我们要的菜后就专心地等着服务先生和小姐们快点上菜。等了不算短的一段时间后，两三个服务小姐“争相”端着几盘小炒上来了。小小抱怨之后我们迫不及待“狼吞”起来。“嗯，还不错。”大家不约而同异口同声，刚才小小不快立刻被美味冲散。

几样小炒被消灭后，接着上来了今天最大块头的——老鸭煲。看着整只“老鸭”泡在沙锅里，我们要求他们帮我们剪开。服务小姐立刻快步过来。只一转眼，那只老鸭又被端走了。我们很纳闷：有必要端走吗？不都应该当着顾客的面完成就行了吗？太不规范了，不够专业。又过了相当长时间，可怜的那只鸭终于又被端上来了，真是……

终于，一顿饭在少许的抱怨声中就快结束了。大家酒足饭饱后正想对这家饭馆来点评价，突然一个朋友大叫：“我们还有一个小炒没上呐！”天啊，确实是，实在是……

最后我们决定小小反抗一下：我们不要那盘菜了，退掉。向服务生表明立场后，那位小姐竟然向我们跺脚（没素质，不专业），死活不肯退。我们一致坚持要求他们的负责人出来跟我们交涉。最后，无须说，当然是我们胜利了，“顺便”还给他们提了些中肯意见。

一、席间巡台服务

席间巡台服务不只是餐厅服务工作的简单过程，它还是服务人员对餐厅服务工作的熟练程度及服务主动性与及时性的体现。

（一）巡台服务的工作内容

（1）进行上菜、分菜服务。

（2）服务员必须经常在客人台旁巡视，及时为客人更换餐盘。为客人撤换烟灰缸，收去餐台上的空瓶、空罐等杂物。撤去空盘、空饮料瓶时动作要轻，整理台面使其整洁美观。

（3）当宾客杯中酒水少于三成时，随时添加酒水，适时推销饮料。

客人暂时离开时，应主动为客人拉椅、撤餐巾，回来时再拉椅、递餐巾。

（4）点菜后30分钟，应检查客人的菜是否上齐。

（5）上完最后一道菜，待客人进食五成时，主动询问客人是否立即上水果、甜品，并征求客人打包意见，根据客人要求迅速按规范为客人打好包。

（二）撤换骨碟的时机及规范

1. 时机

（1）上名贵菜肴前应换上干净骨碟。

（2）上带骨、刺的菜肴后，应换上干净骨碟。

（3）上鱼、虾等海产品后，应换上干净骨碟。

（4）上芡汁多的菜肴后，应换上干净骨碟。

2. 撤换骨碟操作规范

（1）撤换骨碟时，要待客人将盘中食物吃完，方可进行，如客人放下筷子而菜未吃完的，应征得客人同意后才能撤换。按先宾后主的顺序依次撤换。

（2）先在客人的左侧送上干净的骨碟，再在客人的右侧撤下脏的骨碟，左手托盘，右手撤骨碟，动作要轻、稳。

（三）撤换烟灰缸操作规范

（1）当客人的烟灰缸里有两个烟头或有明显的杂物时就要给客人撤换。

（2）撤换时，应用托盘托上干净的烟灰缸，由右手的拇指和中指捏紧一个干净的烟灰缸外壁，从客人右侧将干净烟灰缸覆盖在已用过的脏烟灰缸上。

（3）将两只烟灰缸同时移入托盘，然后再将清洁的烟灰缸放回餐桌，这样，可以避免烟灰飞扬污染菜点或落到客人身上。

二、分菜服务

分菜亦称派菜、让菜。分菜服务是指菜肴、点心经客人观赏后，餐厅服务员代替主人，使用服务叉、匙将菜肴、点心依次分让到宾客的餐碟中的服务过程。该项工作是餐饮服务中技术性较强、难度较大的工作，服务员必须掌握这一技能。

（一）分菜前的准备工作

（1）熟练掌握分菜技术，了解各种菜肴的烹制方法，菜肴成型后的质地、特点，整形菜的结构特点，才能正确地选择分菜工具，分菜时才能操作自如。

（2）准备好分菜工具、餐具。要求分菜的工具清洁、无污渍，服务勺、叉大小适当，餐具可事先备在餐具柜中或用托盘在上菜时托出。

（3）清洁分菜台。若准备在工作台上分菜，要事先对其桌面进行清理。若在餐车上分菜，要将餐车洗净擦干。

（二）分菜的工具及使用方法

一般的菜肴分让可使用服务叉和服务勺。服务叉、勺配合使用的分菜法是一项技能较高的操作，适用于分派丝、片、丁、块类菜肴。

其使用方法是：服务员右手中指、无名指和小指稍加弯曲，钩着勺把的后部，也可将中指和小指放在勺的一边，无名指放在勺的另一边，三指配合夹住勺把。然后让食指垫于勺叉之间，与拇指配合捏住叉把。操作时右手背向下，掌心向上，用勺先插入菜中，同时用拇指和食指将叉、勺分开。待匙盛起菜肴后，再将叉夹紧菜肴送至餐碟。

分菜的工具还有切肉刀、长柄汤勺等不锈钢制品；也有瓷制的大汤勺，用于分汤；公用筷多为木制品。其配合方法有以下几种：

（1）服务勺、服务筷配合。此法多用于定点分菜。

（2）汤勺、筷子配合。一般用于分汤。

（3）刀、叉、勺配合。在餐桌边分切带骨带刺的菜肴，如鱼、鸡、鸭等，根据具体情况，可使用刀叉先剔除鱼刺或鸡鸭骨，然后分切成块，用服务勺叉进行分让。

（三）分菜方法和要求

根据不同菜肴的特点，不同规格的宴会可采用不同的分菜方法。归纳起来有以下几种方法。

1. 桌面分让法

桌面分让法也称餐位分菜法，源于西餐俄式服务。

其操作基本程序是：服务人员用托盘给客人换上干净的餐盘，将菜肴摆上餐桌，经客人观赏后再将菜撤下，放在垫上口布的左手中，站在客人的左侧，左脚向前，侧身而进，腰部略弯，但身体不能倾斜或依靠宾客，使餐盘与客人的餐碟相连接，以免菜汁滴洒在餐桌上。然后用右手使用服务勺、服务叉进行分让。

2. 餐台分菜

餐台分菜也称定点分菜法，是指分菜服务员固定在某一餐位旁操作。餐台分菜有单人分菜法和二人合作式分菜法两种。定点分菜的位置基本上与上菜位置相同。

采用单人分菜时，要先将客人用过的餐碟或汤碗撤下，再用托盘送上新的餐具，并以弧形或马蹄形一一摆放在靠近身边的转盘上，然后上菜，再用公用筷、勺将菜点分至餐碟中，拨动转盘，按先宾后主的顺序，将菜肴送到客人的面前，逐个请宾客自取，服务人员也可以协助宾客端取。

二人合作式用于高档宴会服务，是由两位服务员同时操作，一位服务员分菜，另一位服务员送菜。分菜时服务员将宾客面前的餐碟或口汤碗递至菜盘的斜上方，分菜员站在定点的位置双手持分菜工具，将菜点或汤分于餐具中，再由服务员送回每位宾客的席面上。

3. 旁桌分菜法

旁桌分菜法亦称异台分菜法、服务台分菜法、边桌分菜法。旁桌指的是服务餐车或工作台，桌上摆放干净的餐具。服务员将菜摆上桌经客人观赏后，再端下放置在服务车或工作台上，手持分菜工具，快速、均匀地将菜肴按份派到每个餐碟或汤碗中，然后再装入托盘托送至餐桌，按先宾后主的顺序依次从宾客的右边，送到每个客人的面前。多余的菜肴经过整形后重新摆上餐桌。

4. 厨房分菜法

厨房分菜法源于美式上菜服务，是指将厨房做好的菜肴直接在厨房或备餐间分派好，服务人员用托盘从客人右边上菜。这种方法常用于分餐制和比较高档的炖品、汤类等菜肴，以显示宴会的规格和菜肴的名贵。

一般情况下对于整形菜、汤汁多的菜多选用旁桌式或餐台分菜法。对于一般的热炒、汤汁较少的菜、块类的菜及点心采用餐位式分菜；而对于技能不太熟练的服务员，最好采用旁桌式分菜法。

（四）几种代表性菜肴的分菜方法

1. 鱼类菜肴

分让鱼类菜肴时，要先剔除鱼骨。先将鱼身上的其他配料拨到一边，用餐刀顺脊骨或鱼中线划开，将鱼肉分开，剔除鱼骨后，再将鱼肉恢复原样，浇上原汁，注意不要将鱼肉碰碎，要尽量保持鱼的原形。再用鱼刀将鱼肉切成若干块，按宾主先后次序分派。如鱼块带鳞，要将带鳞的部分紧贴餐碟，鱼肉朝上。具体见表2-4。

2. 拔丝菜肴

分让拔丝菜肴时，必须配上凉开水。分让时用公用筷将菜肴夹起，迅速放入凉开水中浸一下，然后送入客人碗中，要注意拔丝的效果，分让动作要敏捷、连贯，做到即拔、即上、即浸、即食。

3. 鸡、鸭等整形类菜肴

分让鸡、鸭等整形类菜肴，要先用刀、叉剔去骨头。分让时要按鸡、鸭类菜肴的自身结构来分割及分派，要保持其形状的完整和均匀，一般头尾不分派，留在碟中，由客人自行取用。

4. 冬瓜盅

冬瓜盅是夏令名菜、带皮的炖品，由于瓜身高，一般要两次分派。第一次先用服务勺将冬瓜肉和盅内配料汤汁均匀地分给客人，由于分让后的瓜皮很薄，容易破裂，所以必须横切去上部瓜皮后再进行第二次分让。

5. 分让肘子

分让肘子时，先用公筷压住肘子，然后用公勺或刀将肘子切成若干块，再按宾主次序分让。

6. 蛋煎制品

分让蛋煎制品时，先用公筷压住蛋饼，然后用公勺或刀将蛋饼扒成若干块，再按宾主次序分让。

表 2－4　　　　　　　　　　鱼类菜肴分菜服务程序

程　序	操作标准与要求	补充说明
分鱼准备	准备分菜工具：刀、叉、盘	注意刀、叉的使用
整鱼展示	先报菜名，为客人展示菜肴，然后撤至服务桌	
剔除鱼骨	①服务员先将鱼身上的配料拨到一边，左手持叉，右手持刀 ②用叉轻压鱼背，以避免鱼在盘中滑动，叉不可叉进鱼肉中 ③用刀顺脊骨或鱼中线划开，将鱼肉分开，让整条鱼骨露出 ④用叉轻压鱼骨，用刀将鱼骨剔出 ⑤将鱼骨放入服务盘中	要求动作利落、手法卫生
整理成型	①将鱼肉恢复原样，浇上原汁 ②不要将鱼肉碰碎，要尽量保持鱼的原形	
上菜服务	①将整理成型的整鱼端上餐桌 ②如需分菜要用餐刀将鱼肉切成若干块，按宾主先后次序分派。如鱼块带鳞，要将带鳞部分紧贴餐碟，鱼肉朝上	注意分派均匀、台面卫生

（五）分菜注意的问题

（1）注意分菜的顺序。分菜服务时，应按照先女后男、先宾后主的原则进行。

（2）均匀分让。分菜时要掌握好菜点的数量，每位客人能分多少，要做到心中有数，并尽量做到一勺准。对于块、只类的菜肴，分菜前最好先数一下，以免分让不均。切忌将一勺菜分给两位客人，更不允许从客人的菜盘中往外拨菜。

（3）动作轻快、手法卫生。服务员动作要协调利落。在保证质量的前提下，要以最快的速度完成操作，以免菜肴变凉，并且不要将菜肴和汤汁滴洒在台面或客人身上。同时切忌叉勺在盘中刮出响声。

（4）跟上佐料。在分派带有佐料的菜肴时，要跟上佐料，并略加说明，再将菜肴连同佐料分派给客人的餐碟中。在使用一些特殊佐料时，应先征求客人的意见或让客人自行添加。

（5）剩余合理。菜肴分给一桌客人后，菜盘内要剩下 1/10 左右，以示菜肴的宽裕或让客人自行添加。

知识链接

酒水服务是餐厅服务工作的重要内容之一，在高级的酒席、宴会上，常常由服务员斟酒。服务员掌握一般的斟酒方法和有关知识，对做好服务工作，特别是对做好较高级的酒席、宴会十分必要。

一、基础知识

（一）酒水准备

1. 酒水检查

检查酒标及瓶身，若发现酒标破损或酒水变质，应及时调换。

2. 酒瓶擦拭

在斟酒前，必须用餐巾将酒水瓶擦拭干净，特别将瓶口部位擦净。

3. 酒瓶摆放

将备好的酒水整齐摆放在餐台上，摆放时既要美观，又要便于取用。

（二）斟酒顺序

1. 中餐斟酒顺序

宾客入座后，服务员及时斟啤酒、饮料等。其顺序是：从主宾开始，按顺时针依次进行。如果是两位服务员同时服务，则一位从主宾开始，一位从副主宾开始，按顺时针方向进行。

2. 西餐斟酒顺序

西餐宴会用酒较多，几乎每道菜都配一种酒，吃什么菜斟什么酒，应先斟酒后上菜。斟酒前先请主人确认所点酒水的标识，并请主人先品尝，然后按女主宾、女宾、女主人、男主宾、男宾、男主人的顺序依次斟酒。

（三）酒水的冰镇与加热

1. 冰镇

白葡萄酒、红葡萄酒、玫瑰露酒、啤酒和其他软饮料的饮用温度原则上要低于室温。如啤酒的饮用温度最佳为8℃～10℃，白葡萄酒的最佳饮用温度为8℃～12℃，葡萄汽酒的最佳饮用温度为6℃。

酒水冰镇的方法通常有用冰块或冰箱冰镇两种。为保持较低温度，整瓶的白葡萄酒、葡萄汽酒和玫瑰露酒主要用冰桶放冰块冰镇，同冰桶架放在餐桌一侧。啤酒和软饮料需要提前放入冰箱冰镇。另外还要对酒杯进行降温处理，可以在酒杯中放入冰块或将酒杯放在冰箱里。

2. 加热

对于日本的清酒和中国的黄酒而言，需要在饮用前提高温度，才能感受酒的滋味。常用于温热清酒或黄酒的方法是水烫法，即将清酒或黄酒倒入烫酒壶，再将烫酒壶放入有开水的烫酒器内温热到60℃左右。

二、酒水的开瓶

整瓶的酒水在开瓶前，应该向主人展示酒的商标，让主人品尝确认后再开始为其他宾客斟酒。这样可以避免差错，并表示对宾客的尊重，还可以加大酒水的促销力度。

酒水瓶罐的封口常见有皇冠瓶盖、易拉环、软木制成的瓶塞和旋转瓶盖。常用开启酒水的工具有开塞钻和扳手。

1. 葡萄酒开瓶

葡萄酒开瓶时要尽量避免晃动瓶身，动作要连贯、准确、敏捷而果断。首先用开瓶刀割去包装纸，垂直将酒钻钻入木塞，用手压开瓶器的另一端，将瓶塞拔出，然后用干净布巾擦拭瓶口。

2. 香槟酒开瓶

由于香槟酒的瓶塞是用外力将软木塞压进去的，在外面留有一端帽形物，再用铁丝缠绕固定瓶内丰富的气体。为了降低开瓶时的压力，需要将香槟酒进行冰镇，并将瓶身倾斜60度，然后左手将瓶塞压住，用托着瓶体的右手轻轻转动瓶塞，依靠瓶内气体压力和手拔的力量将瓶塞启出，再保持倾斜几秒钟，防止酒水溢出。

3. 皇冠瓶盖开瓶

用托盘将饮料托至餐台，当众用扳手开启。

4. 易拉罐开启

用托盘将饮料托送至餐台，左手托盘在宾客右侧用右手开启，不能对着宾客开。开启啤酒和汽水前不能晃动易拉罐，避免液体外喷。

三、斟酒的操作

1. 基本要求

（1）斟酒时，瓶口与杯口之间保持一段距离，以1厘米为宜，不可将瓶口搭在杯口上。

（2）斟酒时，要握着酒瓶的下半部，并将商标朝外显示给宾客。

（3）斟酒时，要注意控制倒酒的速度，当斟倒适量时旋转瓶身，抬起瓶口，使最后一滴随着瓶身旋转均匀分布在瓶口边沿上，而不至于滴落到宾客身上或餐布上。

（4）斟啤酒时，应使酒液沿杯壁缓慢流入杯内，使形成的泡沫较少，不易溢出杯外。

（5）瓶内酒水不足一杯时，不宜为宾客斟酒，因为瓶底朝天有失礼貌。

（6）中餐时，各种酒水一律斟至八分满为宜。

（7）西餐时，红酒斟至1/2杯，白葡萄酒斟至2/3杯，香槟酒分次斟至2/3杯为宜。

2. 徒手斟酒的操作规范

（1）斟酒时，从主宾位开始，按顺时针次序斟倒。

（2）服务员站在宾客右后侧，右脚在前，侧身而立，右手持瓶向前伸出，左手持布巾自然背在身后。

（3）将酒瓶商标朝上展示给宾客，示意宾客确认酒水饮料。

（4）待宾客确认后，服务员用右手为宾客斟酒。

（5）斟酒时要掌握好酒瓶的倾斜度并控制好酒的流速，瓶口不能碰到杯口。

（6）斟酒完毕，瓶口上提并顺时针旋转45度后收瓶，再用左手中的布巾将残留在瓶口的酒水拭去。

3. 托盘斟酒操作规范

（1）斟酒时，从主宾位开始，按顺时针次序斟倒。

（2）服务员站在宾客右后侧，右脚在前，侧身而立，保持平稳。

（3）向宾客展示托盘中的酒水、饮料，示意宾客选择自己喜欢的酒水、饮料。待宾客选定酒水、饮料后，服务员直起上身，将托盘移至宾客身后。托盘移动时，左臂要将托盘向外托送，避免托盘碰到宾客。

（4）用右手从托盘上取下宾客所需的酒水进行斟酒。

（5）斟酒时要掌握好酒瓶的倾斜度并控制好酒的流速，瓶口不能碰到杯口。

（6）斟酒完毕，瓶口上提并顺时针旋转45度后收瓶。

4. 酒水冰镇操作规范

（1）准备好需要冰镇的酒水及所用的冰桶，并将冰桶架放在餐桌的一侧。将冰块放入冰桶内，将酒瓶插入冰块中约十分钟，即可达到冰镇的效果。

（2）服务员手持酒杯下部，杯中放入冰块，摇转杯子，以降低杯子的温度。用冰箱冷藏酒水。

5. 酒水加热操作规范

（1）准备暖桶、酒壶和酒水，将暖桶架放在餐桌的一侧。

（2）在暖桶中倒入开水，将酒水倒入酒壶后放在暖桶中升温。或者可以将酒水装入耐热器皿中，置于火上升温。

（3）还可以将酒水倒入杯中后，将杯子置于酒精炉上，点燃酒精升温。

（4）亦可以将加热的饮料冲入酒液或将酒液注入热饮料中升温。

（5）酒水加热要在宾客面前进行。

实训考核

一、考核内容

李先生一家及亲朋好友正为母亲举办 80 岁大寿寿宴。席间上了一道清蒸鳜鱼，由于李先生母亲和一些亲朋的年龄较大，眼神不好，李先生要求提供分鱼服务。

全班同学分成两组，一组同学扮演餐饮部各岗位员工，一组同学扮演李先生一家中的各种角色。根据任务，扮演餐饮部员工的小组完成席间巡台及分餐服务任务，扮演李先生一家的小组，根据情景设置障碍。

二、考核标准

考评小组		被考评小组	
考评地点			
考评内容	分菜服务		
考评标准	内　容	分值（分）	实际得分（分）
培训方案	分菜工具使用准确、得当	20	
	分派菜肴、点心不滴不洒，一次到位，分派均匀	20	
	按分派顺序分派菜肴	20	
	在规定时间内完成一道菜肴的分派任务	20	
	整体效果	20	
合　计		100	

项目五　客人结账与收银服务

课程导入

某日中午，一批客人来某酒店餐厅用餐。餐后客人提出该单位在酒店约有两万元预付款，要求签单。经信用结算组查阅，发现客人所报金额及签单人姓名均与原始记录不符。为维护签单人权益，信用结算组便通知餐务中心该单位并无预付款，而客人则坚称确实有，一定要签单。餐务中心与客人协调，提出先将本次餐费结清，由账台出具收条，待有确切证明能够签单，再退还此款。客人当时表示同意。过两天，该单位当事人与酒店联系，说明上次餐费可以签单，酒店立刻退还了钱款。而此时客人以酒店工作有疏漏为由提出投诉，并要求餐费折扣。餐务中心与信用结算组共同向客人解释了缘由，再三说明这也是为维护该单位预付款的安全以及保密性而执行的一项工作制度，对于此事给宾客造成的不便表示歉意，餐务中心给予该单位用餐 8.8 折优惠，信用结算组也提出将尽快改进工作方法，避免类似的误会发生。事后，他们提出了一项改进方法，向有预付款的单位签单人发放临时卡片，其他客人消费时只需出示此卡同样签单有效，能够使工作做得更圆满一些。

结账服务发生在客人基本用餐完毕，征求客人是否还要添加其他菜点后。服务员要按宾客所习惯的方式结账，账单在呈送前要准确核实。

一、结账服务

（一）结账的种类

（1）现金结账。适用于店外的零散客人和团队客人。

（2）支票结账。适用于大企业、大公司的长期包餐或大型宴会、旅游团队用餐。

（3）信用卡结账。适用于零散客人。

（4）签单。适用于住店客人、与酒店签订合同的单位、酒店高层管理人员及店的 VIP 客人等。

（二）结账的要求

（1）注意结账的时机。服务人员不可催促客人结账，结账应由客人主动提出，以免造成赶走客人的印象。同时账单递送要及时，不可让客人等候时间过长。

（2）注意结账的对象。尤其在散客结账时，应分清由谁付款，如果搞错了付款对象容易造成客人对酒店（餐厅）的不满。

（3）注意服务态度。结账阶段也要体现出热情有礼的服务风范。绝不要在客人结账后就停止为其服务，而应继续为其端茶送水，询问他们的要求，直至他们离去。

（三）结账的准备

（1）在给客人上完菜后，服务员要到账台核对账单。

（2）当客人要求结账时，请客人稍候，立即去收银处取回账单。

（3）将账单放入账单夹内，并确保账单夹打开时，账单正面朝向客人。随身准备结账用笔。

二、结账服务操作规范

（一）现金结账操作规范

（1）将账单夹在结账夹内，走到主人右侧，打开账单夹，右手持账单夹上端，左手轻托账单夹下端，递至主人面前，请主人检查，注意不要让其他客人看到账单，并对客人说："这是您的账单。"

（2）客人付现金时，服务员要礼貌地在餐桌旁当面点清钱款。

（3）请客人等候，将账单及现金送给收款员。

（4）核对收款员找回的零钱与账单上联是否正确。

（5）服务员在客人右侧将账单上联及所找零钱夹在结账夹内递给客人。

（6）现金结账注意唱收唱付。

（7）在客人确定所找钱数正确后，服务员致谢并迅速离开客人餐桌。

（二）支票结账操作规范

（1）将账单夹在结账夹内，走到主人右侧，打开账单夹，右手持账单夹上端，左手轻托账单夹下端，递至主人面前，请主人检查，注意不要让其他客人看到账单，并对客人说："这是您的账单。"

（2）客人支票结账时，服务员应请客人出示身份证或工作证及联系电话，然后将账单、支票及证件同时交给收款员。

（3）收款员结账完毕后，记录证件号码及联系电话。

（4）服务员将账单第一联及支票存根核对后送还给客人，并真诚地感谢客人。

（5）如果客人使用密码支票，应请客人说出密码，并记录在一张纸上，结账后将账单第一联、支票存根、密码纸交予客人并真诚地感谢客人。

（6）如果客人用旅行支票结账，服务员需礼貌告诉客人到外币兑换处兑换成现金后再结账。

（三）信用卡结账操作规范

（1）将账单夹在结账夹内，走到主人右侧，打开账单夹，右手持账单夹上端，左手轻托账单夹下端，递至主人面前，请主人检查，注意不要让其他客人看到账单，并对客人说："这是您的账单。"

（2）客人信用卡结账时，服务员应请客人稍候，并将账单和信用卡送回收款员处。

（3）收款员做好信用卡收据，服务员检查无误后，将收据、账单及信用卡夹在结账夹内，拿回餐厅。

（4）将账单、收据送给客人，请客人在账单和信用卡收据上签字，并检查签字是否与信用卡上一致。

（5）将账单第一页、信用卡收据中客人存根页及信用卡递还给客人，并真诚感谢客人。

（6）将账单第二联及信用卡收据另外三页送回收银处。

（四）签单结账操作规范

（1）将账单夹在结账夹内，走到主人右侧，打开账单夹，右手持账单夹上端，左手轻托账单夹下端，递至主人面前，请主人检查，注意不要让其他客人看到账单，并对客人说："这是您的账单。"

（2）如果是住店客人，服务员在为客人送上账单的同时，为客人递上笔。

（3）礼貌地要求客人出示房间钥匙。

（4）礼貌地示意客人需写清房间号并签名。

（5）客人签好账单后，服务员将账单重新夹在结账夹内，拿起账单，真诚地感谢客人。

（6）迅速将账单送交收银台，以查询客人的名字与房间号码是否相符。

知识链接

一、信用卡知识

目前可以在我国酒店前厅使用的信用卡类型有中国银行长城卡、中国工商银行牡丹卡、中国农业银行金穗卡，中国建设银行龙卡，维萨卡（Visa Card）、万事达卡（Master Card）、香港南洋商业银行的发达卡（Fedaral Card）、香港麦加利银行的大来卡（Dinner Card）、美国运通公司的运通卡（American Express）、日本东海银行的百万卡（Million Card）、日本 JCB 国际公司和三和银行的 JCB 卡（JCB Card）等。

二、信用卡支付不成功的原因

（1）未授权交易：消费者用于支付的卡是 3D 卡，而在支付的过程中未填写 3D 验证码。所以系统会判为未授权交易，而拒绝扣款。

（2）黑卡，盗卡，复制卡：消费者用于支付的卡系统甄别为黑卡、复制卡等其他非法卡，系统拒绝扣款。

（3）卡余额不足或卡有效期已过：信用卡信贷限额不足无法处理交易、持卡人输入错误的到期日期或信用卡期限已过期，请持卡人需联系发卡行获得相关信息。

（4）风险地区支付：消费者支付的 IP 来自被国际信用卡组织列为高风险地区，系统会评委高风险交易，而拒绝扣款。如：委内瑞拉。

（5）跨国，跨地区交易支付：消费者用于支付的卡非本国的卡，存在盗卡消费的嫌疑，所以系统会评为高分析交易，而拒绝扣款。

（6）网络问题：消费者支付的时候网络访问速度慢或其他网络问题，重复刷新支付页面导致多次提交支付申请或者系统未能接收到支付申请等。

（7）同一 IP 短时间内，重复支付多次或短时间内同 IP 但消费地点距离远：消费者在同一 IP 短时间内重复支付多次，存在套现、洗钱、诈骗等其他非法行为嫌疑，系统拒绝扣款。

（8）单笔支付限额过高：单笔支付限额超出了消费者卡的最大单笔支付限额或者超出了系统设定的最高单笔收款限额。

（9）不良交易记录的卡：消费者用于支付的卡，存在不良的交易记录，如拒付等。

（10）发卡行拒绝扣款：消费者所消费的发卡行拒绝扣款，具体原因需要消费者联系他的发卡行，了解拒绝原因。

实训考核

一、考核内容

某四星级酒店餐厅，正开晚餐时来了一位先生，要吃火锅，服务员小潘接待了他。这位先生点了海鲜、羊肉及素菜等一桌子菜。刚要吃，这位先生的手机响了，他接完电话，站起身来对小潘说：“小姐，我有点急事，我得先出去一趟，找个朋友。等一会儿，我就回来，再吃这些菜。”说完转身要走，小潘忙告诉客人说：“先生，请您先结完账再走，好吗?”然后就去收银台结账，正当结账之时，忽然看见有位新来的服务员看了看客人的房卡，就让客人走了。小潘一看客人要走就急了，三步两步追到餐厅门口，对客人解释说：“先生请留步，刚才那位服务员是新来的，不了解餐厅的规定。麻烦您先签一下账单好吗?”客人停住了脚，接受了小潘的建议，签了单，又取出房卡，请小潘确认。客人收起房卡，小潘对客人说：“对不起，先生，耽误您的宝贵时间了！饭菜我给您留着，您别急，回来慢慢用!”那位先生放心地走了。直至将近营业结束时，那位先生才回来，小潘立即上前热情周到地服务。客人用餐完毕，满意而去。

请以小组为单位讨论案例中两位服务员哪位的做法是正确的？怎样才能做到既不得罪顾客又维护酒店利益？

二、考核标准

考评小组		被考评小组	
考评地点			
考评内容	结账服务		
考评标准	内　容	分值（分）	实际得分（分）
小组讨论结果汇报	表达清晰流畅	20	
	主题鲜明、观点正确	20	
	内容全面、思维缜密	20	
	有自己的创新和特色	20	
团队精神	通力合作、分工合理、团结互助	10	
	发言积极，乐于与同学分享成果	10	
合　计		100	

项目六　送宾服务及撤台服务

课程导入

位于上海东北角的蓝天宾馆餐厅内，宾客甚众。坐在第18桌前有三位客人，两位是钟医生夫妇，还有一位是钟医生20年未遇的老同学许经理。由于故人相逢，谈得投机，不知不觉已两个多小时过去了。

毕竟都是年近半百的中年人了，胃口大大不如学生时代。钟医生为尽地主之谊，一口气点了七八个菜，两道点心，再加上四小碟冷菜和饮料，三人都几近饱和状态。钟医生夫妇眼看桌上还剩有不少好菜，不免有点惋惜。

负责这个区域的服务小姐接待很得体。自始至终都挂着甜甜的微笑，出言吐语、行为举止，处处流露出受过正规训练的素质。此刻她见到三位客人已有离席之意，便准备好账单，随时听候招呼。果然，钟医生向她招手了。

账很快便结清，服务小姐转身送来找零时手里多了一样东西：一个很精美的盒子，盒内有若干食品袋。钟医生夫妇不解此意，正要开口询问，服务小姐已经轻声细语地说道："请问，剩下的菜是否要装在袋中带走？"

三位客人感到十分新鲜，不觉接过盒子端详起来。方方正正的盒子，不大不小，两只拎攀仿佛鸟儿的一对翅膀，只见盒子上面还有两行书法工整挺拔的题字："拎走剩余饭菜，留下勤俭美德。"这优美的书法，配以餐厅的装潢布置，给客人以一种高雅文化的享受。钟医生便问服务小姐，是谁写得这手好字，小姐告诉他们，这是酒店孙总经理亲自题的字。总经理是个书法迷，甚有功底，连盒子都是他亲自精心设计的。

"我们不能辜负总经理先生一片心意。来，把剩菜倒进袋中，明天还能美美吃一顿！"豪爽的钟医生说着便开始打包剩菜。

热情送客是礼貌服务的具体体现，表示对客人的尊重。送客时服务员的态度和表现，直接反映出酒店接待工作的等级、标准和规范程度，体现出服务员本身的文化素质与修养。因此，在送客服务中，服务员应做到礼貌、耐心、周到，使客人满意。

一、送客服务

（一）送客服务要点

（1）客人不想离开时绝不能催促，不要做出催促客人离开的举动。

（2）客人离开前，如有未吃完的菜肴，在征求客人同意的情况下，可主动将菜品打包。

（3）客人结账后准备离开时，应主动为其拉开座椅，询问他们是否满意。

（4）要礼貌地向客人道谢，欢迎他们再来。

（5）要面带微笑地注视客人离开，或亲自陪同客人到餐厅门口。

（6）重大餐饮活动的欢送要隆重、热烈，服务员可列队相送，使客人真正感受服务的真诚和热情。

（二）送客服务操作规范

1. 协助客人离开座位

（1）客人起身准备离开时，上前为客人拉椅。

（2）客人起身后，向客人致谢并提醒客人不要遗漏物品。

2. 向客人致谢

礼貌地与客人道别，向客人表示感谢，诚恳欢迎客人再次光临。

3. 送客人离开餐厅

（1）走在客人左前方，将客人送至餐厅门口。

（2）当客人走出餐厅门口时，引位员或餐厅经理再次向客人致谢。

（3）引位员应帮助客人叫电梯，并在电梯来后，送客人进入电梯，目送客人离开。

（4）正门直接有车道的餐厅，引位员要帮助客人叫出租车，雨天要为客人打伞，为客人开车门，目送客人坐车离开。

4. 餐厅检查

（1）服务员立即回到服务区再次检查是否有客人遗漏物品。

（2）如有遗留物品应尽快交还客人，如客人已经离开，要向餐厅经理汇报，将物品交到大堂副经理处。

二、撤台服务

撤台服务是待客人离开餐厅后，在不影响其他客人就餐的前提下收拾餐具、整理餐桌，并重新摆台。这项收尾整理工作往往在其他客人仍在用餐或已有客人在等待餐桌的情况下进行，所以文明和速度是该程序的重要标准。

（一）撤台的要求

（1）零点撤台需在该桌客人离开餐厅后进行。

（2）收拿餐具要轻拿轻放，尽量不要发出碰撞声响。

（3）收、撤餐具要为下一道工序创造条件，拿碗时大碗在下，小碗在上。收、撤时，要把剩有汤或菜的餐具集中起来放置。

（二）撤台操作规范

（1）按摆台规范对齐餐椅。

（2）将桌面上的花瓶、调味瓶和台号牌收到托盘上，暂放于服务桌。

（3）用托盘开始收撤桌面上的餐具，收、撤的顺序为：银器、餐巾、瓷器、餐具、玻璃酒杯。

（4）桌面清理完毕，立即更换台布。

（5）用干净布巾把花瓶、调味瓶和台号牌擦干净后按摆台规范摆上桌面。

（6）使用转盘的餐桌，需先取下已用过的转盘罩及转盘，然后更换台布，再摆好转盘，套上干净的转盘罩。

三、餐厅收尾工作

收尾服务程序与标准如下：

1. 减少灯光

（1）当营业结束，客人离开后，服务员开始着手餐厅的清理工作。

（2）关掉大部分的照明灯，只留适当的灯光供清场用。

2. 撤器具、收布草

（1）先清理桌面，再撤走服务桌上所有的器皿，送至洗碟机清洗。

（2）把布草分类送往备餐间（干净与脏的要分开）。

3. 清洁

清洁四周护墙及地面，吸地毯，如有污迹，通知相关部门清洗。落实安全措施的主要内容有：

（1）关闭水、电开关。

（2）除员工出入口以外，锁好所有门窗。

（3）由当值负责人做完最后的安全防患复查后，填写管理日志。

（4）落实餐厅各项安全防患工作，最后锁好员工出入口门，方可离岗。

知识链接

表2－5　食品打包服务标准

程　序	服务标准
准备	①当客人提出将剩余食物包装带走时，服务员应立即将食物撤下，并告诉客人将在厨房为客人包装食物及客人需要等待的时间 ②将食物撤下，准备好相应数量的食品盒、丝带，及带有店徽的塑料袋
包装	将食物分类装入食品盒内

续 表

程　序	服务标准
展示	①服务员用托盘将食品盒送到客人右侧，请客人观看，并告诉客人，分别包装的食物名称 ②经客人允许后将食物拿到服务柜边上
食品盒的包装	①服务员在服务柜上，盖好食品盒盖，并用丝带十字交叉包装食品盒，打好蝴蝶结，将蝴蝶结的两尾剪成燕尾状 ②将食品盒及食品袋同时递到客人面前，请客人过目后将食品盒装入食品袋中，递给客人

实训考核

一、考核内容

在北京某四星级酒店的餐厅里，晚餐时间，业务很旺，客人非常多，实习生小艳忙得手脚不停，直到了闭餐时间，客人们渐渐离去，小艳这才缓缓劲儿。这时，小艳环顾餐厅，看到有一位先生与一位小姐坐在那聊天儿。小艳走近餐桌一看，盘子里的菜没有多少了。两位客人也不再吃了，就以为客人吃好了，便想把他们桌上的盘子撤掉，只留茶水，好为客人提供更好的谈话环境。小艳走过去为客人添了茶水，对客人说："如果您不吃了，我可以把这些盘子拿掉吗？"谁知客人一听不高兴地说："您的意思是不是让我们走啊？"小艳连忙道歉："对不起，我不是这个意思，请您慢用！"客人这才消了气。时间不长，那两位客人看看餐厅就剩下他们了，就起身离开餐厅。

问题：餐厅到了下班时间，客人不走，坐在那悠闲地聊天儿喝茶，是最让服务员着急的事，不催吧，到点下不了班；催吧，客人又不高兴，这种情况是必须谨慎处理的。请以小组为单位，讨论遇到此类事情你应该如何解决？

二、考核标准

考评小组		被考评小组	
考评地点			
考评内容	餐厅送客服务		
考评标准	内　容	分值（分）	实际得分（分）
小组讨论结果汇报	表达清晰流畅	20	
	主题鲜明、观点正确	20	
	内容全面、思维缜密	20	
	有自己的创新和特色	20	
团队精神	通力合作、分工合理、团结互助	10	
	发言积极，乐于与同学分享成果	10	
合　计		100	

模块三　西餐厅服务与管理

学习目标

※ 了解西餐文化基本知识
※ 掌握西餐服务的规程和技能操作要求
※ 能够熟练把握法式、美式、俄式等主要西餐的相关服务技能
※ 培养学生具有一定的西餐管理意识

教学建议

本模块的学习重点是让学生了解西餐文化及相关的服务规范，熟悉酒店西餐厅的工作环境与工作要求，教师可充分利用校内及校外实训基地进行实地参观，也可让学生到各类西餐厅或酒店见习，加深学生对西餐厅服务与管理的认识与了解。

学习项目

项目一　西餐基本知识
项目二　法式西餐要求
项目三　美式西餐要求
项目四　俄式西餐要求

项目一　西餐基本知识

课程导入

乔瑞是滨江万丽酒店西餐厅的领位员。西餐厅最近比较繁忙。这天午饭期间，乔瑞刚带几位客人入座回来，就见一位先生走了进来。

“中午好，先生。请问您贵姓?”乔瑞微笑着问道。

“你好，小姐。你不必知道我的名字，我就住在你们酒店。”这位先生漫不经心地回答。

“欢迎您光顾这里。不知您愿意坐在吸烟区还是非吸烟区?”乔瑞礼貌地问道。

“我不吸烟。不知你们这里的头盘和大盆菜有些什么?”先生问道。

“我们的头盘有一些沙拉、肉碟、熏鱼等，大盆菜有猪排、牛扒、鸡、鸭、海鲜等。您要感兴趣可以坐下看看菜单。您现在是否准备入座了？如果准备好了，请跟我去找一个餐位。”乔瑞说道。

这位先生看着乔瑞的倩影和整洁、漂亮的衣饰，欣然同意，跟随她走向餐桌。

“不，不，我不想坐在这里。我想坐在靠窗的座位，这样可以欣赏街景。”先生指着窗口的座位对乔瑞说。

“请您先在这里坐一下。等窗口有空位了我再请您过去，好吗?”乔瑞在征求他的意见。

在征得这位先生的同意后，乔瑞又问他要不要些开胃品。这位先生点头表示赞同。乔瑞对一位服务员交代了几句，便离开了这里。

当乔瑞再次出现在先生面前告诉他窗口有空位时，先生正与同桌的一位年轻女士聊得热火朝天，并示意不换座位，要赶紧点菜。乔瑞微笑着走开了。

一、西餐及主要类别

（一）概念及类别

通常所说的西餐主要包括西欧国家的饮食菜肴，同时还包括东欧、中海沿岸等国和一些美洲国家的菜肴。根据地域的不同，西餐可以分为：

1. 西餐之母——意大利餐

起源于罗马帝国的强盛时期。意式菜肴的特点是：原汁原味，以味浓著称。烹调注重炸、熏等，以炒、煎、炸、烩等方法见长。意大利人喜爱面食，做法吃法甚多。其制作面条有独到之处，各种形状、颜色、味道的面条至少有几十种，如字母形、贝壳形、实心面条、通心面条等。意大利人还喜食意式馄饨、意式饺子等。

2. 西菜之首——法式大餐

法国人一向以善于吃并精于吃而闻名，法式大餐至今仍名列世界西菜之首。法式菜肴的特点是：选料广泛，加工精细，烹调考究，滋味有浓有淡，花色品种多；比较讲究吃半熟或生食，重视调味，调味品种类多样。用酒来调味，什么样的菜选用什么酒都有严格的规定，如清汤用葡萄酒，海味品用白兰地酒，甜品用各式甜酒或白兰地等。法国人十分喜爱吃奶酪、各种水果和新鲜蔬菜。

3. 简洁与礼仪并重——英式西餐

英国的饮食烹饪，有家庭美肴之称。英式菜肴的特点是：油少、清淡，调味时较少用酒，调味品大都放在餐台上由客人自己选用。烹调讲究鲜嫩、口味清淡，选料注重海鲜及各式蔬菜，菜量要求少而精。英式菜肴的烹调方法多以蒸、煮、烧、熏见长。

4. 营养快捷——美式菜肴

美国菜是在英国菜的基础上发展起来的。美式菜肴的特点是：继承了英式菜简单、清淡的特点，口味咸中带甜。美国人一般对辣味不感兴趣，喜欢铁扒类的菜肴，常用水果作为配料与菜肴一起烹制，如菠萝焗火腿、菜果烤鸭。喜欢吃各种新鲜蔬菜和各式水果，对饮食要求并不高，只要营养、快捷。

5. 西菜经典——俄式大餐

沙皇俄国时代的上层人士非常崇拜法国，贵族不仅以讲法语为荣，而且饮食和烹饪技术也主要学习法国。但经过多年的演变，食物讲究热量高的品种，逐渐形成了自己的烹调特色。俄国人喜食热食，爱吃鱼肉、肉末、鸡蛋和蔬菜制成的小包子和肉饼等，各式小吃颇有盛名。俄式菜肴口味较重，喜欢用油，制作方法较为简单。口味以酸、甜、辣、咸为主，酸黄瓜、酸白菜往往是酒店或家庭餐桌上的必备食品。烹调方法以烤、熏、腌为特色。

6. 啤酒、自助——德式菜肴

德国人对饮食并不讲究，喜吃水果、奶酪、香肠、酸菜、土豆等，不求浮华只求实惠营养，首先发明自助快餐。

（二）西餐的主要特点

西餐主要特点是主料突出，形色美观，口味鲜美，营养丰富，供应方便等。与中餐相比，它还具有以下显著特点：

（1）重视各类营养成分的搭配组合，根据人体对各种营养（糖类、脂肪、蛋白质、维生素）和热量的需求来安排菜或加工烹调。西式热菜在主料烹制好装盘后，还要在盘子边上或在另一盘子内配上少量加工成熟的蔬菜、米饭或面食，才能组成一道完整的菜肴。这样的搭配一方面可增加菜肴的美观程度，并使菜肴富有风味特色；另一方面可使菜肴的营养搭配更为合理，从而达到营养均衡的要求。

（2）选料精细，用料广泛。西餐烹饪在选料时十分精细、考究，而且选料十分广泛。

如美国菜常用水果制作菜肴或饭点，咸里带甜；意大利菜则会将各类面食制作成菜肴：各种面片、面条、面花都能制成美味的席上佳肴；而法国菜，选料更为广泛，诸如蜗牛、洋百合、椰树芯等均可入菜。

（3）讲究调味，调味品种多。西餐烹调的调味品大多不同于中餐，如酸奶油、桂叶、柠檬等都是常用的调味品。法国菜还注重用酒调味，在烹调时普遍用酒，不同菜肴用不同的酒做调料；德国菜则多以啤酒调味。

（4）注重色泽。在色泽的搭配上则讲究对比、明快，因而色泽鲜艳，能刺激食欲。

（5）工艺严谨，烹调方法多样。西餐十分注重工艺流程，讲究科学化、程序化，工序严谨。西餐的烹调方法很多，常用的有煎、烩、烤、焖、焗、炸、熏、铁扒等十几种，其中铁扒、烤、焗最具特色。

（6）器皿讲究。烹调的炊具与餐具均有不同于中餐的特点。特别是餐具，除瓷制品外，水晶、玻璃及各类金属制餐具占很大比重。

（7）沙司单独制作。沙司（Sauce）是西式菜肴的调味汁。沙司与菜肴主料分开烹调是西餐的一大特点。常见的沙司有：

①冷沙司和冷调味汁主要有：马乃司沙司（Mayonnaise Sauce）、千岛汁（Thousand Islands Dressing）、醋油汁（Oil Vinegar）、芥末沙司（Mustard Sauce）等。

②热沙司：布朗沙司（Brown Sauce）、苹果沙司（Apple Sauce）、咖喱沙司（Curry Sauce）等。

（8）注重菜肴生熟程度。西餐中的一些食草类动物的肉（如牛、羊肉）、禽类（如鸭）和海鲜一般烹制得较为鲜嫩以保持其营养成分，有的甚至生食，如牡蛎。烹制牛、羊肉时的生熟程度一般分为下述几种：

①一成熟（Rare，简写为 R）。

②三成熟（Medium Rare，简写为 MR）。

③五成熟（Medium，简写为 M）。

④八成熟（Medium Well，简写为 MW）。

⑤全熟（Well - done，简写为 W）。

二、西式菜肴

（一）西餐的主要菜式

1. 法式菜

法国菜式选料广泛，用料新鲜，加工精细，烹调考究，滋味鲜美，花色繁多。法式名菜有法式洋葱汤、焗蜗牛、鹅肝冻、红酒山鸡、马赛鱼羹、巴黎龙虾、鸡肝牛排等。法国的各式奶酪也享誉世界。

2. 英式菜

英国菜式选料多样，口味清淡。英式菜肴的名菜有：鸡丁沙拉、烤大虾苏夫力、薯烩羊肉、烤羊马鞍、冬至布丁、明治牛排等。

3. 美式菜

美式菜咸中带甜，喜用水果和蔬菜作原料来烹制菜肴。美式名菜主要有橘子烧野鸭、美式牛扒、苹果沙拉、糖酱煎饼、蛤蜊浓汤、丁香火腿、圣诞火鸡等。

4. 俄式菜

俄国菜式选料广泛，油大味浓，制作简单，简朴实惠。俄式名菜主要有鱼子酱、罗宋汤、串烤羊肉、鱼肉包子、酸黄瓜、什锦冷盘、酸黄瓜汤、冷苹果汤、鱼肉包子、黄油鸡卷等。

5. 意式菜

意大利菜式汁浓味厚，讲究原汁原味，喜用橄榄油、番茄酱，调味用酒较重。意式名菜主要有通心粉素菜汤、奶酪焗通心粉、肉末通心粉、比萨饼、铁扒干贝、焗馄饨、通心粉蔬菜汤、三色比萨、肉馅春卷等。

6. 德式菜

德国菜式丰盛实惠，朴实无华。德式名菜有酸菜咸猪脚、苹果烤鹅、鞑靼牛排等。

（二）主要烹调方法

1. 煎（Fried）

煎是西餐中使用最广泛的烹调方法之一。它是指将原料加工成形后加调料使之入味，再投入油量少（一般浸没一半原料）、油温较高（一般为七八成热）的油锅中加热成熟的一种烹调方法。煎可分为清煎、软煎等，如葡式煎鱼、煎小牛肉、意式煎醉猪排等。

2. 炸（Deep Fried）

炸是指将原料加工成形后调味，再对原料进行挂糊后投入油量多（一般应完全浸没原料）、油温高（七八成热）的油锅中加热成熟的一种烹调方法。炸可分为清炸、面包粉炸、面糊炸等，如炸鱼条、炸鸡腿、炸黄油鸡卷等。

3. 炒（Saute）

炒是指将加工成丝、丁、片等的小型原料，投入油量少的油锅中急速翻拌使原料在较短时间内成熟的一种烹调方法。在炒制过程中一般不加汤汁，所以炒制类菜肴具有脆嫩鲜香的特点，如俄式牛肉丝、炒猪肉丝磨菇沙司等。

4. 煮（Boil）

煮是指将原料放入能充分浸没原料的清水或清汤中，用旺火烧沸，改用中小火煮熟原料的一种烹调方法。煮制菜肴具有清淡爽口的特点，同时也保留了原料本身的鲜味和营养，如煮鱼鸡蛋沙司、煮牛胸蔬菜、柏林式煮猪肉酸白菜等。

5. 焖（Braise）

焖是指将原料初步热加工（一般为过油和着色）后放入焖锅，加入少量沸水或沸汤（一般浸没原料的1/2或2/3）用文火长时间加热使原料成熟的一种烹调方法。焖制成熟的菜肴所剩汤汁较少，所以具有酥软香鲜、滋味醇厚的特点，如干果焖羊肉、意式焖牛肉、乡村式焖松鸡、苹果焖猪排等。

6. 烩（Stew）

烩是指将原料经初步热加工（过油着色或汆制）后加入浓汤汁（沙司）和调料，用先旺后小的火力使原料成熟的一种烹调方法。烩制菜肴用料广泛（肉、禽、海鲜、蔬菜均可），具有口味浓郁、色泽艳丽的特点，如密桃烩鸡、薯烩羊肉、辣根烩牛舌、咖喱鸡等。

7. 烤（Roast）

烤是指将原料初步加工成形后，加调味品腌渍使之入味，再放入烤炉或烤箱加热至规定火候并上色的一种烹调方法。烤制菜肴丧失水分较多，对营养素有较大的破坏，但火力均匀，菜肴有一定的特殊风味，如烤火鸡、烤牛外脊、橙汁烤鸭、比萨饼等。

8. 焗（Bake）

焗是指将各种经初步加工基本成熟的原料，放入耐热容器内，加调味沙司后放入烤箱或焗炉加热的一种烹调方法。焗制菜肴因带有沙司，所以具有质地鲜嫩、口味浓郁的特点，如焗蜗牛、焗小牛肉卷、焗羊排、丁香焗火腿、海鲜焗通心粉等。

9. 铁扒（Grill）

铁扒是指将加工成形（一般应为片状）的原料加调料腌渍后放在扒炉上加热至规定的成熟度的一种烹调方法。扒制菜肴宜选用质地鲜嫩的原料，具有香味明显、汁多鲜嫩的特点，如西冷牛排、铁扒里脊、铁扒比目鱼等。

10. 串烧（Broil）

串烧是将加工成片、块、段状的原料加调料腌渍入味后，用金属钎串起来放在敞开式炭火炉上直接把原料烤炙成熟的一种烹调方法。串烧类菜肴具有外焦里嫩、色泽红褐、香味独特的特点，如羊肉串、杂肉串、牛里脊串、海鲜串等。

三、西餐服务方式

服务方式是指餐厅为客人提供菜点、酒水的方法和形式。由于国家、地区、民族、文化、饮食习惯等方面的不同，西餐有多种服务方式。西餐厅常见的服务方式有如下几种。

1. 英式服务（British Service）

英式服务因与欧美家庭用餐方式类似，故又称“家庭式服务”（Family Style Service）。菜肴在厨房制作好并装入大餐盘端至餐厅，放在主人面前，如是大块烤肉，则应由服务员按人数切割好。先将热餐盘从右侧为每位客人放好，再端起菜盘（上放服务叉、匙）按先女后男、先宾后主的原则依次由客人从菜盆中用服务叉、匙自取食物。蔬菜和调料放在餐桌上由客人传递自取。

2. 法式服务（French Service）

法式服务因需使用客前烹制车（Gueridon）而又被称为“车式服务”（Gueridon Service）。法式服务需要两名服务员同时服务，一名服务员，一名助手。服务员在接受点菜后将点菜单交给助手送至账台和厨房，然后将一辆小推车（客前烹制车）推至客人餐桌旁，准备好制作菜肴的相应设备和材料。助手从厨房将菜肴（有的已制作好，有的仅是半成品）和热餐盘端至小推车上，由服务员为客人现场完成菜肴的最后制作或切制菜肴，然后放入热餐盘中，由助手依次从客人右侧递给每位客人。这种服务方式因其豪华舒适和较强的炫耀性而闻名，但是对服务员的要求较高，且需要较多员工和服务速度缓慢，故只在四、五星级酒店的高级西餐厅中才提供此种服务。

3. 俄式服务（Russian Service）

俄式服务因需使用大量的银制餐用具而被称为“银式服务”（Silver Service）。另外因其服务周到但又相对简单而成为世界各国高级西餐厅的流行服务方式，所以俄式服务又被称为“国际式服务”。其具体服务方法为：菜肴在厨房制作、装饰好后装在银制餐盘中，由服务员用大托盘将菜肴和加过温的热餐盘托入餐厅，放在工作台上。服务员先为客人依次送上热餐盘（从客人右侧，遵循先女后男，先客后主的原则按顺时针方向进行），然后左手托起大菜盘，右手持握服务叉、匙，从客人左侧，按逆时针方向依次（先女后男，先客后主）为每位客人分派菜肴。在分派前，一般应将菜肴请客人欣赏，分派的同时报菜名，分派完毕后将剩菜送回厨房。

4. 美式服务（American Service）

美式服务因所有菜肴均在厨房分别装盘而被称为“盘子服务”（Plate Service）。其服务方法为：所有菜肴在厨房烹制后分别装盘并加以装饰，餐盘应事先烤热，主菜应加盖保温，由服务员端至餐厅从客人左边用左手依次端送给每位客人，菜肴上桌后再把保温盖撤走。一桌的客人如点了不同的菜肴，应按进餐程度先后分别端出送上。菜肴从左侧上，酒类饮料则从客人右侧斟倒。美式服务因其简单方便而常为咖啡厅所用。

5. 大陆式服务（Continental Service）

大陆式服务综合了英式、法式、俄式、美式服务方式，常用于西式宴会服务。在服务过程中，根据菜肴特点选择相应的服务方式。如头盆用美式服务，主菜用俄式服务，甜点用法式服务等，但应符合既方便客人就餐、又方便员工操作、也便于餐厅管理的原则。

四、西式早餐服务

西式早餐制作简单，但营养全面、合理，受人重视。客人对早餐的基本要求是供应快捷、服务周到。

（一）早餐的种类和构成

西式早餐一般分为两大类，即美式早餐和大陆式早餐。早餐服务一般在咖啡厅中提供，也可在西餐厅中提供。

1. 美式早餐（American Breakfast）

（1）果汁类。一般有橙汁（Orange Juice）、菠萝汁（Pineapple Juice）、番茄汁（Tomato Juice）、柠檬汁（Lemon Juice）、西柚汁（Grapefruit Juice）等，客人可任选一种。

（2）谷物类食品。一般有燕麦片（Oatmeal）和玉米片（Cornflakes）等品种，通常加水、牛奶煮成粥类食物。上桌时应随上糖浆（Syrup）或蜂蜜（Honey）。

（3）蛋类。煎蛋（Fried Egg）、煮蛋（Boiled Egg）、炒蛋（Scrambled Egg）、水波蛋（Poached Egg）、蛋卷（Omelet）等。

（4）肉类。一般有火腿（Ham）、香肠（Sausage）、烟熏肉（Bacon）三种。

（5）面包。上面包时应随上黄油（Butter）和果酱（Jam）。

（6）饮料类。早餐最常用的饮料是咖啡（Coffee）和红茶（Black Tea），另外还有牛奶（Milk）和可可（Coco）等。饮料在服务时应随上奶壶和糖缸。

2. 大陆式早餐（Continental Breakfast）

大陆式早餐又称欧陆式早餐，在欧洲大陆各国较为通行，它较美式早餐减少了蛋类，其他内容则与美式早餐大致相同。

（二）餐前准备

餐前准备工作中的许多内容与中餐大致相同，现将不同之处简述如下：

1. 准备物品

（1）摆台用具。

（2）服务用具。

（3）其他准备。

2. 摆台

按标准要求进行摆台，见表3－1。

表3－1　　西餐早餐摆台步骤及标准

步　骤	标　准
（1）将桌垫及桌旗摆在桌上	确保桌垫及桌旗是干净的，没有折痕，正面朝上
（2）将餐巾摆好	将折好的餐巾摆在桌垫中间，距边缘2cm
（3）摆放餐刀	将正餐刀摆在餐巾的右边，刀刃朝左，不要用手直接拿餐刀，要使用干净的餐巾
（4）餐叉的摆放	将正餐叉摆在餐巾的左侧，平行于餐刀，距桌边2cm
（5）餐勺的摆放	将正餐勺摆在餐刀的右侧，平行于餐刀，距桌边2cm
（6）检查餐具的位置	确保餐具距离桌边2cm，叉刀之间保持放下正餐盘的距离30cm
（7）咖啡杯和垫碟	垫碟摆在餐刀的右边，距离桌边2cm，将咖啡杯放在垫碟的中间，把手朝向45度
（8）摆放茶勺	将茶勺摆在茶杯的后面，茶碟上面（把手朝向45度）
（9）摆放装饰品	确保装饰品干净，放在餐桌的中心
（10）摆放盐和胡椒瓶	将盐和胡椒瓶（干净和充满的）水平摆在装饰品的右边
（11）摆放糖缸	将干净和加满糖的糖缸摆在装饰品的左边

（三）整理检查

（1）整理并检查餐厅设备和环境卫生。

（2）检查桌椅布局，是否整齐有序。

（3）检查、清洗桌面用品，如盐、椒盅定期清洗，每日加满原料并擦净盅身等。

（4）整理并检查个人仪表仪容，等等。

（四）早餐服务规程

1. 迎领服务

（1）微笑问候。

（2）安排就座。

2. 点菜服务

（1）待客人坐下后，值台员应迅速递上打开的菜单，首先询问客人喜欢什么果汁，并介绍当日新鲜水果。菜单应每位客人一份。

（2）记录客人所点内容，客人点鸡蛋时应问清制作方法和嫩老程度，并在点菜单上注明。

（3）将点菜单迅速传送至厨房和账台。传递至厨房的点菜单应先由收款员签章。

3. 餐前服务

（1）从客人右侧铺餐巾。

（2）根据客人所点菜肴补充餐具。

4. 菜肴服务

（1）从客人右侧上果汁，果汁杯应放在刀尖上方约1cm处。

（2）从客人左侧送上面包、黄油和果酱。

（3）依次从客人右侧送上谷物类食物、鸡蛋和肉类。

（4）咖啡、红茶等饮料应按客人吩咐随时送上（一般可在客人就座后即刻倒好）。

5. 席间服务

（1）上菜速度要快。

（2）随时撤走用过的脏盘。

（3）按要求撤换烟灰缸。

（4）随时补充饮料。如按杯出售，则应征询客人意见。

（5）客人用餐基本完毕时，应征询客人是否还要添加。

（6）巡视服务区域，随时满足客人要求，搞好本区域的卫生。

6. 收款送客服务

收款送客服务与中餐点菜服务基本相同，如遇数位宾客同时进餐，应问清宾客的结账是分单还是合单，以适应西方宾客的消费习惯。

7. 清台整理

（1）客人离开后，应迅速将餐椅码放整齐并清理台面，同时检查有无客人的遗留物品，如有，应迅速追上交还或交上级处理。

（2）重新摆台，准备迎接下批客人。

五、西式正餐服务

西餐正餐包括午餐和晚餐。其特点是用餐内容复杂、服务技术要求高。按照传统习惯，英国人较重视晚餐，而欧洲大陆国家较重视午餐。但随着工作、生活节奏的加快，因午餐时间较短而晚餐时间较为充裕，所以现在欧美国家普遍将晚餐作为正餐。

（一）西式正餐的构成

1. 头盆（Appetizers/Starters/Hord'euvres）

头盆又称开胃菜，是指开餐的第一道菜。通常由水果、蔬菜、肉类、禽类或海鲜等制成。

2. 汤（Soups）

西餐的汤类富含鲜香物质和有机酸等，能刺激胃液的分泌，从而增加食欲，所以，汤在西餐中占有重要地位。汤可分为：清汤、奶油汤（浓汤）、茸汤。

3. 色拉（Salads）

主要有水果色拉、蔬菜色拉、荤菜色拉。

4. 主菜（Main Courses）

主要有鱼类菜肴、肉类菜肴。

5. 甜点类（Desserts）

主要有奶酪（Cheese）、甜品（Sweets）。

（二）餐前准备工作

1. 准备物品

主要有不锈钢餐具、瓷器类餐具、玻璃杯、服务用具和酒水。

2. 摆台

按标准要求摆台，见表 3－2。

表 3－2　西餐摆台步骤及标准

步　骤	标　准
（1）将桌垫及桌旗摆在桌上	确保桌垫及桌旗是干净的，没有折痕，正面朝上
（2）将餐巾摆好	将折好的餐巾摆在桌垫中间，距边缘 2cm
（3）摆放餐刀	将正餐刀和沙拉刀摆在餐巾的右边，沙拉刀摆放在正餐刀的右边，刀刃朝左，距桌边 2cm，不要用手直接拿餐刀，要使用干净的餐巾
（4）餐叉的摆放	将正餐叉和沙拉叉摆在餐巾的左侧，沙拉叉摆放在正餐叉的左边，平行于餐刀，距桌边 2cm

续 表

步 骤	标 准
(5) 检查餐具的位置	确保餐具距离桌边 2cm，叉刀之间保持放下正餐盘的距离 30cm
(6) 面包盘和黄油刀的摆放	面包盘摆在餐叉的左边，距离桌边 2cm，将黄油刀放在面包盘的边缘右边，刀刃朝左
(7) 摆放水杯	将水杯摆放在正餐刀的上方，靠近刀尖
(8) 摆放装饰品	确保装饰品干净，放在餐桌的中心
(9) 摆放盐和胡椒瓶	将盐和胡椒瓶（干净和充满的）水平摆在装饰品的右边
(10) 最后检查	完成摆台后要进行最后的检查
(11) 安排座椅	将椅子推到桌子的边缘

3. 餐前检查

(1) 西餐厅电器设备是否正常运行、完好无损。

(2) 餐厅环境卫生、温度等是否符合规定要求。

(3) 服务区域内的餐桌、座椅、工作台等是否完好无损、清洁卫生。

(4) 摆台是否符合规格，有无缺漏。盐、椒盅和牙签筒有无加满，外观是否清洁等，见图 3-1。

(5) 菜单、笔、托盘、开瓶器、开塞钻、备用餐具等是否齐全、充足。

(6) 面包、黄油等是否已经备足。

(7) 衣帽间的衣架、存衣牌等是否齐全、充足。

(8) 个人仪表仪容是否符合酒店规定要求。

(三) 西餐正餐服务规程

1. 迎领服务

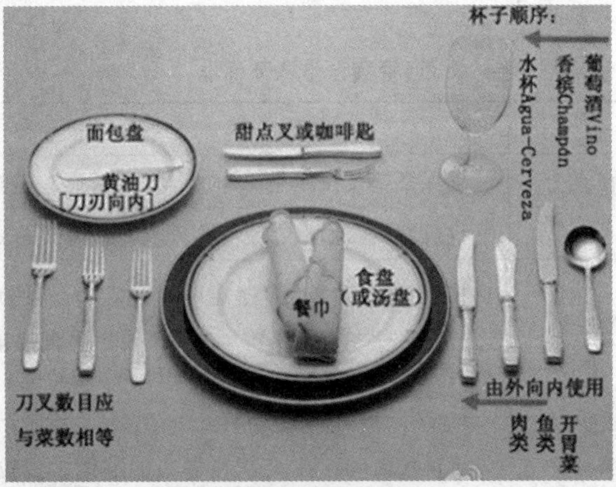

图 3-1 西餐正餐摆台效果

其程序为：礼貌问候、询问预订、引入餐厅、拉椅让座、复位记录。

2. 餐前服务

其程序为：呈递菜单、铺餐巾、开胃酒服务、面包、黄油服务。

3. 点菜服务

其程序为：询问、介绍、记录、传送。

4. 点酒服务

酒单应在点菜以后及时送上。酒单无须每人一份，但应向全桌客人展示后呈递给准备点酒的客人。与点菜相同，值台员也应及时向客人介绍、推荐与所点菜肴相匹配的各种酒类。因西餐中菜肴与酒水的搭配有一定的规律，所以要求值台员熟悉酒菜搭配知识，但应尊重客人的选择。西式菜肴与酒水的搭配规律一般为：

（1）餐前酒：可选用具有开胃功能的酒。

（2）头盆：食用头盆时一般选用干白葡萄酒，如食用鱼子酱，则应配饮伏特加。

（3）汤：渴汤时一般不喝酒，如需要喝酒，则可配白葡萄酒或雪利酒（Sherry）。

（4）鱼类：鱼类菜肴一般配饮干白葡萄酒或玫瑰葡萄酒（Rose Wine）。

（5）肉类：肉类菜肴一般与干红葡萄酒相配。

（6）奶酪：食用奶酪时，一般配以甜葡萄酒，也可以继续饮用配主菜的酒类。

（7）甜品：甜品一般可与甜葡萄酒或有汽葡萄酒（Sparkling Wine）相配。

（8）餐后酒：用蒸馏酒、利口酒。

香槟可与任何菜肴相配。接受点酒时应按要求填写酒水订单，并询问客人上酒时间。

5. 酒水服务

其程序为：领取酒水、准备酒杯、葡萄酒服务。

6. 菜肴服务

其程序为：补充、调整餐具和相关菜肴服务。

7. 餐中服务

其程序为：斟酒服务，整理餐桌，补充面包、黄油，客前烹制服务和其他服务工作，包括撤换烟灰缸、餐后饮料服务、征询客人意见。

8. 收款送客服务

西餐正餐的收款和送客服务与中餐厅服务大致相同。但应实现征询宾客是否需要分单结账。也有的西餐厅在结账后还给每位客人赠送一块餐厅自制的花式巧克力以示感谢。在送别客人时，应拉椅协助，并礼貌道别。如有衣帽寄存，应主动取递衣帽，并协助穿戴。

9. 收台整理

收台整理工作与中餐厅服务相同。客人离开后，值台员应立即检查有无客人的遗留物品，并按正确的次序（与中餐同）收台，换上干净台布，重新摆台后，准备迎接下一批客人的到来或继续为其他客人服务。值得注意的是，收台、摆台等操作应尽量轻声，以免影响其他客人就餐，破坏西餐厅的宁静气氛。

六、西餐厅营业结束工作

1. 迎领员

迎领员在礼貌送别最后一位就餐客人后，应准确统计出当餐或当日的就餐客人人数，作好记录，并搞好迎领区域的卫生。

2. 值台员

值台员应与传菜员一道将所有脏的餐酒用品撤至洗碗间清洗、消毒，并及时补充餐酒用品，按规定进行下餐或次日的摆台，并按要求搞好餐厅的清洁卫生工作。

3. 传菜员

传菜员除与值台员一起将脏的餐酒用品撤至洗碗间外，还应整理好备餐间，将多余调料及调味汁送至厨房，将消毒后的干净餐酒用品存入相应的橱柜，同时搞好备餐间的卫生。

4. 酒水员（调酒师）

吧台酒水员或调酒师应及时统计出本餐或当日所售各种酒水、香烟的数量，与收款员核对无误后填写酒水消耗日报表，并整理好库存酒水，搞好吧台内外的卫生。

5. 收款员

收款员应认真计算当餐或当日的营业收入，按要求填写营业报表，并将现金收入和各种票据按正规渠道上交，办好有关手续。

总之，西餐厅的营业结束工作需各岗位服务员密切配合，通力合作，才能快速、有效、优质地完成。所有上述工作结束后，要等领班检查合格后，方能关闭除冰箱外的所有电器开关，关好门窗，然后更衣下班。

知识链接

西餐主要用具

一、服务用具

服务用具是指为客人服务过程中，服务人员使用的工具，包括某些特殊菜肴使用的特殊工具。常见的服务用具主要有：

（1）勺类用具：长柄汤勺，为客人分汤时使用；色拉服务匙，为客人分派色拉时使用。

（2）刀类用具：服务用鱼刀，分鱼或现场烹制鱼类食品时使用；奶酪刀，是专门用来切割奶酪的长刃刀具；蛋糕刀，与餐叉相似，主要用来切割蛋糕等糕点；切割用刀，为客人现场切割大块肉类食品时的专用工具。

（3）叉类用具：服务用鱼叉，分鱼或现场烹制鱼类食品时使用；切割用叉，为客人现场切割大块肉类食品时的专用工具；色拉服务叉，为客人分派色拉时使用。

（4）装盛用具：蔬菜斗，又称沙司斗；橘子模，用于加工鲜橘子汁和柠檬汁；盅，有果酱盅、蛋盅、盐盅、洗手盅、白脱盅、糖盅等。

（5）特殊菜品用具：蜗牛夹和叉，通心面夹，龙虾夹、钳和叉，坚果捏碎器等。

二、客用餐具

客用餐具主要指摆放在餐桌上供客人就餐时使用的各种器具。见图 3－2。

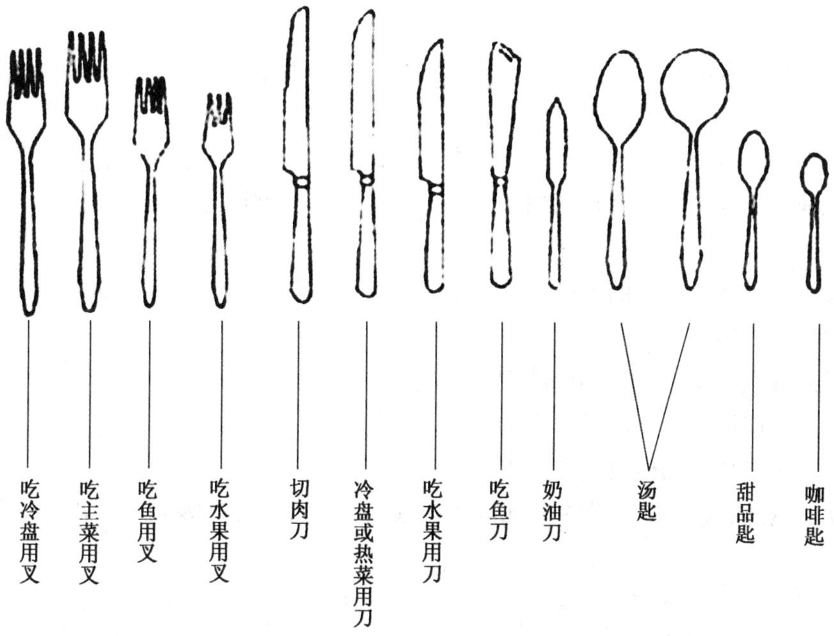

图 3－2　西餐客用常见餐具

1. 餐刀

餐刀按形状大小及用途可分为鱼刀、正餐刀（主菜刀）、黄油刀、甜品刀等。

鱼刀：是食用鱼类菜肴的专用餐具。

正餐刀：是西餐的主要餐具，主要是在食用主菜时使用。

黄油刀：其外观特点是体形较小，刀片与刀把不在同一水平线上。主要用于分挑黄油或果酱。

甜品刀：餐后食用甜品时的专用餐具。

2. 匙

按形状、大小、用途主要有：

冰激凌匙：食用冰激凌的专用餐具。

汤匙：西餐喝汤的专用餐具，其头部呈圆形。

汁匙：在服务色拉或主菜时，帮助客人浇汁的用具。

咖啡匙：饮用咖啡时的专用工具。

茶匙：饮用红茶时用于搅拌淡奶和糖的工具。

甜品匙：用来食用布丁等各种甜品。

3. 餐叉

按照大小、形状和用途的不同可以分为海鲜叉、鱼叉、正餐叉、龙虾叉、蜗牛叉、生蚝叉等几种。

海鲜叉：又叫小号叉，主要用于吃海鲜等菜品，也可用于吃小盘菜、点心、水果等。

正餐叉：是西餐的主要餐具，主要是在食用主菜时使用。也可作为分菜叉使用。

4. 杯

西餐特别讲究饮品与杯子的对应。根据不同的使用目的，西餐常用杯子主要可分为水杯，白兰地杯，香槟酒杯，红、白葡萄酒杯，甜酒杯，雪利酒杯等。

5. 盘

根据大小、形状、用途的不同，西餐餐盘可分为装饰盘、面包盘、黄油盘等。

三、餐桌服务用品

洗手盅：客人食用带壳食物后的洗手用具。

芥末盅：专门用来装调味品芥末的工具。

胡椒磨：用来现磨胡椒或花椒的工具。

其他常见的还有盐瓶、胡椒瓶、带盖黄油碟、酒瓶垫、油醋架等。

实训考核

一、考核内容

想起和爸爸妈妈第一次吃西餐的情形，壳壳就不由得想乐。

走进西餐厅，我们就被餐厅的布置所吸引。在餐厅的入口处，摆放着一盆盆盛开的鲜花，争奇斗艳；锃亮的大理石地面，能照出人的影子；四周的墙壁上，随意地点缀着几处壁画。柔和的灯光，优美的琴声，一切是那么的迷人。我好奇地问："这弹奏的是什么曲子?”“《致爱丽丝》吧?”妈妈道。

我们找了一处临窗的有吊椅的位置，刚坐下，马上有服务员走了过来。爸爸很绅士地拿起菜单点起菜来：“三份水果沙拉……法式面包……嗯，一听啤酒，一份牛排。”“牛排要几成熟的?”服务员小声地问道。“九成熟吧!”爸爸好像很内行。其实我知道，爸爸也是第一次吃西餐。我和妈妈对视了一下，偷偷地抿着嘴笑了。

服务员去了不久，很快又回来了。她从盘里拿来一包面巾纸、刀、叉等，又从盘里端下几份水果沙拉，面包。我尝了一下沙拉，味道很好；而面包色道也挺好的，焦黄焦黄的。爸爸拿起刀叉给我和妈妈切了一块，自己也切了一块，边吃边小声地嘀咕着：“嗯，味道还行，有点儿像我们家的油炸剩馍……”

又过了一会儿，服务员把我们的牛排送了过来。那牛排装在一个有木托的铁盘子里，旁边还有个鸡蛋，而蛋清蛋黄还不时的晃动，显然没有熟透，真不明白外国人是怎么吃的。正琢磨着，服务员又从盘里拎起一个小汤壶，她让爸爸用餐巾布遮一下牛排，然后往铁盘里注汤，“吱……”汤汁四溅，怪不得用木托托着铁盘，原来铁盘是高温的。嗨，这吃法真稀奇!

那牛排是很大的一块。我抡起刀叉想切下一块，可很不好切。爸爸说：“来，左手拿叉按住，右手用刀，这样……”我好不容易切下了一块，放到妈妈面前，妈妈看着我，开心地笑了。我又给爸爸和自己切了一块，吃到嘴里，很松软，很好吃。还别说，和妈妈做的红烧牛肉味道就是不一样。

以小组为单位，请用过西餐的组员介绍西餐进餐礼仪，各成员查找西餐相关的进餐礼仪或是向熟悉西餐的人请教，收集有关西餐进餐礼仪的相关资料，评析壳壳的用餐过程。

二、考核标准

考评小组		被考评小组	
考评地点			
考评内容	西餐进餐礼仪		
考评标准	内　容	分值（分）	实际得分（分）
资料收集	收集西餐餐饮相关文化的多种调查材料	10	
培训方案	系统了解西餐文化概括	10	
	餐具使用及注意事项	10	
	西餐菜肴及进餐顺序	5	
	西餐进餐手取食物、肉、鱼、汤等类别及注意事项	10	
	水果、甜点、酒、咖啡等食饮用事项	5	

续 表

考评标准	内　容	分值（分）	实际得分（分）
方案汇报	表达清晰流畅	5	
	主题鲜明、观点正确	10	
	内容全面、思维缜密	10	
	有自己的创新和特色	5	
团队精神	通力合作、分工合理、团结互助	10	
	发言积极，乐于与同学分享成果	10	
合　计		100	

项目二　法式西餐要求

课程导入

在美国电影《龙凤配》中有这么一幕，由奥黛丽·赫本饰演的萨布里娜，为了医治因失恋而受伤的心，去法国有名的烹饪学校学习。萨布里娜不仅在巴黎掌握了烹饪技术，而且也变得更加漂亮，回国时大家几乎认不出她了。那所烹饪学校就是被称为世界上最权威的法国烹饪学校，即法国蓝带厨艺学院。

但许多食客想和情人一起吃一餐美味的法式大餐还用担心外食的高热量，只是你吃对了吗？法国是酝酿浪漫与出产美女的国度。法国女性非常热忱地对待正餐，一般在下午2点之前摄入的热量占一天总量的60%，随后是一顿简单的晚餐。

“法国人饭前用一个小时来品尝开胃酒，就着一些橄榄和小饼干，当他们真正坐下来吃的时候，就没有那种强烈的饥饿感了。”而且在吃每一口食物的间隙，都要停顿无数次，进餐时那种轻松愉悦的气氛，以及对食品的品味和赞美，帮助他们轻松地保持身材，法国女孩子的食物都是小份的。典型的法国烘制的牛角面包重量都是30克多一点，而美国产的这种面包几乎有60克的分量，换句话说，法国女孩子的胃已经习惯了摄入少量的食物。

而在中国，人们经常一整天都在饿着自己，在晚饭的时候，却是吃得又好又饱。因为法国人午餐吃得很满足，因此不需要随时吃零食，这也帮助他们控制了体重。

一、法式西餐

（一）法餐渊源

法国的饮食文化非常悠久，从路易十四开始，法国的饮食便闻名世界，在法式宴会鼎盛时期，餐桌上一次可上200道菜。法国人最爱吃的菜是蜗牛和青蛙腿，最喜欢的食品是奶酪，最名贵的菜是鹅肝，家常菜是炸牛排外加土豆丝，此外，法国人还是世界饮酒冠军，尤其是喝葡萄酒。

法国是世界三大烹饪王国之一。闻名世界的法国料理，以精致豪华的高尚品味，风靡全球，法国人将吃视为人生一大乐事，他们认为：美食不仅是一种享受，更是一种艺术。16世纪时期的法国宫廷已有一套相当讲究的饮食文化，法国大革命后随着宫廷厨师的流落市井，宫廷料理开始在民间生根。

（二）法餐食材

法国料理十分重视“食材”取用，就地取材的特色使南北各地口味不一，因此到什么地方吃什么菜、什么时令吃什么菜就很重要。法国料理的精华在酱汁（SAUCE），使用酱汁佐料时以不破坏食材原味为前提，好的酱汁可提升食物本身的风味、口感。此外，法国菜也被喻为最能表现厨师内涵的料理，每一道菜对厨师而言，都是一项艺术的创作。

法餐肉食品种繁多，如蜗牛、青蛙腿、马肉和一般传统肉类；海鲜：生蚝，龙虾，螯虾，蜘蛛蟹及各种海贝；鱼类主要为海鱼，最走俏的有海魴、狼鱼、鳎鱼、大菱鲆及一些译不出名字的鱼，而吃熏大马哈鱼则为圣诞节传统之一；会打猎的人还讲究吃山鹬。肉类的做法大多为炖、烤和煎。最有代表性的吃法为煎牛排，分三种状态，第一为半生不熟，仅煎几秒钟便上桌，切开后仍血淋淋的，有人为此大快朵颐，而中国人则会望而生畏；第二种为带血状，比前者多煎十几秒；第三种为基本熟状。吃时完全视各人口味选其需要的状态。

法餐中有五花八门的各类调料，如黄油、牛奶、奶油、鸡蛋等，也能配成各式各样的口味，就看他如何选配及操作了。佐料基本上都是一些“草”，常用的有小葱、百里香、香芹、月桂等。现在，渐渐地也用一些外来的佐料，如咖喱和生姜等。

法餐中蔬菜品种绝没有中国的多，且大部分都生吃，其他都是西洋菜的模式：大而无味，也正好适应法餐的做法。大白菜、豆芽也开始慢慢流行开来。他们对蔬菜的做法同中餐正好相反，没有中间状态：不是生吃就是煮得烂烂的。生吃的有各种生菜、甜红萝卜、西红柿和黄瓜等。像煮得烂烂的就有菠菜泥或焖煮各种菜，连扁豆都煮得软软的。

甜食更是五花八门。做甜食的佐料无非也就是黄油、奶油、牛奶、面粉、鸡蛋再加上糖而已，如配上各式水果或巧克力或香草等就做成了式样不同的糕点。

（三）法国人饮食特点

法国人讲究吃，而且舍得花钱。法国人不爱吃无鳞鱼，也不爱吃辣味的菜肴。一般都乐于喝生水（自来水），不习惯喝开水。对晚餐较重视。爱喝葡萄酒、牛奶、红茶等。到酒店喝咖啡和吃水果和雪糕。爱吃牛肉、羊肉、鸡、鱼、虾、鸡蛋、各种烧肠子等。爱饮清汤，爱吃水果（特别爱吃菠萝）。归结起来：

（1）注重烹调火候，讲究菜肴的鲜嫩，强调菜肴的质量。

（2）口味：一般喜肥、浓、鲜、嫩，偏爱酸、甜、咸味。

（3）食品：主食为米饭或面粉，爱吃点心；副食爱吃肥嫩猪肉、羊肉、牛肉，喜食鱼、虾、鸡、鸡蛋及各种肠子和新鲜蔬菜，偶尔也愿品尝些新奇的食物，如蜗牛、蚯蚓、马兰等；喜用丁香、胡椒、香菜、大蒜、番茄汁等作调料。

（4）制法：对煎、炸、烧、烤、炒等烹调方法制作的菜肴有偏爱。

（5）酒水：对酒嗜好，尤其爱饮葡萄酒、玫瑰酒、香槟酒等，一般不能喝或不会喝酒的人也常喝些啤酒；通常他们惯用的饮料还有矿泉水、苏打水、橘子汁以及红茶或咖啡等。

（6）果品：法国人爱吃水果，尤其对菠萝格外偏爱，苹果、葡萄、猕猴桃等也是他们爱吃的品种，干果喜欢葡萄干、糖炒栗子等。

二、法式服务

（一）服务特点

法式服务又称餐车式服务。法式服务是现在所有餐厅服务方式中最烦琐、人工成本最高的一种，其主要特点是餐厅的每个服务台需要一名服务员和一名助手，法式服务的另一大特点是每道菜的最后加工，或简或繁，都必须在宾客餐桌边完成，而通常是在一架小扒车上进行加工，因而将法式服务简称为“车式服务”。传统的法式服务在西餐服务中是最豪华、最细致和最周密的服务。通常，法式服务用于法国餐厅，即扒房。法国餐厅装饰豪华和高雅，以欧洲宫殿式为特色，餐具常采用高质量的瓷器和银器，酒具常采用水晶杯。通常采用手推车或旁桌现场为顾客加热和调味菜肴及切割菜肴等服务。

在法式服务中，服务台的准备工作很重要。通常在营业前做好服务台的一切准备工作。法式服务注重服务程序和礼节礼貌，注重服务表演，注重吸引客人的注意力，服务周到，每位顾客都能得到充分的照顾。但是，法式服务节奏缓慢，需要较多的人力，用餐费用高。餐厅利用率和餐位周围率都比较低。传统的法式服务是一种最周到的服务方式，由两名服务员共同为一桌客人服务。其中一名为经验丰富的正服务员，另一名是助理服务员，也可称为服务员助手。由于这种服务方式有着明显的缺点，而且一般商业性餐厅都不易做到，因而没有流传下来，现在的所谓法式服务是法国酒店企业家里茨的创造，因而也称里茨式服务。

（二）服务标准

1. 法式服务摆台

（1）在距桌边约3cm处放一个底盘。

（2）在底盘上放置一条叠好的餐巾。

（3）餐叉置于底盘的左侧，叉柄末端紧靠桌边。

（4）汤匙放在靠近餐刀的右侧。

（5）黄油碟置于餐叉的左侧，碟上黄油刀一把，与餐刀平行。

（6）在底碟的正前端，放点心叉及点心匙。

（7）饮水用的玻璃杯（或酒杯）放在餐刀的上端。

2. 法式菜肴服务

（1）上汤。当客人点的汤制好后，服务员用银盘端进餐厅置于火炉上保温；端进来的汤要比需要量多些，剩下的可送回厨房，重新加热后供应给其他客人；汤盘应放在客人的底盘之上，其间放一块叠好的餐巾，汤是从银盆盛到汤盘里，然后用右手从客人的右侧端上。

（2）上主菜。法式服务中，主菜和其他菜的服务方式一样；色拉和主菜要同时端上，色拉用左手从客人左侧服务，放在黄油碟下。

（3）除了面包黄油及色拉外，其他所有菜肴要求服务员一律以右手从宾客的右边送上。

三、扒房的午、晚餐服务

扒房是五星级酒店必须要设有的一个餐厅，是全酒店最高档的餐厅，基本上要有一流的服务和最高级的食物。现在扒房普遍采用的是法式服务，服务一桌（基本上是两个客人）需要花2~3小时的时间。

（一）扒房菜单

扒房的菜单、酒单印制得十分讲究，常常使用革皮封面。菜单中应包括该扒房所经营餐式中的主要大菜和风味食品。扒房的酒水品种齐全，特别注重配齐世界各地所产的著名红、白葡萄酒和其他名牌酒品。

（1）扒房作为高级的西餐厅，菜单以法式大餐为核心，兼容意式、德式、俄式等特色服务。

（2）扒房的佐餐酒单、甜品单、商务套餐单分开印制，品种齐全，特别是佐餐菜单，应备有世界著名的红葡萄酒、白葡萄酒、桃红葡萄酒和香槟酒等。

（3）扒房菜单制作精美，通常以真皮封面装帧，体现扒房的档次和水准。

（4）扒房菜单、菜肴、酒水等价格一般较为昂贵，体现菜肴制作和服务质量的一流水准。

（5）扒房菜单的形式多样化，除固定菜单以外，还有附加菜单、特选菜单等。

（6）扒房菜单所包含的内容有：冷热头盆、汤类色拉、鱼类海鲜、扒类菜肴、甜品、时鲜水果等。

（二）服务流程

1. 预订

扒房因进餐节奏慢、就餐时间长，所以座位的周转率很低。宾客为了保证到餐厅就有座位，往往需要提前预订。扒房一般由领位员或餐厅预订部负责接受宾客的电话预订或面订。要求在电话铃响三声之内拿起电话听筒。

"××Western restaurant，can I help you?""××西餐厅，我可以为您服务吗?"

"How many people please?"（sir/miss）."请问宾客共有几位?"（用先生或小姐称呼）

"For what time? please（sir/madam）""订何日几时的座位?"

"May I have your name please?（sir/madam）""请问，是以何名字订的位子?"

重复宾客的预订，让宾客确认你所重复的是正确的，并道谢。"Thank you，sir/miss，good bye"。等宾客挂上电话后，预订员才可挂电话。将预订情况立即填写在预订簿上。预订登记表应一天占一页纸，以免弄混淆。

2. 餐厅台面布置

餐厅的台面应根据宾客预订要求摆台，按照预订登记表所记人数选定餐桌，在餐桌上放置留座卡。每个餐位按西餐正餐所要求的规格摆放餐具（见图3－3）。

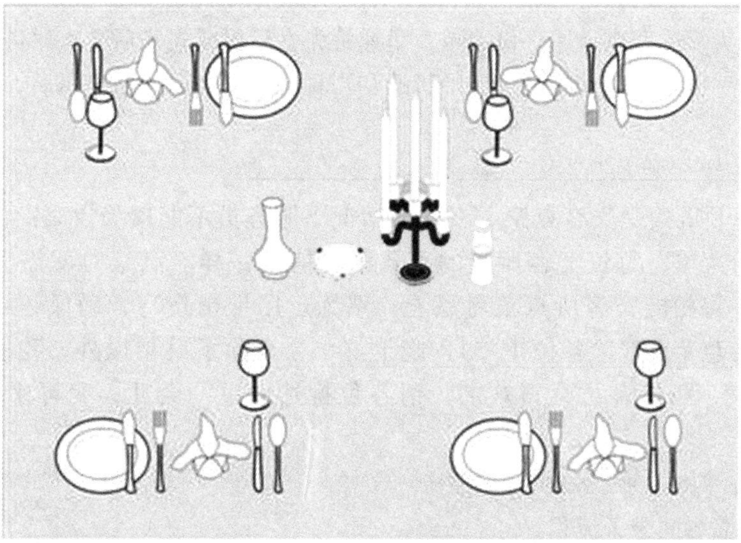

图3－3　西餐扒房摆台效果

3. 餐前会

开餐前半小时，每个服务员都要参加由餐厅经理或主管主持的餐前会。会上由经理宣布任务分工，介绍当日特别菜肴及其推销、服务，让员工了解当日客情，VIP接待注意事项，本餐厅典型事例的分析及处理，检查员工仪表仪容。服务员接受任务后，到各自岗位做好开餐准备工作。

4. 宾客进餐厅

餐厅领位员或经理在餐厅门口迎候宾客。见到宾客先问候 Good evening sir/madam. Do you havear e servationsir/madam? May Ihave your name please? 如果宾客没有预订，则说："How many peoplein your party?" 若宾客有预订，则说："This way please"。领位员或餐厅经理将宾客引领到预留的或适当的餐桌。

5. 就座

先为女士拉椅，将其安排在面朝餐厅的最佳位置。此时，该服务区域的服务员应上前招呼宾客，帮助其就座，并向宾客介绍开胃酒或鸡尾酒，记下每位宾客所点的酒水。

6. 开酒水订单

主动推销红、白葡萄酒："先生，红葡萄酒/白葡萄酒如配上您的牛排/海鲜，风味将会更好，请问需要一瓶吗?" 酒水订单一式三联，一联交收款台以备结账，二联到吧台取酒水，第三联自留备查。在一桌有很多宾客的情况下，往往需要在草稿纸上画出餐位示意图，按图用缩写或符号记下宾客要求，以防止上错酒水。

7. 上酒水

开单后，应尽快将酒水送到客人桌上。没有点酒的宾客应为其倒上冰水。服务鸡尾酒时，应用托盘送上，并报出名称。

8. 递菜单

扒房领班为每位宾客呈递一份菜单，呈递按先女后男或先宾后主次序进行。呈递时要打开菜单的第一页，同时介绍当日厨师特选和当日特殊套菜。然后略退后，给宾客以看菜单的时间。

9. 接受点菜

扒房是由领班接受宾客点菜，在一般情况下服务员不能接受点菜。因西餐是分食制，人守一份菜单，每位宾客所点的菜式都可能不一样。点菜时就需事先在草稿纸座位示意图上将相应宾客所点菜名写上。熟练运用推销技巧，确保记录无误。向客人介绍当日特色菜点："各位中午好/晚上好，今天除了菜单以外，我们的厨师还备有几种特色菜，相信各位会喜欢的，请各位挑选，过一会儿，我再来为各位点菜，谢谢。"

10. 上菜，斟酒，换烟缸与餐间服务

见有关西餐餐间服务流程。

11. 客人用餐完毕

铺上配套的甜品银餐具，上甜品时轻声重复其名称，甜品完毕后，上咖啡、茶并跟上糖、奶。推酒车到餐台前推销各色餐后酒。结账，送客，收台同于西餐结束程序。

（三）注意事项

（1）给客人面包时须用服务叉放入客人面包盘内，使用敬语"请"。

（2）现场分切牛羊排，应用两名服务员操作，将切好肉片，装盘并盖上银盖上桌后跟上沙司。

（3）将奶酪盘向客人展示，请宾客挑选后，切成三角形片，配以水果或蔬菜或饼干上桌。

（4）客人用完餐后，可向客人报雪茄烟，将客人选定的雪茄烟，取下包装纸，用烟剪将烟嘴部剪开一小口，用蜡烛火点燃后，再将烟嘴轻轻沾上白兰地酒，递送客人，烟嘴部朝向客人。

（5）示酒，开瓶，斟酒等服务按斟酒操作流程执行。

（6）当客人进餐到约1/2时，主管或领班主动上前，向客人征求对食品质量和服务质量的意见："请问几位先生，今天的菜还合口味吗？服务还有什么要改进吗？"

知识链接

扒房（Grill Room）是酒店为体现自己餐饮菜肴与服务水准，满足部分高消费宾客的需求，增加经济收入而开设的高级西餐厅，它是豪华大酒店的象征。以供应法式大餐为主，多采用法式服务。

扒房布置要求高雅、富丽、神秘并具有独特风格，一般的设计主题以欧洲文化艺术为背景。扒房的色彩多以暖色为基调。地毯、餐椅、墙壁要求色调协调。灯光较暗淡，吸顶灯、吊灯、壁灯亮度均能调节，形成一种浪漫、典雅的气氛。如恺撒皇宫西餐厅、莫扎特餐厅、Margaux 欧陆西餐厅、得克萨斯美式扒房等。它们都以扒房的主体色调、灯光与灯饰，家具陈设，展台橱窗装饰，餐具用品，各式服务车以及花草布置装饰等充分体现欧式的尊贵与典雅。

在扒房入口处或中央设置的展示台，是用水果、蔬菜、酒品、服务器具等精心设计装饰而成。其目的是为了突出餐厅的特色和主题。

扒房所使用的餐具、服务器具既高档又专业化。如银质或镀银的餐叉、餐刀，水晶杯，贵重的烹制车，酒车，甜品车，手推车，精致的瓷器等。

扒房的家具也较豪华，如羊皮扶手沙发，精制方形或长方形餐桌，法兰绒桌垫，全棉桌布，等等。

扒房服务员以男性为主，着紧身西装，配戴领结，或穿燕尾服配戴领结。女领位员一般着西式拖地长裙，长裙以黑、红等深色为多。所有服务员能熟练地用英语会话，有些扒房还要求服务员懂法语。

扒房的菜单、酒单印制得十分讲究，常常使用革皮封面。菜单中应包括该扒房所经营餐式（如法式、意式、俄式西餐）中的主要大菜和风味食品。扒房的酒水品种齐全。特别注重配齐世界各地所产的著名红、白葡萄酒和其他名牌酒品。

实训考核

一、考核内容

电影《泰坦尼克号（TITANIC)》豪华的船舱法式餐厅让众多的人魂萦梦绕，想必那餐桌上的熠熠生辉、金光闪闪的刀叉让你记忆犹新，初一看真能吓一跳：盘子的两边左右各摆 3 ~4 副刀叉，杯子有大中小三号。那吃海鲜的场面更是热闹，有各式各样的工具，让你在场的话要是不大干一场都觉得对不起它们……那种场面，那种气派，那种奢望，深度地诱惑着每位观众，我想这也是泰坦尼克这部大片能够赚足眼球的原因之一吧。

以小组为单位，讨论法式西餐服务的具体要求与操作规范，按照法式西餐服务要求轮流进行角色扮演。

二、考核标准

考评小组		被考评小组	
考评地点			
考评内容	法式西餐服务		
考评标准	内　容	分值（分）	实际得分（分）
资料收集	收集西餐扒房服务的相关信息资料	10	
餐前餐中餐后服务	法式西餐服务所需要的礼仪及相关知识	10	
	电话预订及处理	10	
	迎宾就座	5	
	餐中服务	10	
	餐后服务	5	
方案汇报	表达清晰流畅	5	
	主题鲜明、观点正确	10	
	内容全面、思维缜密	10	
	有自己的创新和特色	5	
团队精神	通力合作、分工合理、团结互助	10	
	发言积极，乐于与同学分享成果	10	
合　计		100	

项目三　美式西餐要求

课程导入

源自美国的卡布奇诺西餐厅，以促进中西文化交流融合为己任，秉承美国文化开放充分吸收中国亲情。卡布奇诺西餐厅以经营美式西餐为主，并配有意大利比萨，意大利面，各种咖啡、饮品和精美甜品，菜品风格突出“健康时尚”特色，体现科学饮食结构。

同时为了体现卡布奇诺以市场为主导，以顾客至上为生存发展的经营理念，公司承接各种西式冷餐会、自助餐、西式婚宴、生日宴会、商务娱乐聚会，提供欢乐时光下午茶、风情晚酒吧服务，免费外送比萨服务（三公里以内）。

卡布奇诺创立至今曾被权威组织评选为“郑州餐饮十佳品牌”“郑州十佳圣诞去处”“郑州十佳厨房”等荣誉称号。卡布奇诺正在以品牌为依托，以保证菜品和服务质量为经营发展根本，强力打造郑州西餐行业的领跑者。

一、美式西餐基础

（一）美式餐饮

受到早期移民的影响，传统美国菜的特色是“粗扩实在”，食用新鲜的原材料，不添加剂、调味剂，食物保持原汁原味，烹调的过程不拖泥带水，无论是烤、煎、炸都没有很复杂的做工，也不讲究细火慢炖，没有太多的花哨装饰。美国食物的主要结构是一二三四制，即一是牛肉，二是鸡、鱼，三是猪、羊、虾，四是面包、马铃薯、玉米、蔬菜。

美国式饮食不讲究精细，追求快捷方便，也不奢华，比较大众化。一日三餐都比较随便。早餐以面包、牛奶、鸡蛋、果汁、麦片、咖啡、香肠等为主。午餐一般在工作地点用快餐，一般有三明治、水果、咖啡、汉堡包、热狗等。晚餐是正餐，比较丰盛，有一两道菜，如牛排、猪排、烤肉、炸鸡等，配面包、黄油、青菜、水果、点心等。也有不少人上餐馆用晚餐。

美国人的口味比较清淡，喜欢吃生冷食品，如凉拌菜、嫩肉排等，热汤也不烫。菜肴的味道一般是咸中带点甜。煎、炸、炒、烤为主要烹调方式，不用红烧、蒸等方式。以肉、鱼、蔬菜为主食，面包、面条、米饭是副食。甜食有蛋糕、家常小馅饼、冰淇淋等。他们喜欢吃青豆、菜心、豆苗、刀豆、蘑菇等蔬菜。所用肉类都先剔除骨头，鱼去头尾和骨刺，虾蟹去壳。

（二）美式餐饮特点

美国是典型的移民国家，由于其中英国移民较多，美国菜基本是在英国菜的基础上发展起来的。另外，由于美国的历史短，在生活习惯上不墨守成规，善于利用当地丰富的农牧产品，并结合欧洲其他移民和当地印第安人和生活习惯，形成了独特的美国餐饮文化。典型的美国菜有：华道夫沙拉、烤火鸡配苹果、菠萝火腿扒、苹果派等。

1. 喜欢用水果做菜

由于美国盛产水果，所以用水果做菜比较普遍，而且用量也较大，在口味上有咸里带甜的特点。

2. 注重营养

美国人的饮食首先重的是营养，其次才是菜肴的味、香、色，所以不同人群的营养配餐，在美国非常普及。发展到现在，美国在饮食上更流行低脂肪、低胆固醇的菜肴，甚至出现了一部分“素食主义者”。

3. 开创了火鸡菜肴

火鸡本是北美南部的野生动物，美国人逐渐把它作为在感恩节、圣诞节等重大节日食用的必备菜肴，并影响了整个西方世界。

（三）美式西餐礼仪

相对于传统西餐的烦琐礼仪，美式西餐简单多了。餐台上并没有多少刀叉盘碟，仅放着最基本的刀叉勺子各一把。只有在非常正式的宴会或家庭宴客时，才会有较多的规矩和程序。在餐馆用餐，通常由男方负责点菜和付账。美国人宴客，是由女主人或男主人先拿起餐具进食，客人才跟着动餐具。如果你不喜欢递过来的菜肴时，只要说“No，thankyou”即可。咀嚼食物，一定要避免出声。用过的刀、叉，必须放回盘子里，不能放在餐巾上。吃完主菜，把刀和叉平行地斜放在主菜盘上，是向主人或侍者表示可以把主菜餐盘拿走了。餐位的安排原则上男主宾坐在女主人右边，女主宾坐在男主人右边，而且多半是男女相间而坐，夫妇不坐在一起，以免各自聊家常话而忽略与其他宾客间的交谈。

二、美式服务

美式服务也叫“盘式”服务，是美国很多餐馆的服务特色，其食物都是在厨房内装好盘，然后放在顾客的前面。它要求服务员必须有技巧地端拿盘子而不至于弄乱盘上的菜肴。至于端拿盘子的方法则依盛餐盘的数目而定。专业的美式服务中，一次不可端拿超过四个盘子。业界最常使用的专业方式是两个或三个盘子的持拿。这牵涉左手持拿两个或三个盘子，而右手则不持物品或用来持拿另一个盘子，因此一次可以持拿三或四个盘子。在替客人收拾盘子时，仍必须用到相同的持盘技巧。所有专业服务人员必须在端盘及收拾方面相当熟练。

（一）美式服务基本要求

1. 餐桌布置

（1）美式餐桌桌面通常铺层毛毯或橡皮桌垫，借以防止发出餐具与桌面碰撞的响声。

（2）在桌垫再铺一条桌巾，桌巾边缘从桌边垂下约30厘米，刚好在座椅上面。有些餐厅还在桌布上以对角方式另铺一条小餐桌布，当客人餐毕离去更换白布时，仅更换上面的小桌布即可。

（3）每两位客人应摆糖盅、盐瓶、胡椒瓶及烟灰缸各一个，若安排六席次时，则每两三人一套即可。

（4）将叠好的餐巾置于餐桌座位的正中央，其末端距桌缘约1厘米。

（5）餐巾左侧放置餐叉两把，叉齿向上，叉柄距桌缘约1厘米。

（6）餐刀、奶油刀各一把及汤匙两个，均置于餐巾右侧，刀口向左侧，依餐刀、奶油刀、汤匙的顺序排列，距桌缘约1cm。

（7）奶油刀有时可置于面包碟上端使之与桌边平行。

（8）玻璃杯杯口朝下，置于餐刀刀尖右前方。

（9）服务员应检查餐桌的位置是否合适，摆放是否平稳，桌面是否清洁，注意桌布应平整无褶等。

2. 摆台

摆台包括餐具、玻璃杯和餐布等的摆放。每个客人用餐所需的刀、叉、杯、盘应安排在大约40cm×60cm的面积范围内；餐具、餐盘和餐巾应放在离桌边大约2.5厘米处，总体上应给人以整洁、美观的感觉。具体有下述要求。

（1）餐巾。餐巾摆放的位置比较灵活，可放在最后一个餐叉的左侧，或者折成特殊形状放在整套餐具的中央部位。餐巾的开口应在左边，便于客人拿起和展开。

（2）餐具布置。所有餐具都应整齐地按照先后次序摆在朝向中央底盘的地方，餐具与桌子边缘的距离约是5厘米。

（3）杯的位置。玻璃杯的放置依次为：水杯放在摆好的餐刀的右前方，咖啡杯或茶杯放在水杯的右方，或者放在汤匙的右方，杯柄朝右下方；葡萄酒杯放在杯的左侧。美式服务中水杯通常倒立在桌上，倒水前才正立过来。

（4）黄油碟。黄油碟放于餐叉的叉齿上端约2.5厘米位置；黄油刀可以置于黄油碟上，靠近上端与桌边平行；沙拉碟或碗放在略低于黄油碟的左侧。

（5）餐桌用品和调味品。餐桌用品包括烟灰缸、火柴、菜单架、花、吸管、蜡烛；调味品包括盐、胡椒、糖、瓶装酱汁、油、醋等。服务员必须检查它们是否齐全、干净。

（二）美式服务原则和标准程序

1. 服务原则

传统的美式服务，上菜时服务员在客人左侧，用左手从客人左边送上菜肴，从客人右侧撤掉用过的餐盘和餐具，从顾客的右侧斟倒饮料、酒水。

目前，许多餐厅的美式服务上菜服务从顾客的右边，用右手，顺时针进行。在送下一道菜之前，必须先撤掉用过的餐具和杯子。如客人坐在墙角处或小房间里，以上原则可灵活变动。在美式服务中，菜肴由厨师在厨房中烹制好，装好盘。餐厅服务员用托盘将菜肴从厨房运送到餐厅的服务桌上。热菜要盖上盖子，并且在顾客面前打开盘盖。

2. 服务标准程序

（1）安置客人入席。当客人进入餐厅时，服务员领客人入席，并撤走多余餐具，然后将菜单递给客人，把玻璃杯正立后，用右手从客人的右侧倒满冰水。接下来询问客人喜欢何种餐前饮料，在客人研究菜单并考虑点菜时，服务员到酒吧取饮料。

（2）点菜。服务员取回饮料后，从客人右侧供应，然后请客人点菜并作记录，如果客人示意不再需要饮料，服务员就把客人所点的菜肴通知厨房准备。

（3）端菜。用托盘先上汤或开胃品（通常有沙拉），客人的餐前酒杯要从客人的右侧取走。要注意除非客人有吩咐，否则在客人饮酒时千万不要急于端出汤或开胃品，盘碟应从客人的右侧撤走，然后从客人左侧供应主菜，并从客人的左侧再度供应面包及黄油。假如客人需要咖啡，服务员要从客人的右侧供应。倒咖啡时要防止咖啡溅出。

（4）上甜点。当客人用完主菜或表示不再需要其他服务时，服务员递上甜点菜单，随后用右手从客人的右侧收拾主菜盘碟，再从客人的右侧供应冰水并清除桌上的面包屑，记下客人所点的甜点。然后，用托盘端出点心，并从客人的右侧供应。

（三）美式服务的特点及注意事项

1. 服务特点

美式服务是简单和快捷的服务方式，服务不必像法式那么刻意考究，因此餐厅服务员只要受到短期的训练与实习即可胜任，熟练的餐厅服务员一名可同时服务数张餐台。美式服务简单，速度快，餐具和人工成本都比较低，空间利用率及餐位周转达率都比较高。美式服务是西餐零点和西餐宴会理想的服务方式，广泛用于咖啡厅和西餐宴会厅。

2. 注意事项

（1）上菜时，除饮料以右手自客人右后方供应外，其余均以左手由客人左后方供应。

（2）收拾餐具与桌面盘碟时，一律由客人右侧收拾。

（3）当客人进入餐厅，即引导入座，并将水杯杯口朝上摆好。

（4）将冰水倒入杯中，以右手自客人右侧方倒冰水。

（5）递上菜单，并请示客人是否需要饭前酒。

（6）接受点菜，并须逐项复诵一遍，确定无误再致谢离去。

（7）所有汤或菜肴，均须用托盘从厨房端出，从客人左后方供食。

（8）若客人点叫前菜，则前菜叉须事前摆在餐桌，或是随前菜一并端送出来，将它放在前菜底盘右侧。

（9）客人吃完主菜时，应注意客人是否还需要其他服务，并递上甜点菜单，记下客人所点的甜点及饮料。送上甜点之后，再送上咖啡或红茶。

（10）准备结账，将账单准备妥当，并查验是否有错误，若无错误，再将账单面朝下置于客人左侧的桌缘。

知识链接

美国土地广阔、资源丰富，在这里生活着来自全世界各个国家的移民，这么庞大的外来民族移民在美国成家立业、落地生根，所以美国餐饮风格的形成也就是个“大熔炉”。说到美国餐馆及其食物，一般人的印象都是 KFC、Mcdonald、Pizza hut 等。另外还有：

（1）Burger King：专卖汉堡，牛肉层比麦当劳的厚，不过有人认为味道不如麦当劳，你要来亲自试试才知道。值得一提的是，Burger King 的早餐中有个叫 croissantwich 的，味道非常可口。

（2）Taco Bell：典型的墨西哥餐饮风格，在美国非常闻名，很多人爱吃。不过品味不一定适合中国人。

（3）Arby：专营汉堡。比麦当劳、burger king 稍贵，但味道独特，不妨一试。

（4）Wendys：专营汉堡。跟麦当劳差不多。

（5）Subway：专卖 sandwich。以清洁著称，味道也很好。

除了上述快餐外，美国餐馆食物很杂，较为普遍的是墨西哥食品、中国饮食、印度饮食，其次是意大利餐饮、日本料理等，其中墨西哥饮食为大部分人热衷，而且档次也逐渐在提高。中餐馆受欢迎程度较为普遍，而日本料理一贯以它的贵和精致始终稳居高档次的地位。

如果你是到美国餐馆用餐，那么应该注意如下事项：

（1）选择合适的餐馆（如家庭式餐馆、特色餐馆及自助式餐馆等）；

（2）餐馆营业时间（上午 11：30 开门营业，直到夜晚）；

（3）一般都应事先预订餐位；

（4）到达餐馆后，不能径直地到餐桌旁入桌，除非餐厅有“随意就座”的告示；

（5）付款时，别忘了留给服务员一定比例的小费（一般为实际总额的 10% ~15%）。

实训考核

一、考核内容

某大学宿舍，室友们正筹划着准备吃顿美式西餐开开洋荤，可大伙众说纷纭。

甲说：要吃美式西餐就去肯德基、麦当劳即可，没那么费事的还用商量；

乙说：不是所有西餐都是在柔和的烛光和抒情的音乐中拘谨地进行，据说美式西餐厅就能感受到食物带来的美式粗犷。

丙说：美式西餐就是各种西餐的大综合，吃了美式西餐就领略到所有西餐的精髓了；

丁说：我老爸说他吃美式西餐后总结出了美国餐饮的特点，一是生，牛排带血丝，二是冷，凡是饮料都加冰块；三是甜，这些没有一样是我想吃的。

美式西餐不一定就是快餐，西餐厅蔡经理说："美国人吃饭注重的是营养，而不是口味，美式西餐调味较其他西餐浓烈，并且喜欢用烤、焗的烹调方式，快速简洁是它的一大特色。"

以小组为单位，讨论美式西餐服务具体要求及操作规范，按照美式西餐服务要求轮流进行角色扮演。

二、考核标准

考评小组		被考评小组	
考评地点			
考评内容	美式服务要求		
考评标准	内　容	分值（分）	实际得分（分）
资料收集	收集美式西餐相关的信息资料	10	
解说方案	调研美式西餐市场需求	10	
	美国餐饮风格	10	
	美式西餐服务特点	5	
	美式西餐服务流程	10	
	解说方案文字、图片等设计精美	5	
方案汇报	表达清晰流畅	5	
	主题鲜明、观点正确	10	
	内容全面、思维缜密	10	
	有自己的创新和特色	5	
团队精神	通力合作、分工合理、团结互助	10	
	发言积极，乐于与同学分享成果	10	
合　计		100	

项目四　俄式西餐要求

课程导入

绕过北京展览馆前的广场，北京动物园东侧的那条马路格外清静、闲适。顺着栅栏走上约两分钟，莫斯科餐厅就出现在眼前。

正门入口处，“莫斯科餐厅”几个字的两边各书着“1954”。“老莫”体现的绝对是俄罗斯特色。不仅建筑风格是俄式的，室内装饰也是俄式的。大厅墨色的柱子上雕刻着各色动植物花纹，天花板上装饰的雪花图案让人联想到俄罗斯北方多雪的冬天。前方墙壁的两侧，持枪的猎人和小鹿雕塑则使人联想起南俄大草原的狩猎生活。连天花板上的吊灯，都是苏联时期购进的正宗俄式灯具。

在“老莫”，耳畔响起的如果不是《莫斯科郊外的晚上》、《喀秋莎》、《红梅花儿开》，就一定是柴科夫斯基的《船歌六月》或者《悲怆》。

大宴会厅前方的墙壁上，正中央是俄国著名画家列维坦的《深渊旁》。这位生命如流星一样短暂璀璨的画家，却用画笔描述了一个永恒的俄罗斯的古老民间传说。而他的一幅描述春天的《三月》则悬挂在圣彼得堡厅。一春一秋，相得益彰。当然，能够有资格挂在“老莫”的，还有其他著名的俄国画家的作品，比如库茵芝的《白桦林》。难能可贵的是，这些令人难忘的作品，都出自北京展览馆工作人员之手。虽然不如原作珍贵，却体现出中国人对俄罗斯文化的情有独钟。

随手翻开餐厅里摆放的《莫斯科餐厅有奖征文选编》，里面讲述的是一代代中国人在“老莫”发生的故事：恋人相识、结婚纪念、儿女周岁、父母寿诞、同学欢聚……蓦然回首，历久弥新，“老莫”情结跃然纸上。今天，这里仍然吸引着无数年轻人好奇的眼光。“老莫”固然是俄罗斯文化的象征，但谁又能说，它不是我国文化中一段独特的内容？

一、俄式西餐

（一）俄罗斯饮食特点

俄罗斯横跨欧亚大陆，地域广阔，人口大部分居住在欧洲。到了近代，在饮食文化方面，俄罗斯贵族比较崇尚法国，所以俄国菜受法国菜影响较大，同时也吸收了意大利、奥地利、匈牙利等国菜式的特点。

俄罗斯人的主食以黑麦、小麦等面粉制成的面包、各种麦子煮成的粥尤其是荞麦粥为主，以肉、鱼、禽、蛋和蔬菜为副食。爱吃带酸味的食品，面包、牛奶甚至菜汤都要吃酸的。喜食冷菜，在进午餐时，必须有冷盘，凉菜的种类很多，如红黑鱼子、各种香肠、火腿、红鱼、咸鱼、酸蘑菇等。爱喝酒，特别爱喝烈性酒，其中最爱喝伏特加。一般会喝酒的人酒量都很大。也爱喝红茶，茶里一般放柠檬片和糖。喝茶时吃果酱、面包、黄油、点心等。还喜欢喝一种叫“格瓦斯”的饮料。典型的俄国菜有鱼子酱、红菜汤、黄油鸡卷、罐焖牛肉、莫斯科烤鱼等。

1. 传统菜油性较大

由于俄罗斯大部分地区比较寒冷，人们需要较多的热能，所以传统的俄国菜油性较大，许多菜做完后要浇上少量黄油，部分汤菜上面也有浮油。随着社会的进步，人们的生活方式也在改变，到了20世纪六七十年代后，俄国菜也逐渐趋于清淡。

2. 口味浓厚

俄国菜的口味比较浓厚，酸、甜、咸、微辣各味俱全，喜欢用酸奶油调味，并喜欢生吃大蒜、葱头。

3. 讲究冷小吃

俄国菜讲究冷小吃，常见的有酸黄瓜、酸白菜、腌青鱼、鱼子酱等，口味酸、咸爽口，其中鱼子酱颇负盛名。

(二) 餐饮礼仪

俄罗斯捧出“面包和盐”来迎接客人，是向客人表示最高的敬意和最热烈的欢迎。

吃饭时不用碗而用盘子，盛汤用深盘。左手持叉、右手持勺或刀子。如果只用叉子，可用右手。吃饭时不许刀叉乱响，也不许嚼出声来。汤剩不多时，左手向外抬起盘子，右手用勺子向外盛汤而不是向里。喝茶时，茶勺用完后应放在茶碟上，不能把勺留在茶杯里喝茶。俄罗斯人多数爱吃鱼、虾、羊肉、羊肉串、羊肉汤、烤羊肉、炸羊排、炸羊肠、牛肉、牛排、红烧牛肉，不太爱吃猪肉。爱吃烤鸡、油炸马铃薯，也喜欢吃中国的糖醋鱼和北京烤鸭。蔬菜有黄瓜、西红柿、土豆、萝卜、生菜、洋葱等。喜欢吃焖、煮、烩的菜，炸、烤也可。喜欢食酸、甜、咸和微辣食品，但不吃某些海味（墨鱼、海蜇、海参）和木耳。

俄罗斯人一般对早餐和午餐比较重视，晚餐则较为简单。参加宴请时，宜对其菜肴加以称道，并且尽量多吃一些，俄罗斯人将手放在喉部，一般表示已经吃饱。

二、俄式服务环节及标准

俄式服务起源于俄罗斯的贵族与沙皇宫廷之中。这种服务方式是世界上较好的酒店和旅馆中最受欢迎的餐厅服务之一，成了目前世界上所有高级餐厅中最流行的服务方式，俄式服务也被称为国际式服务。它在许多方面和法式相似，十分讲究礼节，风格雅致，客人获得周到的服务。但服务方式则有所不同，一是俄式服务只需一名男服务员上菜服务；二是全部菜肴都是在厨房中完全准备好，并预先切好，由厨师整整齐齐地放在银质大浅盘中，由服务员把盘端到餐厅，再从盘中送给客人，因而，该服务又被称之为餐盘服务。俄式服务主要用于高档的西餐宴会用餐。

（一）俄式服务主要环节

1. 分发餐盘

服务员先用右手从客人右侧送上相应的空盘，如开胃菜盘、主菜盘、甜菜盘等。注意冷菜上冷盘，即未加热的餐盘，热菜上热盘，即加过温的餐盘，以便保持食物的温度。上空盘依照顺时针方向操作。

2. 运送菜肴

菜肴在厨房全部制熟，每桌的每一道菜肴放在一个大浅盘中，然后服务员从厨房中将装好的菜肴大银盘用肩上托的方法送到顾客餐桌旁，热菜盖上盖子，站立于客人餐桌旁。

3. 分发菜肴

服务员用左手胸前托盘的方法，用右手操作服务叉和服务匙从客人的左侧分菜。分菜时以逆时针方向进行。斟酒、斟饮料和撤盘都在客人右侧进行。

（二）俄式服务标准

（1）在俄式服务中，食物全部在厨房准备好，并被整齐地摆在大银盘里。

（2）由服务员把大银盘端进餐厅，从主人左边开始，逆时针方向为客人服务。

（3）银盘中剩余食品退回厨房。

（4）盘子摆好之后，服务员再回到服务台，用左手端起盛汤菜的大银盘，用右手从客人的左边给客人分菜。

（5）摆空盘子时，服务员从客人右侧按顺时针方向沿桌子进行服务；用银盘上菜时，要从左侧按逆时针方向进行。

（6）在食品送上之前，把餐盘呈现于用餐者之前。这是一个很有礼貌的举动，它给客人传递了一个厨师正在餐盘上安排菜肴的信息。如果食物造型设计精心且色泽美观，则更能刺激客人的食欲。

（7）在食品服务过程中，服务员对食物的量要注意掌握，要留有一些余地，如果能多给客人一些他想要的菜，是会使客人高兴的。所有未从大餐盘中分出客人的食品应直接送回厨房。

三、俄式服务步骤

（一）俄式服务所需技术

（1）每一餐桌的盘子，由厨房供应，且经过装饰，每一道菜有主菜、蔬菜及淀粉类分用的盘子，被送达到每一个餐桌，每一个餐桌都有一名专门服务员服务。

（2）调味料被放置在鹅状或船状的调味盅中且分别放置在餐桌周边。

（3）服务汤匙或叉子应在分食物时送到客人的盘子上，每一道餐点或盘子都有不同的用具。

（4）收盘子由顾客的右手边来进行，依顺时针方向绕着桌子来收拾。

（5）送冷、热食物需注意送达时的温度，要用容器来帮助其保温。

（6）上菜时，盘子由厨房快速地送置餐桌。

（7）服务须由主人右手边的女士先开始。或是餐桌上最年长的女士，然后才是男士。服务员服务餐桌，须绕桌两次，儿童的服务与女士相同。

（二）俄式服务的步骤

（1）使用干净的叉子和汤匙，再配合每一个盘子，马铃薯和青菜需放在不同的容器里，两个汤匙不能一起使用，一个器皿从不单独使用，而两个叉子是可以一起使用的。

（2）餐盘放置在前臂的轴心沿着手臂的长度盘子延伸到肘部的关节及平衡于手掌左右。

（3）服务女士优先，男士次之，轻声地站在所要服务女士的后面，先缓缓地前进服务，再走出来。在两位客人之间服务，脚步左脚先入，放餐点于两位客人中间，再推向主要的客人面前。

（4）收拾之后，很谦卑地退出来，身体和脚保持直线。

（5）收拾客人的餐盘，姿势要正确，用调味料要小心，避免溅到客人的身体或衣服上。

（6）不要在客人的盘子上留空，收盘子时如果握盘握太高的话，那很容易溅到客人身体或衣服上，所以服务时，最好保持3cm的高度，这是非常难的，须经常学习。

（7）左手拿托盘，收盘子时，以右手收，放置左手的托盘上。

（8）手持托盘时，以手掌朝上托住托盘。

（9）以右手食指控制刀的方向，手掌握住刀柄。刀子应放在汤匙的旁边，基本的餐具应放在客人易于拿到的位置。

（10）使用钳子上升或下降，用你的拇指与食指，移动靠中指，拿起或放下。

（11）使用容器的要点：使用大汤匙去服务每个客人，把菜分到每个客人的餐盘上。

（12）使用刀子时，刀锋朝左面，使用刀背固定食物。

（三）俄式服务注意事项

（1）在大盘中用汤匙或叉子分送食物。

（2）服务员从左侧服务。

（3）由左前臂及手掌去支撑托盘。

（4）服务员环绕餐桌逆时针方向移动。

（5）不同的调味料，使用不同的服务汤匙。

（6）每一道菜服务用的器具要加以区别。

知识链接

馅饼，在俄餐中有着不可忽视的地位。每逢重要节日、新年、洗礼、生日、命名日、婚礼以及葬礼，馅饼作为一道重要的菜肴，都是必不可少的。俄式馅饼有着“太阳”、“伟大节日”、“丰收”、“孩子健康”和“婚姻幸福”等多种含义，俄国古谚语中说道：俄国人的一生都伴随着馅饼。

在俄罗斯，馅饼不仅制作方法多样，更有在馅饼用料、形状等多方面的差异。俄式馅饼属于酵母发酵类馅饼，并依据使用原料的不同，将馅饼分为：黄米类、荞麦米类和面类馅饼。俄式馅饼的形状有很多种，除了常见的圆形馅饼外还有三角形、正方形、长方形、比萨式露馅形、半露馅形、封闭形，等等。

馅饼的命名也很有趣，如：以人名命名的有“古里耶夫斯基饼”；以用途命名的有“婚礼馅饼”；还有以馅心命名的“卷心菜大馅饼”“果酱大馅饼”“奶渣饼”……多数薄煎饼在食用时配以蜂蜜、草莓甜酱等，还有的馅饼可配西红柿、黄瓜一起食用。

在饮用伏特加或馈赠亲友时，馅饼都是理想的佐餐食品或礼物。当家中的小孩吵架时，妈妈就做一个大馅饼让大家分吃，这意味着“和好如初”。

俄罗斯还有一种馅饼名为“婚礼馅饼”，它有着非常有趣的制作方法，并代表了一个特殊的俄罗斯风俗。当一对俄罗斯青年准备结婚时，在婚礼当天除了要制作各种佳肴宴请宾客外，男女双方还要做一种传统的馅饼——由薄煎饼加几种馅层层垒叠而成。而最特别的是这种馅饼的盖。在制作馅饼盖时，夫妻两家制作的花纹会有所不同：丈夫家的馅饼花纹要制成小人形，表示“人丁兴旺”，而妻子一方的花纹要以鲜花为主，象征美丽、忠诚。瞧，看似简单的馅饼却饱含了深深的祝福……

欧洲人视鱼子酱为上等美食，其中又以俄罗斯产的为上品。鱼子酱有灰（明太鱼）、红（鲑鱼）和黑（鲟鱼）三种。灰的口味重，红的太腥，黑的最妙。从路易十四时代起，法国宫廷里的各种时髦事物就受到俄罗斯贵族们的追捧，食物也一样。法国上流社会吃鱼子酱最早是从伊朗皇帝那里学来，并且仅限于男性食用。

俄国贵族知道后，不禁都露出惊讶的神色，继而骄傲地宣称：“鱼子酱在俄罗斯本是十分寻常的，人们甚至可以在寻常百姓的餐桌上找到。”这一来，大家都知道了鲟鱼每年两次游到伏尔加河产卵的事，俄国人也知道了，原来那平时被他们忽略的黑色鱼卵竟然是那样的一件好东西。自此，位于河口三角洲的小城——阿斯特拉罕就成了鱼子酱的圣地，直到现在仍是世界上最大的鲟鱼子生产加工基地。而鱼子酱也开始不独为男性贵族所享用，它成了所有贪慕富贵者的物欲象征。吃鱼子酱一定要吃 Beluga，其次是 Ossietra，再其次是 Sevruga，现在谁都知道了。

其实除了鲟鱼，伏尔加河和其他俄罗斯的内河流域，也经过其他种类的冰冷水系鱼，比如鲑鱼。所以说，如果在十八九世纪，影响俄国人的不是法国人而是日本人的话，现在他们可能最推崇的不是鲟鱼卵而是鲑鱼卵。而把鱼子酱涂在法国白面包或荞麦小圆饼上，抹上一点酸奶油的吃法也将被鲑鱼子配海苔以及饭所代替。可是用伏特加酒来配鲟鱼鱼子酱却是俄国人的专利发明，那种奇异的口感非法国葡萄酒或香槟能够企及。烈性的粮食酒对略腥的鱼子酱刚好起到了抑制的作用，但却更衬得鱼子酱有种鲜味的“爆裂感”，这和香槟所能搭配出的优雅浑圆的境界完全不同。

实训考核

一、考核内容

“柯察金老头要他即使不喝酒，也先到那张摆着龙虾、鱼子酱、干酪和咸青鱼的冷菜桌上去吃一点。聂赫留朵夫自己也没想到肚子那么饿，一吃干酪面包就放不下，竟狼吞虎咽地吃起来。”托尔斯泰总是不遗余力地描写那些恩怨情仇之间的吃，并且他理想中的那张桌子上，总是出现龙虾和鱼子酱。这是那个时代的真实写照，也是俄国菜法国化的生动一例。如果当年的俄罗斯贵族们不对法国文化顶礼膜拜，他们一定到现在还吃着粗糙的炖鱼和小烤饼，而因此错过了之后让全世界为之挥金如土的鱼子酱。

以小组为单位，讨论俄式西餐服务具体要求及操作规范，按照俄式西餐服务要求轮流进行角色扮演。

二、考核标准

考评小组		被考评小组	
考评地点			
考评内容	俄式西餐服务要求		
考评标准	内　容	分值（分）	实际得分（分）
资料收集	收集俄式西餐培训计划的多种调查材料	10	
	系统的俄式西餐文化	10	
	俄式西餐服务环节	10	
俄式服务	服务标准	5	
	俄式服务方法步骤	10	
	培训计划文字、图片等设计精美	5	

续　表

考评标准	内　容	分值（分）	实际得分（分）
方案汇报	表达清晰流畅	5	
	主题鲜明、观点正确	10	
	内容全面、思维缜密	10	
	有自己的创新和特色	5	
团队精神	通力合作、分工合理、团结互助	10	
	发言积极，乐于与同学分享成果	10	
合　计		100	

模块四　宴会部服务与管理

学习目标

※ 了解中餐、西餐及鸡尾酒会等宴会服务的相关知识点
※ 掌握中餐、西餐及鸡尾酒会等宴会服务的规程和技能操作要求
※ 能够熟练进行中餐、西餐及鸡尾酒会等宴会服务
※ 培养学生管理意识

教学建议

本模块的学习重点是让学生了解宴会部，熟悉酒店宴会部的工作环境与工作要求，教师教学可充分利用校外实训基地进行参观，也可让学生到酒店见习，使学生加深对酒店餐饮部的认识与了解。

学习项目

项目一　宴会的筹划与设计
项目二　中餐宴会服务
项目三　西餐宴会服务
项目四　鸡尾酒会与冷餐酒会服务

项目一　宴会的筹划与设计

课程导入

新闻一：天津之夜文化晚宴举行 达沃斯陶醉在迷人夜色中

2010 年 9 月 16 日北方网

昨晚的意式风情区新意街内，古典与现代交相辉映，欢歌与笑语此起彼伏，参加夏季达沃斯论坛的中外嘉宾在这里欢聚一堂，出席由市政府举办的盛大文化晚宴，度过了一个美好的夜晚。

市长黄兴国、世界经济论坛主席施瓦布在文化晚宴上致辞，市委副书记何立峰出席，副市长任学锋主持。黄兴国在致辞中代表天津市人民政府向出席晚宴的各位嘉宾表示热烈欢迎。他说，今晚新朋老友在这里共同分享天津夏季达沃斯论坛开幕的喜悦，感受这座城市迷人的魅力。希望大家在轻松浪漫的氛围中，度过一个愉快而又难忘的夜晚。

这是一个令人陶醉的夜晚。海河岸边流光溢彩，在音乐与歌声的映衬下，更加显现出迷人的魅力。身着传统盛装的小伙子和姑娘们站列道路两旁，用中国礼仪迎接嘉宾的到来。市规划展览馆的幕墙上，点点灯光宛若繁星闪烁。主会场的两个大屏幕，不间断播放着展示天津经济社会发展成就的电视短片。整个意式风情区内，处处洋溢着中国风情和天津特色，展示出包容、开放的天津文化神韵。

文化晚宴在《天津欢迎您》的舞蹈中拉开帷幕。舞蹈成功植入杨柳青年画的文化符号，充满了天津韵味。《送你一朵洁白的茉莉花》唱出了天津人的好客之情。英文歌曲《欢乐今宵》表达了对来自五湖四海朋友们的祝福。杂技《五彩缤纷》以精、美、险的表演，赢得阵阵掌声。《动感新民乐》把传统民乐表演融入现代元素，令人耳目一新。京剧《百花盛开》把国粹艺术展示得淋漓尽致，美轮美奂……晚宴还设置了面人、剪纸、功夫茶艺、糖画等传统民间艺术展示区，吸引了无数关注的目光。嘉宾们一边相互交流，一边观看精彩的节目和展示。习习晚风中，思想的火花在碰撞，友谊的种子在播下。天津为本届夏季达沃斯论坛奉献的盛大文化晚宴，受到热烈欢迎和高度评价。(记者白俊峰)

图 4－1

新闻二：达沃斯文化晚宴：色香味俱全

2011 年 9 月 16 日大连天健网

京剧、书法、剪纸、烤鸭、拉面、大碗茶……诸多中国元素被浓缩进了夏季达沃斯的全会厅内。9 月 15 日晚，在“2011 年新领军者年会文化晚宴”上，世界经济论坛创始人兼执行主席克劳斯·施瓦布和 1400 多位中外来宾一起，享受着浓浓的中国味儿，用心感受着大连这座浪漫城市的热情。市委副书记里景瑞致欢迎辞，晚宴由市委常委、副市长曹爱华主持。

一串串大红灯笼将晚宴现场包围，一个个古色古香的小亭子里冒出袅袅蒸汽，香喷喷的饺子、爽滑的拉面纷纷出锅，现场随处可见拿着筷子和食物“较劲”的外国嘉宾。北京烤鸭、饺子是最受外宾欢迎的中国食物，食摊前排起的长长队伍，足以证明其显赫地位。品尝中国美食的同时，嘉宾们还能欣赏到京剧、剪纸、面人、书法等中国传统文化瑰宝。在国家级非物质文化遗产项目——大连皮影戏台前，施瓦布先生驻足很久，还颇有兴致地走到台后，将人物活灵活现的奥秘探个究竟。

晚宴上，市委副书记里景瑞代表市委、市政府和大连人民，向出席晚宴的施瓦布先生和参会嘉宾表示热烈欢迎。他说，大连既是一座具有开放创新特质，充满生机与活力的新领军城市，也是科技、教育发达，文化积淀深厚，环境清新优美，人民群众生活幸福的城市。各位嘉宾来到美丽的大连，就共同关心的“关注增长质量，掌控经济格局”这一主题，展开深入研讨，并取得了广泛共识和丰硕成果，必将载入夏季达沃斯的史册。

图 4－2

作为一名优秀的酒店服务人员或管理人员，掌握与宴会相关的基本知识是必不可少的。熟悉宴会的设计及宴会服务流程是提供优质宴会服务的前提，是与国际酒店服务接轨的重要渠道。

一、宴会菜单的设计

菜单是确定餐厅主题的决定因素，它是餐饮生产和服务的计划书，菜单的设计对餐厅经营效益的高低具有极其重要的影响。菜单也是向宾客传递信息的工具，它的设计和计划对餐饮产品的推销作用很大，可以说是餐饮经营的精髓所在。因此，餐厅服务员应研究熟悉菜单，科学合理地进行菜肴的推销，以新颖独特的方式搞好菜肴促销活动。数量的采购，菜肴烹制技艺和餐厅服务的特色，是餐饮经营活动的重要依据和环节。菜单也是酒店餐饮服务最重要的推销媒介，它既是餐厅的质量水准与经营特色的标志，又紧密联系着宾客的需求，是酒店餐厅服务员推销菜点的重要依据。所以餐饮经营活动中都特别重视菜单的设计。

（一）菜单的设计

1. 良好的沟通渠道

菜单是沟通服务员与宾客之间的渠道和工具。“上帝”落座餐厅后，要吃要喝的第一步就是要点菜，凭借菜单选购自己所喜欢的菜肴和饮品。服务员则以菜单为依据向宾客介绍推荐食品饮料。服务员和宾客通过菜单开始交谈，信息通过菜单开始沟通，优质服务从这里开始。所以说，菜单是沟通双方的渠道，是连接餐厅和宾客的链条。为宾客所喜欢的菜单，能激发宾客的食欲，既可满足宾客的饮食需要，又能扩大销售额，增加餐厅的收入。

2. 既是艺术品又是宣传品

一份精心设计的菜单，装饰精美，雅致动人，色调得体，干净整洁，能使宾客读起来赏心悦目、心情舒畅。这样一份菜单映入宾客的眼帘之后，宾客立刻就会对餐厅的经营和烹调产生一种好感，单凭这份菜单就能使宾客欣然解囊，乐于点上几道佳肴。其实，这个过程实际上也是一个广告、宣传的过程。而一份污斑点点、印制粗劣且读起来又艰难费劲的菜单，给人的第一印象就是不堪入目，给人的第一感觉就是难受。这样的感觉和印象一旦产生和形成，客人怎么会对餐厅的服务产生兴趣呢？

3. 餐厅菜肴特色和水准的标志

每一家餐厅都有自己的特色、等级和水平。一家餐厅所供应的饮食也要在品种、质量、价格等方面反映出来。所以宾客从菜单上就能知道这家餐厅的特色和水平。菜单是传递信息的印刷品。它通过恰当的文字、图案和菜肴的图例，可以体现出餐厅的菜肴特色和水准，以及餐厅的经营风格。只有这样，才能使宾客对餐厅产生深刻的印象。

4. 最大的信息来源和无声的广告

餐厅的布置和装修告诉宾客的是餐厅的外部信息，而一张小小的菜单提供给宾客的是餐厅的内部信息，使人一眼便知餐厅的可餐之食。此外，一张设计优秀的菜单还具有其他几个方面信息。首先是告知性信息，它包括酒店及餐厅的名称、特色风味、营业时间、加收费用、电话号码、地址方位等。其次是信任性信息，如注明准确的菜品份额，大小盘尺寸，尤其是名贵菜品按重量、个数计价，能给人以货真价实之感。而有些餐厅却由于一些经营者的观念误导或只重眼前利益，往往会忽视或扭曲这类信息。比如有些菜名过分离奇，虽能先发制人，过后反而给人以受骗上当的感觉。最后，一份菜单还应包括一些荣誉性信息，它有助于树立餐厅、酒店的形象。如餐厅历史背景、特色、知名人士对餐厅的光顾及赞誉、权威性宣传媒介对餐厅的报道等，应简明美观地列在菜单首页。

5. 信息反馈通道

菜单不仅能发出信息，而且还能反馈信息，是信息反馈的渠道。宾客点菜的种类、多寡，某道菜被点的频率，都反映了宾客的嗜好。餐厅可根据宾客点菜的情况，了解宾客的口味、爱好，以及宾客对本餐厅菜点的欢迎程度等，从而改进菜肴和服务质量，以迎和宾客心理，使餐厅赢利。

6. 服务员服务的依据

餐厅服务员要根据菜单上的品种、价格、特色及排列顺序等进行介绍、推销，并按照菜肴服务的程序和要求为宾客提供服务。在服务中，服务员可根据宾客订菜情况，了解、收集菜单上哪些菜肴是受宾客欢迎的热销菜，哪些是滞销菜，哪些菜根据宾客的口味还可以再改进一下，哪些菜现有菜单上没有但根据行情可以加列于菜单中等信息。这些信息应及时反馈到相应部门，以进一步提高菜肴质量和服务质量。

（二）菜单的种类

菜单的种类多种多样，根据不同的分类标准可以把菜单划分为不同的类型。根据餐别可把菜单划分为中式菜单、西式菜单和其他菜单；根据就餐时间可分为早餐菜单、早午餐菜单、午餐菜单、晚餐菜单、夜宵菜单；根据用餐形式可分为冷餐酒会菜单、自助餐菜单、宴会菜单、客房送餐菜单、团体菜单等；根据实施菜单时间的长短及菜单更换的频繁程度可分为固定性菜单、循环性菜单和即时性菜单；根据菜单价格形式可分为零点菜单、套餐菜单和混合式菜单等。这里，我们主要来看后两种分类方式。

1. 根据实施菜单时间的长短及菜单更换的频繁程度分类

1）固定性菜单

固定性菜单是指每天都提供相同菜目的菜单。它适用于就餐顾客较多，且流动量大的营业型餐厅。旅游酒店、社会餐厅大多采用固定性菜单，而机关、学校等单位的餐厅则不适合使用固定性菜单。在商业型餐厅或旅游酒店，由于它们的顾客几乎每天都在变化，餐厅不会因为每天提供相同的菜单而使顾客感到单调。与其他形式的菜单相比，使用固定性菜单的优点主要是由于菜单上的品种比较固定，容易使餐饮生产和管理标准化。

2）循环性菜单

循环性菜单是指按一定的天数周期循环使用的菜单。这种菜单适用于长住型酒店的餐厅，同时也被使用于一部分企事业单位的餐厅中。因为在这些地方，就餐顾客基本上是不变的。尤其是学校、工厂、医院的餐厅，它们每天所面对的都是同一批顾客。

使用循环性菜单，酒店必须按照预定的周期天数制定菜单，每天使用其中的一套。当这套菜单全部使用完毕后，就算结束了一个周期，然后周而复始，再重新使用这套菜单。目前，使用循环性菜单的餐厅大都以一星期为周期，设计七套菜单，从星期一到星期日每天使用一套，各不相同；第二个星期又重新循环。有的餐厅也根据不同的季节准备四套菜单，这种菜单能反映不同季节的时令菜，减少不同季节原料缺货或原料成本过高的现象。

3）即时性菜单

即时性菜单是根据某一时期内原料的供应情况而制定的菜单。这种菜单编制的依据是菜品原料的可得性、原料的质量和价格，以及厨师的烹调能力。

即时性菜单一般没有固定的模式，使用时间较短或每天更换。它也较多地使用于企事业单位的餐厅、俱乐部和医院中，也常与固定性菜单和循环性菜单合用。即时性菜单的优点是灵活性强，能迅速适应顾客的需求、口味和饮食习惯的变化，能根据季节和原料供应的变化及时变换菜单。这样既反映时令特色，又能及时取消原料价格上涨的菜品从而降低食品成本。

2. 根据菜单价格结构分类

1）零点菜单

所谓零点菜单，是指每道菜都单独标价的菜单。零点菜单是餐厅中使用最广泛的一种菜单形式。由于菜单上每一道菜都有各自的价格，顾客喜欢什么，就点什么，吃几个菜，付几个菜的钱。这种菜单满足了顾客的差异化需求，不仅在中餐中使用，而且在西餐中也广泛使用。零点菜单可以是早餐菜单，可以是午餐菜单或晚餐菜单，也可以是客房送餐菜单。总之，无论是什么类型的菜单，也无论其档次或价格的高低，只要是每一道菜品或饮料单独标价，那么这种菜单就属于零点菜单。需要注意的是，由于受到餐饮形式的限制，零点菜单不适用于酒店的团体餐厅、自助餐厅，也不适用于宴会和酒会服务。

2）套餐菜单

套餐菜单以一个固定的价格标出，并不标明每一道菜点的价格。通常由一系列不同规格和标准的菜点组成。菜点道数和分量适中，价格合理，注重营养供给，用餐时间紧凑，服务快捷，以适应客人工作和休闲的节奏。一方面满足了客人旅游、商务、会议、工作、聚会等需求，另一方面也增加了餐厅收入。

3）宴会菜单

宴会菜单是由一定规格质量的一整套菜点饮品，按照约定俗成的进餐顺序和礼仪组合形成的菜单。其规格标准明显区别于普通的零点菜单和套餐菜单。宴会菜单又是技术性的菜单，其设计体现了酒店烹饪技术的实力和服务水准，是餐饮文化的提炼和结晶。

（三）菜单的设计原则

菜单设计是一个比较复杂的过程。餐饮管理人员设计制作菜单必须遵循的基本原则是:以目标市场的客人需求为重点，供给与需求相适应，体现市场营销目标，反映餐厅经营特色，有利于吸引客人、刺激消费、扩大产品销售。这些原则的主要表现是:

1. 体现餐厅特色，迎合客人需求

餐饮菜单设计是以餐厅为基础的。在酒店宾馆餐饮和酒楼饭庄等独立餐饮企业中，餐厅种类不同，每个餐厅的经营方式、客源对象、产品风味和价格水平不同，因而，各有自己的经营特色。菜单设计必须体现餐厅的经营特色，迎合客人的消费需求。例如，同样都是零点菜单，西餐厅的和中餐厅的设计不同，即便同是中餐厅的零点菜点，广东风味的和四川风味的设计也不相同。同样，同是套餐菜单，中式套餐和西式套餐的菜单设计也有很大区别。所以，只有从本餐厅的实际出发，充分体现餐厅经营特色，根据自身目标市场的客人需求来选择花色品种，迎合客人消费需求，才能设计制作出适应目标市场需求的菜单。同时，又能促进餐厅经营者不断改进经营管理，进一步显出自已的餐厅经营特色。两者是相辅相成的。

2. 立足市场变化，引导消费时尚

餐饮市场消费的一个突出特点是需求变化快，品牌忠诚度低。“吃新店”“吃新品”的“追新赶潮”消费的心理影响大。因此，立足市场变化、引导消费时尚应该成为现代餐饮菜单设计必须遵循的基本原则之一。它要求餐饮经营者必须立足目标市场客人的需求变化，定期做好市场调查、需求分析，随时掌握客源市场的动向、特点和发展趋势，并根据调查分析结果来设计、制作调整自己的菜单，树立权变思想。同时，在每次菜单设计、制作、调整过程中，要分析和掌握市场消费的发展潮流、时尚、亮点，树立创新意识。在菜点选择、新菜制作、花样翻新、菜点名称设计等方面都要紧跟消费潮流、适应市场客人“追新赶潮”的消费心理，力争能够引导消费时尚，从而促进饮食文化和菜点品种的创新与发展。

3. 花色品种适当，有利于刺激消费

菜单设计是为产品推销服务的。菜单设计只有做到花色品种适当，有利于刺激消费，才能收到推销产品的良好效果。如一般商务套餐菜单的品种大多只有6~10种，宴会菜单多为10~16种，自助菜单多在30~40种，而零点菜单则在50~80种。同时，为了刺激客人的消费需求，各种菜单的品种和档次结构要合理。如中餐零点菜单要做到蔬菜、肉类、海鲜、河鲜、禽蛋等各种菜品齐全，常年菜、季节菜、时令菜结合。冷菜、热菜、甜点、汤类的比例一般应掌握在5∶15∶4∶3左右。

4. 创造竞争优势，保证利润目标

菜单设计和制作的最终目的是要创造竞争优势，扩大产品销售，保证利润目标，这种设计目的和设计原则是完全一致的。为此，做好菜单设计和制作，要充分考虑客人的喜好，突出本餐厅的经营特色和重点推销的产品。在品种选择、价格制定、菜品排列组合、菜品风味与质量保证等各个方面，都要做好调查研究，掌握竞争对手的情况，创造竞争优势。特别是在菜单价格制定中，各种产品的毛利掌握要合理。要从竞争需要出发，制定分类毛利率标准。要将产品成本、毛利、价格和预计销售量结合起来，该高就高，该低就低，确保菜单整体利润目标的最终实现。

（四）宴会菜单的制作

宴会菜单是为了某种社交目的而聚食、具有一定规格质量、由一整套菜品组成的菜单。由于宴会要体现情、礼、仪、乐的传统，所以宴会菜单在其规格、要求等方面均高于其他套菜菜单。一般常见的宴会有：公务宴请、商务宴会、招待宴请、便宴、家宴、婚宴、寿宴等。宴会形式不局限于桌筵就餐，也可以是鸡尾酒会、冷餐会、自助餐等。宴会菜单设计是个非常有创造性的工作。宴会菜单要求设计者在原料选用、烹饪方法、饮食形式及宴会组织等方面均有特别的要求，所以宴会设计者不仅要掌握这些特殊宴会的特点和设计规律，还要根据不同对象的客人、饮食习惯及餐饮市场的变化情况，及时调整设计内容和方法，使宴会菜单成为客人消费和增加企业经济效益的主要举措之一。

1. 宴会菜单设计的依据

1）时间

时间包括举办宴会的具体时间、接到举办宴会的信息到宴会正式开始的时间间距、宴会举办时间的长短等。接到举办宴会的信息到宴会正式开始的时间间距短，直接影响菜单的拟订和编排。如果时间长可以充分准备，安排一些工艺复杂、耗费时间的工艺菜、工夫菜；如果临时预订，要在确保及时开餐前提下设计整个菜肴，午餐与晚餐不同，菜肴也有所区别。要考虑午餐宴会举办时间要比晚宴时间短，合理选编菜谱。充分利用不同季节的时令特色原料，可增强筵席的风味特色，起到应时效果。

2）价格

宴会价格是首先要考虑的因素，没有价格标准的宴会就无从进行菜单拟订和设计。宴会售价是宴会设计的基础，它决定了筵席菜肴的选料，影响菜肴的档次和规格。菜单成本核算也必须是在确定了售价，规定了毛利率的前提下进行。宴会售价的确定方法有三种：一是每席售价，二是人均消费价，三是若干桌宴会包售价。不管客户采用什么方式报价，宴会设计师都要以人均消费标准为基础进行菜单成本核算。

3）对象

对象为所有参加宴会的人。设计菜点一定要满足顾客的爱好和需要。然而，宴请对象十分复杂，有主客之分，还有职业、性别、身份、地位、民族、年龄等之别。拟订菜单时，既要照顾大多数人的爱好和要求，还要侧重迎合主人或主宾的饮食需求，因为主人或主宾对筵席菜点的评价影响很大，他们或褒或贬，直接影响宴会的成败。尤其重视不同地域、不同民族、不同国家的人在饮食爱好和禁忌方面的特点，投其所好，避其所忌。

4）事由

了解主办单位举办宴会的意图。只有知道了宴会举办的事由，才能根据宴会主题，设计和选编宴会菜点。如寿宴要烘托气氛，安排“寿桃武昌鱼”“松鹤延年汤”“长寿伊府面”等菜点；如婚宴，通过“鸳鸯鳜鱼”“早生贵子”“知音丝萝”等菜来突出主题；如公司开张宴，设计“吉利鱼排”“黄金大饼”“财源滚滚”之类的菜，来迎合办宴者的心理。

5）条件

条件包括宴会承办单位的硬件条件：炊具情况、餐具情况、场地情况；软件条件：厨师的技术水平、服务员的服务水平，以及市场上的货源情况等。设计菜单的人，不一定是制作菜点的人，因此，设计菜单不能随心所欲，盲目设计，必须充分了解硬件条件，具体操作厨师的技术状况和特长。市场的货源情况，也是重要前提条件，如果设计珍稀奇特的原料而市场上又很难购买到，就会影响宴会的正常进行。

6）规模

宴会桌数的多少，也影响宴会菜单的设计。有些特殊的菜肴，单桌单份烹调还可以，但如十几桌或几十桌烹调起来就十分困难了。如拔丝菜，烹调一两份，尚能保证质量，而一锅烹调二十几份就困难了；有些菜工艺十分复杂，多了就无法满足要求。

2. 宴会菜单设计的要求

1）确定筵席风格

宴会菜单必须突出风格，可以是一个民族、一个地区、一个酒店或是某一个厨师的风格。我国的饮食风味流派是以“菜系”来划分的，有八大菜系，即川、鲁、苏、粤、湘、徽、闽、浙；后来又有十大菜系之说，再加上鄂、京两大菜系。每一个菜系又有若干个地方风味流派。不同的菜系，不同的地方，风味流派在选料、调味、烹调等诸多方面，都表现出各自的特征。具体实施时，通过选用地方特色菜点、采用地方特色烹调方法和调味手段、配用地方特色餐具、选用地方独特烹饪原料等方法来实现。

2）选择主题菜点

任何宴会都应该有一道主菜，主菜出场整个宴会进入高潮。主菜就是“大菜”或“头菜”，是整个宴席菜点中原料最名贵、工艺最讲究，起担纲和压轴作用的菜肴。主菜在装盘、造型、上菜方式上一般有别于其他的菜。如1986年10月18日，广东省政府在白天鹅宾馆举办欢迎英国女王伊丽莎白二世的大型宴会，菜肴只有六道，主菜是“金红化皮乳猪”。为了突出该菜的特色和重要，宴会设计师有意制造一种气氛：当该菜上席时，由两个“侍女”分别提着宫灯作前导，穿着“唐朝”服装的轿夫，一前一后抬着古香古色的轿子，内摆着两只金红色的化皮乳猪，矫健地步入席间；跟在轿子后面的两排各六名服务员，用手托着乳猪，像舞台上跑龙套似地鱼贯而入。轿子绕着主宾席一圈，乐队奏起了欢快高亢的广东音乐《得胜令》，显得气派非凡，场上跟着爆发出了一阵阵掌声，顿时整个宴会进入高潮。

3）科学选用原料

宴会选料十分讲究。首先，要注意季节性时令原料的选用。大多数食物原料都有特定的生长周期，或是最佳食用期，如桃花季节食鳜鱼、端午前后食鳝鱼、立冬以后吃狗肉等，都有特定的规律。其次，要注意选用当地的名特原料，对远道而来的客人具有诱惑力。再次，要做到高档原料与低档原料的合理搭配，品种多样，除了特殊的“全料席”外，选料时要动植物、飞禽走兽、山珍海味搭配合理，尽量避免重复。最后，选料还要注意营养的合理搭配，防止营养成分单一或偏重的现象。

4）合理调配色、味、形、质

菜肴成品颜色有白色（如白汁鱼片、清炒鸡丝、滑炒藕片、水晶鱼肚等）、红色（如茄汁鱼球、松鼠桂鱼、樱桃丸子等）、绿色（如菠菜、白菜、竹叶菜等绿叶蔬菜）、黄色（如双黄鱼片、香酥鸡翅、黄焖鱼翅等）以及复合色（如酱红、橙黄、深褐等）。同一组菜肴的色泽尽量做到各不相同，丰富多彩。

菜肴的味道（味型）是菜肴的核心内容，要求“咸淡适中、口味纯正”，还希望“一菜一格，百菜百味”。我国菜肴常见味型有三十多种，如果一套宴席菜肴有十几种不同的味型，口味也就不会显得单调了。

菜形分“本形”（即原料的自然形状，如全鱼、全鸡、虾子、螃蟹等）、“改形”（即原料经加工处理后的形状，如片、丁、丝、条、块、段、蓉、末、粒、花等）、“造型”（将原料本形改变成另外一种图型，如松鼠桂鱼、琵琶大虾、扇面冬瓜等）。在宴会菜单设计过程中，要充分利用原料形状的这种变化规律，努力使整桌菜点形姿百态、生动活泼。

原料的结构和不同的烹调方法形成了菜肴的不同质地。质地的表现形式为：泡、酥、脆、嫩、爽、硬、软等。为使整套宴席菜点的质地丰富，在进行菜谱组编时，要仔细分析每一道菜肴的质地特征，将不同质地的菜肴合理组合，体现筵席菜肴质地的丰富多彩。

5）巧妙运用不同烹调方法

中餐烹调方法变化多样，有五十多种（也有说180多种，烹饪界有争论）。烹调方法是菜肴风味形成的基础，菜肴的颜色、味道、质地乃至形状、营养等都受烹调方法的影响。如“红烧”这一烹调方法，适宜于烹制一些块状或整形的动植物原料，红烧菜肴的特点是味咸鲜微甜，色泽酱红、质地软嫩。正因为烹调方法的这种特殊作用，设计菜单时要注意掌握每道菜肴烹调方法的特点及其对菜肴风味的影响，力争做到一菜一种烹调方法，菜菜不同样。如四大热炒菜，可以滑炒菜、抓炒菜、爆炒菜、煸炒菜，四种不同烹调方法带来四个风味不同的菜肴。点心也如此，有了一道“蒸”制点心，最好安排另一道“炸”或“烤”制点心。

6）灵活掌握菜点数量

一是“数”，即整套宴席的菜点道数；二是“量”，即整套宴席的菜点分量和总量。菜点道数既要符合宴会主题，也要照顾赴宴者的民俗心理。宴席菜点的总量宜控制在每人能吃到净料500克为佳，当然要因人而异，如是体育运动员，人均食量会加大，而退休老知识分子，人均食量应该相应减少。宴席菜点总量的控制有三个途径：一是菜点道数的控制，这是最常用的一种方法。菜点道数越多，菜点总量越大。二是单份菜肴量的控制，如热炒菜单份一般为300～500克。三是菜肴净料的控制，如一盘300克的“清炒虾仁”与一盘300克的“游水基围虾”相比，后者可食用部分只有前者的1/3。力争做到因人定量，总量平衡。

7）综合控制成本

宴席售价和毛利率是宴会菜单设计和成本控制的基本前提。为了确保宴会的正常盈利，设计菜单时，要对每一道菜点进行成本核算，然后对整套宴席菜品进行综合考察和核算，将成本控制在规定的毛利范围之内。酒店对本店宴席的毛利率都有明确的规定。但是，不同类型的宴席，毛利率也有差异。特色宴席比普通宴席、高档宴席比低档宴席、工艺复杂、技术性较强的宴席比工艺相对简单的宴席毛利率高。有的甚至规定，名师主理的宴席比普通师傅主理的宴席毛利率要高。

8）充分利用专长

就酒店来讲，专长表现为酒店的经营特色和风格，有别于其他酒店风格的烹调新工艺或菜式。就厨师个人而言，每个厨师有其独到的技术或擅长制作的菜品。设计宴席菜单时，要充分考虑这种因素，适当安排一些本酒店师傅的拿手菜，发挥各自的专长，丰富宴席菜点的内容，提高宴席菜点质量。

3. 宴会菜名设计

1）命名要求

宴会菜肴命名既要让客人一眼就能看清楚内涵，又要使客人产生食欲和联想，回味无穷。菜肴命名有写实性和寓意性两种方法，用于厨师生产、员工服务的菜单，菜肴命名要尽量通俗易懂，简单明了，多采用写实性命名方法。而用于宣传广告、顾客纪念的菜单，菜肴命名要讲究文采和字数整齐一致，多采用寓意性命名方法。特殊主题的菜单，如婚宴、开业宴、敬师宴等，菜肴命名要紧扣主题，烘托宴会气氛。菜肴的名字要优美，简明易懂。菜名字数以四字、五字为宜，最多不要超过七个字。一份菜单中每道菜的名字字数最好相等。如中英文对照，无翻译错误或拼写错误，文字清楚简练。同时菜肴命名要富有情趣和文化性，应结合宴会特点给菜肴巧妙命名。如将菜点的特征以富有文化性、艺术性、吉祥寓意的词语表现出来，既不落俗套，又能突出宴会主题，增加气氛。

2）命名方法

在主料前加调味品名的命名方法，例如黑椒牛排、茄汁虾仁；在主料前加烹调方法的命名方法，例如小煎鸡米、大烤明虾；以主辅料配合命名的命名方法，例如松仁鳕鱼、西芹鱿鱼；在主料和主要调味品之间，标出烹调方法的命名方法，例如豉汁蒸排骨、芥末拌鸭掌；在主料前加人名、地名的命名方法，例如宫保鸡丁、东坡肉、湖北大鱼头；在主料前加色、香、味、形、质地等特色的命名方法，例如碧绿牛柳丁、酸辣乌鱼蛋羹、扇形豆腐、香酥脆皮鸡；在主辅料之间标出烹调方法的命名方法，例如鲜茄烙鳜鱼、鲜菇烩豆腐；在主料前加上烹制器皿或盛装器皿的命名方法，例如铁板牛柳、小笼粉蒸肉；以形象寓意的命名方法，例如乌龙吐珠、巴蜀飘香；以数字形容的命名方法，例如一品豆腐、八珍鱼翅。

二、宴会酒水的设计

从古至今，中国的酒文化源远流长，小到家庭聚餐，大到国宴，酒不仅是社交的媒介、民俗的表现形式，也是人们交流感情的一种途径，它体现了欢庆与友情。因此，对宴会所用酒水的种类及服务方式必须进行合理的设计。酒水在宴会中的作用主要有以下两点：

（一）酒水在宴会中的作用

1. 正确选用酒水可以增强宴会饮食的合理性

酒的功能有许多，如开胃、药用、助兴等，中餐宴会用酒讲究的是以食助饮，佐酒、佐食是一门高雅的饮食艺术。我国古代早就创立了一整套佐食、佐饮的理论和方法。适当地饮酒不仅可以给人体提供一部分热能，而且对人体有不少有益的作用。丰盛的宴会菜肴，配以低糖、低酒精、少气体的酒水，可以让宾客保持良好的食欲，同时也增强了宴会饮食的合理性。

2. 可以增强宴会的整体气氛

酒在有史以来的社会交往中，一直占有重要地位。中国自古就有“无酒不成席”的俗话，随着社会交往越来越多，迎宾待客、洽谈生意都离不开酒，它体现了主人的热诚和宴会的礼节，所谓“薄酒三杯表敬意”已为社会所认同，如何斟酒、敬酒、祝酒也已经是约定俗成，宴席上的“酒逢知己千杯少”大大地增强了宴会的整体气氛，所以，宴会上的酒水服务也就显得格外重要，但是，任何事情都有正反两个方面，饮酒过量也不可取。

（二）宴会酒水选配原则

1. 满足客人要求

宴会以酒佐食、以菜助饮的最基本原则是尊重客人意愿，满足客人要求，从中获得快乐和艺术享受。宴会用酒除由主办单位委托宴会设计者安排（或包入酒席）之外，一般均由主办单位（或主人）临开席之前根据自己需要选定。酒店可以向客人推荐或建议酒水，但当客人的意愿与饮酒原则不符时，应以满足客人意见为主。

2. 符合宴会规格

高档宴会选用高质量酒水，如国宴选用茅台酒，茅台被称为我国的“国酒”，其质量和价格在我国白酒中独占鳌头；普通宴会则选用档次一般的酒水。如果低档宴会用高档酒做伴宴酒，会抢去菜肴的风采，让人感到食之无味；而高档宴会选用低档酒水，则会破坏宴席的高档气氛，让人对菜肴档次产生怀疑。

3. 突出宴会主题

针对宴会主题选择相应酒水。如婚宴气氛热烈、隆重，选择酒度高一点的酒；寿宴气氛欢快、融洽，选择酒度低一点的滋补酒。选用命名好的酒水可使宴会主题生辉，如婚宴选用“喜临门”“口子酒”，寿宴选用“麻姑酒”“寿生酒”，家庭团聚用“全家福酒”，榜上有名设宴用“状元红”等。

4. 适合台面特色

中式宴席选用中国酒，西式宴席选择西洋酒。酒水应与宴席席面的地域特征相匹配，地方宴配地方酒，特色宴配特殊酒，如“红楼宴”配“红楼酒”，“孔府宴”配“孔府家酒”，“八仙宴”配“八仙酒”等。

5. 适应季节气候

夏天天热饮“冰镇酒”，多饮啤酒以降温；冬天天冷饮“烫酒”，常饮白酒以发热。

6. 保持风味一致

美酒配佳肴，酒品要凸显菜肴特色，突出菜肴风味。做到菜为主，酒为辅，不可以酒压菜，抢去菜肴的风头。口味上，酒不应比菜肴更浓烈或浓甜。用量上，适量为宜，超量暴饮是不可取的，最终只能是食不知味。合理用酒，慎用高度酒、烈性酒、配制酒、药酒。

（三）中餐宴会酒水搭配

1. 中式宴会酒水与菜肴搭配规律

什么样的酒配什么样的菜，同样，什么样的菜选什么样的酒，二者要对称和谐。中式宴会讲究先上冷碟是劝酒，跟上热菜是佐酒，辅以甜食和蔬菜是解酒，配备汤品和果茶是醒酒，安排主食是压酒，随上蜜脯是化酒。就是烹制不同的菜肴，也使用不同的料酒。如烹制普通菜肴使用绍兴老酒，而烹制“草头”（一种蔬菜）则专用高粱酒。酒水与菜肴搭配规律是：色味淡雅的酒应配颜色清淡、香气高雅、口味纯正的菜肴。如汾酒配冷菜，清爽合宜；白葡萄酒配海鲜，纯鲜可口，恰到好处。色味浓郁的酒应配色调艳、香气馥、口味杂的菜肴。如泸州老窖酒宜配鸡鸭菜，取其味道浓郁、厚重、香馥。酒纯浓香的红葡萄酒宜配牛肉菜。干、酸型酒应配咸鲜味的菜肴。甜型酒应配甜香味的菜肴。浓香型酒应配香辣味的菜肴。中国菜尽可能选用中国酒，西洋菜尽可能选用西洋酒。在难以确定时，则选用中性酒类，比如葡萄酒，或视客人的意见而定。饮用黄酒讲究“对口”。状元红酒专配鸡鸭菜肴，竹叶青酒专配鱼虾菜肴，加饭酒专配冷菜冷盘，吃蟹时专饮黄酒而不饮白酒。

2. 酒水与酒水的搭配规律

根据先抑后扬的原则，设计各种酒水上席顺序，目的在于使宴会由低潮逐步走向高潮，低度酒在前，高度酒在后；软性酒在前，硬性酒在后；有气酒在前，无气酒在后；新酒在前，陈酒在后；普通酒在前，名贵酒在后；干冽酒在前，甘甜酒在后；淡雅风格的酒在前，浓郁风格的酒在后，一步一步在完美中结束。

3. 酒水与饮料搭配

酒水与饮料的搭配没有明显的规律，凭人们兴趣进行。我国民间饮酒有橘子水冲啤酒、葡萄酒掺果汁等做法，东欧人喜欢用水兑酒精饮用，英美人喜爱用冰块、冰水稀释烈性酒后再痛饮。有的民族用咖啡（爱尔兰咖啡）兑酒，用奎宁水兑酒（金汤力），用巧克力同酒一齐食用（酒心巧克力）。除了将酒与其他饮料同时饮用外，人们还在酒后再饮用一些其他饮料，如咖啡、茶、果汁、汽水等。但酒后饮茶在我国被认为是不可取的，酒后饮汽水是有害无益的，特别是在饮高度酒之后再饮汽水会加速酒精在血液中的分散，加重酒精中毒。

三、宴会台面设计

（一）台面的种类

宴会台面的种类很多，通常按餐饮风格划分为中餐宴会台面、西餐宴会台面和中西混合宴会台面。也可按宾客的人数和就餐的规格划分为便宴台面和正式宴会台面；按台面的用途又可以划分为餐台、看台和花台。

1. 按餐饮风格分

按餐饮风格划分为中餐宴会台面、西餐宴会台面和中西混合宴会台面。

1）中餐宴会台面

中餐宴会台面以圆桌台面为主，中餐宴会台面的小件餐具一般包括筷子、汤匙、骨碟、搁碟、味碟、口汤碟和各种酒杯。中餐宴会台面善于运用中国传统吉祥图饰，意寓深刻，如鸳鸯、喜鹊、孔雀、折扇、宝塔、腾龙等，一般摆十个台位，蕴含着“十全十美”之意。

2）西餐宴会台面

西餐常见的酒席宴会台面有直长台面、横长台面、“T”形台面、“工”字形台面、腰圆形台面和“M”形台面等。西餐台面的小件餐具一般包括各种餐刀、餐叉、餐勺、菜盘、面包盘和各种酒杯。

3）中西混合宴会台面

中西混合宴会台面可用中餐宴会的圆台和西餐的各种台面，其小件餐具一般由中餐用的筷子，西餐用的餐刀、餐叉、餐勺和其他小件餐具组成。进餐的方式以分餐形式为主，台面装饰造形采取中西合璧的形式。

2. 按台面用途分

按台面的用途划分为餐台、看台和花台。

1）餐台

餐台也叫素台，在饮食服务行业中称为正摆式。此种宴会台面的餐具摆放都应按照就餐人数的多少、菜单的编排和宴会标准来配用。例如，7 件头、9 件头、12 件头等，餐台上的各种餐具、用具间隔距离要适当，清洁实用，美观大方，放在每位宾客的就餐席位前。各种装饰物品都必须整齐一致地摆放，而且要尽量相对集中。这种餐台多用于中档宴席，也可用于高档宴会的餐具摆设。

2）看台

又称观赏台，看台是指根据宴席的性质、内容，用各种小件餐具、小件物品和装饰物品摆设成各种图案，供宾客在就餐前观赏的台面。在开宴上菜时，撤掉桌上的各种装饰物品，再把小件餐具分给各位宾客，让宾客在进餐时使用。这种台面多用于民间宴席和风味宴席。

3）花台

又称餐桌艺术台面，顾名思义就是用鲜花、绢花、盆景、花篮，以及各种工艺美术品和雕刻物品等点缀构成各种新颖、别致、得体的台面。这种台面设计要符合宴席的内容，突出宴会主题。图案的造型要结合宴席的特点，要具有一定的代表性或者政治性，色彩要鲜艳醒目，造型要新颖独特。花台设计融艺术性和实用性于一体，多用于中、高档宴会。

（二）台面命名的方法

大多成型或成功的台面，都拥有一个别致而典雅的名字，这便是台面的命名。只有给宴会台面恰当的命名，才能突出宴会的主题、增加宴会气氛，宴会台面命名的方法主要有以下几种。

1. 根据台面的形状或构造命名

这是最基本的台面命名方法，在行业内部常用。此法命名比较简单，其具体命名有如中餐的圆桌台面、方桌台面、转台台面、西餐中的直长台、“T”形台、“M”形台、“工”形台等。

2. 根据每位客人面前所摆的小件餐具的件数命名

这种命名方法使人一听便知台面餐具的构成，对于酒店内部员工来说便于他们了解宴会的档次和规格。其具体命名如五件餐具台面、七件餐具台面等。

3. 根据台面造型及其寓意命名

这种命名方法容易体现宴会主题，其具体命名有，如百鸟朝凤席、蝴蝶闹花席、庆功宴、花好月圆宴等。用这种方法命名，寓意要恰当得体，切忌牵强附会、生搬硬套。

4. 根据宴会的头菜名称命名

这种命名方法使宴会工作人员一听便知应该摆放何种餐具和宴会档次，其具体命名有如全羊席、全鸭席、鱼翅席、海参席、燕窝席等。

（三）宴会台面设计的原则和基本要求

1. 宴会台面设计的原则

要设计成功的宴会台面，须遵守下列原则。

1）实用、便捷性原则

宴会台面设计讲究实用、便捷原则，不可太烦琐，尽量做到方便、快捷、实用。因而在设计时要考虑餐桌间距、餐位大小、餐具摆放等，尤其是对儿童和残疾顾客的人性化设计。其中餐具的摆放应以符合进餐要求为前提，其位置不但要对准座椅中心位，而且其间距要均匀合理。

2）美观性原则

宴会台面要给客人带来美的享受和轻松意境，因而设计时要充分体现美学特征，具体表现在：台面图案、餐桌、椅子与台面的色彩相协调；台面的大小与进餐人数相适应；精美菜单陈列恰到好处；强化或局部照明，炬光照明适度；装饰与餐饮风格一致；员工着装体现出经营特色；各种辅助性标志要明显得当。总之，美观性的追求永无止境，若是与传统文化、时代特征、主题意义有机融合，那么宴会台面不但外观美，内涵也丰富深厚。

3）礼仪性原则

充分考虑进餐者的声望、地位、国别、民族等特点，体现出符合礼仪规范的文明风尚，如主人、主宾应面向入口，处于突出或中心位置，能环视宴饮场景；还有插花、餐巾折花、餐椅与台布的颜色、供应的酒水及服务先后次序都应符合客人的习俗。

2. 宴会台面设计的基本要求

想成功地设计和摆设一张完美的宴会台面，必须预先作好充分的准备工作，既要进行周密、细致、精心、合理的构想，又要大胆借鉴和创新，无论怎样构想与创新，都必须遵循宴会台面设计的一般规律和要求。

1）根据宴会菜单和酒水特点进行设计

宴会台面设计要根据宴会菜单中的菜肴特点来确定小件餐具的品种、件数，即吃什么菜配什么餐具，喝什么酒配什么酒杯。不同档次的酒席还要配上不同品种、不同质量、不同件数的餐具。同时，根据台面的品种摆放相应的筷子、汤匙、吃碟、酒杯，如较高级的宴席除摆放基本的筷子、汤匙、吃碟、酒杯外，还要根据需要摆卫生盘和各种酒杯。

2）根据顾客的用餐需要进行设计

餐具和其他物件的摆放位置，既要方便宾客用餐，又要便于席间服务，因此，要求每位客人的餐具摆放紧凑、整齐和规范化。

3）根据民族风格和饮食习惯进行设计

选用小件餐具，要符合各民族的用餐习惯，例如中餐和西餐所用的桌面和餐具都不一样，必须区别对待，中餐台面要放置筷子；西餐台面则要摆放餐刀、餐叉。安排餐台和席位要根据各国、各民族的传统习惯确定；设置座位花卉不能违反民族风俗和宗教信仰的禁忌。例如，日本人忌讳荷花，因而日本人用餐的台面就不能摆放荷花及有关的造型。

4）根据宴会主题进行设计

台面的造型要根据宴会的性质恰当安排，使台面的图案所表达的意思和宴会的主题相称。例如，婚庆宴席就应摆“喜”字席、百鸟朝凤、蝴蝶戏花等台面；如果是接待外宾就应摆设迎宾席、友谊席、和平席等。

5）根据美观实用的要求进行设计

使用各种小件餐具进行造型设计时，既要设法使图案逼真美观，又要不使餐具过于散乱，宾客经常使用的餐具，原则上要摆在宾客的席位上以便于席间取用。

6）根据清洁卫生的要求进行设计

摆台所用的台布、口布、小件餐具、调味瓶、牙签筒和其他各类装饰物品都要保持清洁卫生，特别是摆设小件餐具，如折叠餐巾，更要注意操作卫生，手和操作工具要洗干净，防止污染。折叠餐巾花时禁止用嘴咬餐巾。摆设筷勺，禁止拿筷子尖和汤勺舀汤的部位。摆碗、盘、杯时，禁止拿与口直接接触的部位和接触用具的内壁。

7）按时间、空间的要求进行设计

根据宴会活动所选的季节来设计，意义重大，我国一般是按春桃、夏荷、秋菊、冬梅的季节主旋律定基调，如此循环，动中有静，静时轮动，使人不感厌倦。空间也是如此，不能平淡如水，要跌宕起伏，错落有致，把宴会台面设计推向高潮。

四、宴会台型设计

（一）中式宴会台型的种类

中式宴会台型设计除了掌握台型设计的含义要求外，还必须掌握中式台型布置形式。

（1）三桌宴会可排成“品”字形或者竖“一”字形，餐厅上方的一桌为主台。

（2）四桌宴会可以排列成菱形，餐厅上方的一桌为主台。

（3）五桌宴会可以排成“立”字形或梅花形，餐厅上方的一桌为主台。

（4）六桌宴会可以排成“金”字形或五瓣花形，“金”字形顶尖一桌为主台，五瓣花形中间为主台。

（5）七桌宴会可以排成“土”字形或六瓣花形，“土”字形顶尖一桌为主台，六瓣花形中间一桌为主台，周围摆六桌。

（二）中式宴会台型设计的方法

1. 要根据餐厅的形状设计好相应的台型

中式宴会一般使用圆桌台面，台型的排列要根据桌数的多少和宴会厅的大小及实际情况安排。多，不能挤；少，不能空旷。各桌台型应统一，主桌可以例外。对不规则，不对称的宴会厅，可以通过台型设计，尽量避开和改变餐厅建筑中的不足，设计出与餐厅相适应的台型。

2. 要根据台型的变化选好主桌的位置

无论餐厅台型如何变化，都应突出主桌的摆放。一般主桌的位置视餐厅结构、门的朝向、主体墙面或背景墙面等因素而定。主桌应设在面对大门，背靠主体墙面（指装有壁画或加以特殊装饰布置，比较醒目的墙面）的位置。

3. 要根据台型的要求做到整齐划一

台型设计一般按宴会厅形状的大小及赴宴人数的多少设计台型。整个宴会台型的排列应整齐有序，间隔适当，合理布局。比如：左右对称，桌脚一条线，椅子一条线，花瓶一条线，做到台型漂亮，布局合理，整齐划一，给人一种艺术的享受。

4. 要根据餐桌的多少科学组织台型

一般宴会的台面直径以 1.8 米为常见，通常坐 10 人，主台的台面直径略大，一般为 2 米或 2.2 米，台面直径越大，坐的人数就越多，主台座位设计时不宜太拥挤，要比一般的宴会餐桌宽松一些，以便主要宾客入座活动方便一些，也便于服务人员上菜、分菜、换盘等服务。在设计宴会台型时，我们应根据餐桌的多少、主台面直径的大小，进行科学组合，如摆成“器”字形、“立”字形、“金”字形、“主”字形等。形成有个性、有特点的台型，给人一种焕然一新的感觉。

（三）中式宴会台型设计的关键

中式宴会台型设计是根据主办人的要求、餐厅的形状、餐厅内的装修布置的特征来进行的，其目的是合理利用宴会的场地，表现出主办者的用意，体现宴会的规格标准，方便服务人员的服务，为此必须掌握如下关键：

1. 台型要美观

中餐宴会台型设计应根据餐厅的形状和大小及人数的多少来安排，桌与桌之间的距离以方便客人进出，有利于服务员上菜、斟酒、换盘为宜。在整个宴会餐桌的布局上，要求有一定的造型，美观整齐。

2. 主桌要突出

中餐宴会大多用圆台，餐桌在排列时，要突出主桌位置，一般主桌应放在面向餐厅大门能够纵观全厅餐饮活动情况。主要宾客活动空间要比其他餐桌宽敞一点，还要注重对主桌的装饰，主桌的台布、餐椅、餐具、花草等也应与其他餐桌有所区别。

3. 餐桌要选准

根据客人的多少及要求，合理地选择餐桌的尺寸。餐桌有直径为 1.5 米的圆桌，每桌可坐 8 人左右；有的直径为 1.8 米的圆桌，每桌可以坐 10 人左右；还有的直径 2 ~ 2.2 米的圆桌，可坐 12 ~ 16 人；如主桌人数比较多，可设置特大圆餐桌，每桌坐 20 ~ 24 人。根据宴会主题的设计，是否考虑摆放转盘，如不放转盘的特大圆桌，可在桌子中间摆放鲜花等装饰品。

4. 服务要讲究

重要宴会或高档宴会为了讲究卫生和提高档次，可考虑采用中餐西吃的服务方式。所有餐饮服务都在工作台上进行，然后逐一分给客人。大型宴会除了主桌外，所有餐桌应编号，桌号牌应放在客人从餐厅的入口处就可以看到的位置，客人亦可从门口告示牌上的座位图知道自己的位置。宴会厅也可安排服务人员在门口进行引导。

知识链接

中餐席位安排

（一）位次安排

在中餐宴请活动中，一般多采用圆桌布置菜肴、酒水，偶尔使用方桌。每桌人数从8人、10～12人不等。作为礼仪之邦的中国非常重视席位的安排，尤其注重“主位”的安排，也就是我们常说的“首席”或“首座”。在座次席位安排方面，东西方大致有统一惯例，但也略有不同。

（1）中餐宴请的席位安排通常按照来宾公认的职务高低排列座次。一般按照国际惯例，主桌上男女交叉安排，以女主人为准，主宾在女主人右上方，主宾夫人在男主人右上方。而我国习惯按个人本身职务排列以便交谈，如夫人出席时，通常把女方安排在一起，即主宾坐在男主人右上方，其夫人坐在女主人右上方。

（2）餐饮文化讲究面对正门为上，所以主人往往在主桌上面门而坐。而在主人的两边则为贵宾上座，通常遵循以右为上的惯例。每张桌上的位次，以距离本桌的主人远近为序，近者为上，远者次之。注意不要将主宾安排到背对正门的座位上。

（3）在不规则的场所安排座次，应以背靠主装饰面为原则。

（4）多桌宾客时，每张桌的座次都可以让主人或上座贵宾面门而坐，如果场所不允许每桌主人或上座贵宾都能面门而坐，则可采取另一个变通原则，即使该桌主人或上座贵宾面向主桌的主人而坐。

（5）在席位安排上，通常使男女主客交叉而座为宜，即主宾可在女主人右侧，而主宾夫人则可在男主人右侧。

（6）中座为尊：坐在中间的人应是尊者。我们可以选择主人居中，也可以让主宾居中，尤其当主宾职务高于主人时，更要注意这一点。让你的客人坐在中间，自己选择左侧的座位比较合适，这样可表示出你对客人的尊敬和谦和。

（7）背墙为尊：在餐厅宴请客人时，为防止餐厅服务人员和其他人士的干扰，一般认为远离通道的靠墙的位置为尊位。

（8）观景为尊：原则是以眼界开阔、能够环视整个用餐大厅的位置为上。进餐过程中或许安排乐手弹奏音乐或歌舞，所以礼仪讲究将宾客安排到方便观看演出的位置或观看景致的位置上。

（9）以右为尊：座次排列讲究以右为尊。而且中餐在上菜布菜时以顺时针方向转动桌面，右侧的贵宾会先受到照应。在主人身份低于主宾时，可将主宾安排在主人座位。

（二）桌次排列

同样在大型的宴会中，圆桌的排列顺序也是很有讲究的，排列圆桌的尊卑次序，大体分为以下两种情况：

第一种情况是由两桌组成的小型宴请。这种情况，又可以分为两桌横排和两桌竖排的形式。当两桌横排时，桌次是以右为尊，以左为次。这里所说的右和左，是由面对正门的位置来确定的。当两桌竖排时，桌次讲究以远为上，以近为下。这里所讲的远近，是指距离正门的远近。

第二种情况是由三桌或三桌以上的桌数组成的宴请。在安排多桌宴请的桌次时，除了要注意“面门定位”、“以右为尊”、“以远为上”等规则外，还应兼顾其他各桌与主桌距离的远近。通常，距离主桌越近，桌次越高；距离主桌越远，桌次越低。在安排桌次时，所用餐桌的大小、形状要基本一致，除主桌可以略大外，其他餐桌都不要过大或过小。为了确保在宴请时赴宴者及时、准确地找到自己所在的桌次，可以在请柬上注明对方所在的桌次，在宴会厅入口悬挂宴会桌次排列示意图，安排引位员引导来宾按桌就座。除工作人员和主人要及时加以引导指示外，还应在每位来宾所属座次正前方的桌面上，事先放置醒目的个人姓名座位卡。举行涉外宴请时，座位卡应以中、英两种文字书写。我国的惯例是，中文在上，英文在下。必要时，座位卡的两面都书写用餐者的姓名。

在排列便餐的席位时，如果也需要排列桌次，可以参照宴会的桌次排列方法进行。位次的排列，可以遵循以下原则。一是右高左低原则：两人一同并排就座，通常以右为上座，以左为下座。这是因为中餐多以顺时针方向为上菜方向，居右坐的人因此要比居左坐的人优先受到照顾。二是中座为尊原则：三人一同就座用餐，坐在中间的人在位次上高于两侧的人。三是面门为上原则：用餐的时候，按照礼仪惯例，面对正门是上座，背对正门是下座。但也有特殊的情况，如在高档餐厅里，室内外往往有优美的景致或高雅的演出供用餐者欣赏，这时候，观赏角度最好的座位是上座。在某些中低档餐馆用餐时，通常以靠墙的位置为上座，靠过道的位置为下座。

实训考核

一、考核内容

××城市承办第×届全国运动会，在维多利亚大酒店举办500人参加的大型晚宴，参加对象有政府官员、运动员代表、裁判员、教练员及工作人员等。维多利亚酒店的宴会厅可以同时容纳800人就餐。此次大运会的宗旨是“团结、奋进、文明、育人”，请根据此次大学生运动会的宗旨，以小组为单位，为此次晚宴设计一份宴会策划书。其中包括宴会主题设计、宴会菜单设计、宴会酒水设计、宴会台面台型设计，最终形成活动策划书，并以演讲的方式进行展示。

二、考核标准

考评小组		被考评小组	
考评地点			
考评内容	宴会策划书		
考评标准	内　容	分值（分）	实际得分（分）
宴会策划	宴会主题设计	10	
	宴会菜单设计	10	
	宴会酒水设计	10	
	宴会台型设计	10	
	宴会台面设计	10	
	是否突出地方特色	10	
	宴会策划文本	20	
团队精神	通力合作、分工合理、团结互助	10	
	发言积极，乐于与同学分享成果	10	
合　计		100	

项目二　中餐宴会服务

课程导入

一丝不苟的发髻，红色上衣搭配黑色长裤，整齐划一到主席台端茶倒水，微笑利落地给人大代表指示方向……每年“两会”期间，这些人民大会堂的服务员算得上人大代表之外，出镜率最高的一群人了。每年全国“两会”召开前夕，是服务员最忙碌的一段时间。在电器尚未普及的那个年代，光是各式各样的灯全部拆下来擦洗一遍，就要花费一个月。在20世纪六七十年代担任电工组组长的徐荣财回忆说，当时，除了每天晚上要值班的人，其余所有人都在擦灯。

如今，在精密仪器的帮助下，这类工作有专门团队进行日常维护。但在“两会”前，准备工作依旧繁重。除了对电路、投票器、安检等设施做一次详细的检查外，服务员还要根据各个代表团的“准备方案”布置各省厅。

“两会”进程中的各种琐细服务同样对服务员的要求极高。“要先放茶壶后部，再放茶壶前部，放喝水杯子也一样，这样才能保证倒水的整个过程不发出一丝声音。平时茶壶时刻在手中端着，不能让首长受到任何影响。削铅笔，不能有一点响声。进会场，轻盈无声。削苹果，一刀下去一条线，苹果皮不能断，一盘五个苹果整齐放着，削皮后苹果皮贴在苹果上，让人看不出是削了皮的苹果，一提苹果把，苹果皮自动脱落。”宋仙娥是侯桂珍的同事，七十多岁的她还记得当年的那些规定。

而在近年来的“两会”召开期间，在万人大礼堂举行的开闭幕式上，除了定时到主席台倒水，服务员不用再为台下的代表服务。“一是坐得比较挤，如果无限量供水，代表出来上厕所会影响会场秩序。”林如说，“最早期每个代表面前还是有茶杯的，后来，变成了一人一瓶矿泉水。现在，干脆没有了。”据其称，这一细节的改变，每次都通过了层层审批。

在不同的历史阶段，服务员也曾是历史的见证人。1971 年，人民大会堂服务员王颖在一场国际招待会后按照惯例开始收拾餐桌，台布一兜，把所有东西扔到了垃圾桶里。时任人民大会堂党委书记的刘剑招待会后不久突然找到了服务组，询问桌上的台签去哪儿了。王颖回忆说，当时刘剑的表情很紧张，把大家都吓坏了。她于是跑到位于大会堂西北小院的垃圾房，扒着垃圾一个一个找了回来，交给了刘剑。后者仔细核对完名单，确定没有一个丢失后，才松了一口气。

王颖说其中一张台签上的名字是“Henry Alfred Kissinger”，后来才知道这位是何等人物——这次国际招待会，乃是为迎接时任美国国务卿基辛格秘密访华所办。这在当时，是尚处于对立的中美两国之间的最高机密。“如果名单被泄露出去，后果将难以预料。”王颖回忆说。而这一次秘密外交行动及其后续，现在已是历史中国际关系大变革绕不开的一幕。

图4-3

资料来源：《看天下》杂志。

一、宴会预订

（一）宴会预订方式

1. 电话预订

电话预订是最为常见的宴会预订方式，常用于小型宴会预订、查询、核实宴会细节、促进销售等。宴会预订员应有礼貌地向客户介绍、促销餐饮产品，落实有关细节，并将了解的信息如实准确地填写在预订记录簿上。

2. 面谈

面谈是宴会预订最为有效的方式。宴会预订员应根据客人的要求详细介绍本酒店宴会场地和所有细节安排，如宴会的布置、菜单设计、席次安排、服务要求等，尽量满足客人提出的各种要求，并商洽付款方式，填写宴会预订单，将得到的信息迅速、准确地记录在宴会预订记录簿上。要注意客人的特殊要求，以便日后联络。在宴会规模较大、宴会出席者的地位较高或宴会标准较高的情况下，一般要求进行面谈预订。

3. 信函预订

所有客户寄来的询问信都必须立即作出答复，并附上建议性的菜单，然后再以电话、信函或面谈的方式与客户达成协议。

4. 登门预订

宴会预订员为适应市场需求，改变推销策略，走出酒店进行上门服务，积极推销，吸引招徕新客户，方便老客户，争取更多的客源。

5. 其他形式

现代信息传递形式已被大量地运用到酒店的宴会预订工作中。电传、图文传真、电子邮件在现代宴会预订中使用得越来越多。

（二）宴会预订程序

1. 接受预订

（1）当宾客前来面谈预订时，宴会预订员应热情、有礼貌地进行接待。向客人展示宴会的相关书面资料。

（2）仔细倾听客人对宴会的要求，认真做好记录，同时应主动向客人介绍酒店宴会设施和宴会菜单，做好推销工作，并回答客人的提问。

（3）根据面谈信息认真填写宴会预订单的各项内容：宴请单位名称、电话、出席人数、宾主身份、宴会类型、宴会标准、结账方式、开宴时间、场地安排、菜单、酒水、预订员姓名、联系电话，以及举行宴会所需的特殊设施设备等。

（4）宴会预订单一式两份并请客人在预订单上签字。

2. 签订宴会合同书

宴会预订所涉及的内容和细节一旦得到确认，应签订宴会合同书。合同书一式两份，经双方签字后生效。将已确认的宴会菜单、酒水单、场地布置安排示意图等细节资料交与宾客，预订员应留存以上相关资料。

3. 收取定金

为确保宴会按时举办，宴会主办单位或个人一般支付宴会总费用10%～30%的定金。

4. 填写宴会安排日记簿

将宾客所预订的宴会信息填在宴会安排日记簿上，按日期标明宴会举办地点、时间、举办单位和人数等，通过登记加强宴会各个环节工作人员的信息交流，以免宴会设施重复预订销售。

5. 跟踪服务

在接受宾客预订后，还需进行密切的跟踪，与对方经常保持联系。预订较早的宴会还应进一步确定日期及有关细节，随时完善宴会的准备工作。

6. 确认宴会通知

在宴会举行的前两天，需进一步确定已预订好的所有事项，确认后预订员填好“宴会通知单”送往各有关部门。如预订有变更，应立即填写“宴会变更通知单”分送各部门，做好宴会的准备工作。

7. 督促检查

宴会预订员虽然只负责宴会预订工作，但对于宴会活动举办前的组织准备工作必须时刻关注，发现与宾客预订不符的情况，应及时纠正。

8. 宴会信息反馈并致谢

宴会活动结束后，应主动向主办单位或个人征求意见，对于宾客中肯的意见应予以接受并进行及时补救和改进。同时对宾客的帮助表示感谢，并表达今后还有更多合作机会的愿望。

9. 建立宴会预订档案

宴会结束后，应将客人的有关信息和活动资料整理归档，对常客更要收集详细资料（如场地布置、菜单、有关信件等），以便下次提供更有效且有针对性的服务。

宴会预订的管理贯穿于宴会活动的整个过程中。在宴会的组织准备过程中可能出现一些异常情况，如宾客取消预订或变更宴会时间等，预订员应耐心地做好这些变化的处理工作，及时办理宴会取消和变更手续。

二、宴会前的组织准备工作

（一）掌握情况

接到宴会通知单后，餐厅服务员应做到“八知”、“五了解”。“八知”为：知主人身份，知宾客国籍，知宴会具体规格，知开餐时间，知菜式品种及烟酒茶果，知主办单位或主办宾客房号、姓名，知收费办法，知邀请对象。“五了解”为：了解宾客风俗习惯，了解宾客生活忌讳，了解宾客特殊需要，了解宾客进餐方式，了解主宾和主客（如果是外宾，还应了解其国籍、宗教信仰、禁忌和口味特点）的特殊爱好。

对于规格较高的宴会，还应掌握下列事项：宴会的目的和性质，宴会的主题名称，有无席次表、席位卡，有无音乐或文艺表演，有无司机用餐等。

（二）明确分工

对于规模较大的宴会，要确定总指挥。在人员分工方面，要按照宴会要求，对迎宾、值台、传菜、酒水供应、衣帽间及贵宾室等岗位人员，明确分工和具体任务要求，将责任落实到人，做好人力物力的充分准备，同时根据每个人的特长来安排，以使所有人员达到最佳组合，保证宴会善始善终。

（三）布置宴会厅

宴会厅的布置应该充分考虑到宴会的形式、宴会的标准、宴会的性质、参加宴会的宾主的身份等有关情况，对宴会的举办场地进行科学的布置和精心设计。例如，中国的美食从来都讲究进餐环境的气氛和情调，因而在场景布置方面，应根据宴会性质和档次的高低来进行，要体现出既隆重、热烈、美观大方又有我国传统的民族特色。

（四）熟悉菜单

服务员应熟悉宴会菜单和主要菜肴的风味特色，以做好上菜、派菜和回答宾客对菜点提出询问的思想准备。同时，应了解每道菜点的服务程序，保证准确无误地进行上菜服务。

对于菜单，应做到能准确说出每道菜的名称、风味特色、配菜和配食作料、制作方法，并能准确服务菜肴。

（五）准备物品与摆台

按宴会规格和摆台要求进行宴会摆台。宴会菜单每桌一至两份，置于台面，重要宴会则人手一份；要求菜单封面精美整洁，字体规范。根据菜单要求准备分菜用具和各种服务用具。根据菜肴准备相配的作料。

开餐前根据宴会通知单要求备好酒水、香烟、茶叶、小毛巾等。

（六）摆放冷盘

大型宴会开始前15分钟左右摆上冷盘，然后根据情况可预斟葡萄酒。冷菜摆放要注意色调和荤素搭配，保持冷盘间距。如果是各式冷菜则按规范摆放，冷菜的摆放应能给顾客赏心悦目的艺术享受，应为宴会增添隆重而又欢快的气氛。

准备工作全部就绪后，宴会管理员要做一次全面的检查。及时召集餐前会，保证宴会能按时顺利进行。

三、迎宾工作

（1）根据宴会的入场时间，宴会主管人员和迎宾员提前在宴会厅门口迎候宾客，值台服务员站在各自负责的餐桌旁准备服务。

（2）宾客到达时，要热情迎接，微笑问好。将宾客引入休息室就座稍作休息。回答宾客问题和引领宾客时注意用好敬语，做到态度和蔼、语言亲切。主动接过衣帽和其他物品，斟倒茶水或饮料，送上小毛巾。根据宴会的具体要求，也可直接将宾客引到宴席就座。

四、就餐服务

（一）入席服务

当宾客来到席前时，值台服务员要面带微笑，拉椅帮助宾客入座，先宾后主、先女后男；待宾客坐定后，帮助宾客落餐巾、松筷套，拿走台号席位卡、花瓶或花插，撤去冷菜的保鲜膜。

（二）斟酒服务

为宾客斟酒水时，要先征求宾客意见，根据宾客的要求斟各自喜欢的酒水饮料。应从主宾开始先斟葡萄酒（提前斟除外），再斟烈性酒，最后斟饮料。葡萄酒斟七分满，烈酒和软饮料斟八分满。

宾客干杯或互相敬酒时，应迅速拿酒瓶到台前准备添酒。主人和主宾讲话前，要注意观察每位宾客杯中的酒水是否已准备好。在宾、主离席讲话时，服务员应备好酒杯斟好酒水供客人祝酒。

（三）上菜、分菜服务

根据宴会的标准规格，按照宴会上菜、分菜的规范进行上菜、分菜。可用转盘式分菜、旁桌式分菜、分羹分叉派菜，也可将几种方式结合起来服务。

（四）席间服务

宴会进行中，要勤巡视，勤斟酒，勤换烟灰缸，并细心观察宾客的表情及需求，主动提供服务；时刻保持转盘的清洁；宾客席间离座，应主动帮助拉椅、整理餐巾；待宾客回座时应重新拉椅、落餐巾；宾客席间站起祝酒时，服务员应立即上前将椅子向外稍拉，坐下时向里稍推，以方便宾客站立和入座；上甜品水果前，送上热茶和小毛巾；撤去酒杯、茶杯和牙签以外的全部餐具，抹净转盘，服务甜点和水果；宾客吃完水果后，撤去水果盘，送上小毛巾，然后撤去用甜点和水果的餐具，摆上鲜花，以示宴会结束。

五、送客服务

（一）结账服务

上菜完毕后即可做结账准备。清点所有酒水、香烟、加菜等宴会菜单以外的费用并累计总数。宾客示意结账后，按规定办理结账手续，注意向宾客致谢。大型宴会上，此项工作一般由管理人员或引宾员负责。

（二）热情送客

主人宣布宴会结束时，服务员要提醒宾客带齐自己的物品。当宾客起身离座时，服务员应主动为宾客拉椅，以方便宾客离席行走，视具体情况目送或送客人至门口。衣帽间的服务员根据取衣牌号码，及时、准确地将衣帽取递给宾客。

（三）收尾工作

在宾客离席时，服务员要检查台面上是否有未熄灭的烟头、是否有宾客遗留的物品。在宾客全部离去后，立即清理台面。先整理椅子，再按餐巾、小毛巾、酒杯、瓷器、刀叉的顺序分类收拾。贵重物品要当场清点。

收尾工作完成后，领班要做检查。大型宴会结束后，主管要召开总结会，服务员要关好门窗。待全部收尾工作检查完毕后，全部工作人员方可离开。

六、宴会服务注意事项

（1）服务操作时，注意轻拿轻放，严防打碎餐具和碰翻酒瓶、酒杯，以免影响场内气氛。

（2）宴会服务应注意节奏，不能过快或过慢，应以宾客进餐速度为标准。服务员之间要分工协作，讲求默契，服务出现漏洞时，要互相弥补。宴会期间，两个服务员不应在宾客的左右同时服务，以免宾客左右为难，应有先后次序。

（3）当宾主在席间讲话或在国宴中演奏国歌时，服务员要停止操作，迅速退至工作台两侧肃立，姿势要端正，排列要整齐，餐厅内要保持安静，切忌发出响声。

（4）席间若有宾客突感身体不适，应立即请医务室协助并向领导汇报，将食物原样保存，留待化验。

（5）宴会结束后，应主动征求宾客对服务和菜点的意见，有礼貌地与宾客道别。宴会主管要对完成任务的情况进行小结，不断提高服务质量和服务水平。

知识链接

宴会的种类与内容形式

（一）宴会的种类

根据不同的分类方式，宴会有如下种类。

1. 按内容和形式分类

宴会按内容和形式的不同可分为中餐宴会、西餐宴会、冷餐酒会、鸡尾酒会、茶话会等。

2. 按进餐标准和服务水平分类

宴会按进餐标准和服务水平的高低可分为高档宴会、中档宴会、一般（普通）宴会等。

3. 按进餐形式分类

宴会按进餐形式的不同可分为立餐宴会、坐餐宴会、坐餐和立餐混合式宴会等。

4. 按礼仪分类

宴会按礼仪可分为欢迎宴会、答谢宴会、告别宴会等。

5. 按主办人身份分类

宴会按主办人身份的不同可分为国宴、正式宴会、非正式宴会（便宴）、家庭宴会等。

6. 按规模分类

宴会按其规模大小（出席者的人数多少）可分为大型宴会（200 人以上）、中型宴会（100～200 人）、小型宴会（100 人以下）等。

7. 按菜肴特点分类

宴会按菜肴特点的不同可分为海鲜宴、燕窝宴、野味宴、全羊席、满汉全席、火锅宴、饺子宴、素席等。

（二）宴会的内容形式

宴会的种类不同，其内容和形式也各不相同。

1. 国宴

国宴是一个国家的元首或政府首脑为国家的庆典（如国庆），或为欢迎来访的外国元首、政府首脑，或是来访的外国元首（政府首脑）为答谢东道国政府而举办的一种正式宴会，这是规格最高的一种宴会形式。

2. 中餐宴会

中餐宴会是按中国传统举办的一种宴会形式。中餐宴会根据中国的饮食习惯，吃中国菜点，喝中国酒水，用中国餐具。菜点品种和数量根据进餐标准高低而不同。

3. 西餐宴会

西餐宴会是按西方传统举办的一种宴会形式。西餐宴会根据西方的饮食习惯，吃西式菜点，喝外国酒水，根据菜点不同使用多套的餐具，讲究菜点与酒水的搭配。

4. 冷餐酒会

冷餐酒会是按自助餐的进餐方式而举办的一种宴会形式。冷餐酒会的菜点以冷菜为主，也有部分热菜，且既有西菜西点，又有中菜中点，客人可根据其饮食爱好自由取食。酒水通常放在吧台上由客人自取，或由酒水员托送。这种宴会形式因其灵活方便而常为政府部门、企业界、贸易界举办人数较多的欢迎会、庆祝会、开业或周年庆典、新闻发布会所采用。

5. 鸡尾酒会

鸡尾酒会是欧美社会传统的聚会交往的一种宴会形式。鸡尾酒会以供应酒水（特点是鸡尾酒和混合饮料）为主，配以适量的佐酒小吃，如三明治、果仁、肉卷等。鸡尾酒会可在一天中的任何时候单独举办，也可在正式宴会前举办（作为宴会的一部分）。

实训考核

一、考核内容

××城市承办第×届全国运动会，在桃园酒店举办500人参加的大型晚宴，参加对象有政府官员、运动员代表、裁判员、教练员及工作人员等，酒店为办好这次宴会，从酒店总经理到各部门经理及员工都十分重视。假如你是宴会部经理，请你为此次宴会设计一套完整的接待服务方案。以小组为单位，以情景剧的方式将方案进行展示。

二、考核标准

考评小组		被考评小组	
考评地点			
考评内容	宴会接待服务设计		
考评标准	内　容	分值（分）	实际得分（分）
迎宾服务	对客问候	10	
	引宾入座	10	

续　表

考评标准	内　容	分值（分）	实际得分（分）
宴会前准备	各项准备工作准确到位	10	
	递送香巾	10	
	问茶斟茶	10	
宴会席间服务	递送菜单	10	
	推荐菜式	10	
	填写点菜单	10	
	询问酒水	10	
团队精神	通力合作、分工合理、团结互助	5	
	发言积极，乐于与同学分享成果	5	
合　计		100	

项目三　西餐宴会服务

课程导入

从美国国宴看西方宴会服务标准

从建成之日起，白宫便成为美国总统主持官方宴会的举办地。根据现代定义，美国首次国宴是在1874年12月12日举行的，时任总统尤里西斯·格兰特和夫人设宴款待桑威奇群岛国王戴维·卡拉卡瓦。1902年白宫进行了一次大装修，这使得白宫更适合举行这种大型宴会，向世人非常完美地展现了美国日益强大的国力。

每次举办国宴，白宫方面在餐桌布置、颜色搭配、嘉宾表演以及国宴菜谱等方面都会煞费苦心。白宫前新闻秘书莉萨·卡普托说："（准备国宴）压力相当大……他们会提前做许多预案。"除了菜谱和餐桌布置，白宫确定嘉宾名单时同样煞费苦心。《华盛顿邮报》曾这样评论："为总统和第一夫人制定来宾名单时，你要确信该来的人被邀请，不该来的人不要请，但同时还要不冒犯那些没获邀请但却自认为应该被邀请的人。"

由于在国宴上能有机会见到当今世界上最有权势的人，能成为美国总统的座上宾对于一些国内外政要来说都是荣幸之至的事情。为了满足各方面的需要，每次国宴，白宫都要费尽心思来定嘉宾座次。在宴请辛格的国宴上，奥巴马共邀请338名嘉宾参加国宴，包括他的政治盟友、美国名流以及印度外交界人士。前"第一夫人"劳拉·布什的高级助手阿妮塔·麦克布赖德说，名单最终由奥巴马总统和夫人确定。在国宴上，最受尊崇的座位当然是美国总统及其夫人的。长长的宴会桌是1902年美国总统设宴款待普鲁士王子亨利时布置的，多年来，这种布置已成为标准。美国国宴座次安排非常讲究，坐在不同的位置意味着不同的地位。

虽然国宴部分礼仪由美国国务院官员负责，但很多重要细节，如贵宾名单、菜肴、餐桌布置等，均由美国第一夫人及助手具体操办。

尽管美国国宴的安排会受传统影响，但每一位白宫女主人都会在举办的国宴上留下自己独特的印记。每次举办国宴时，白宫女主人都会密切关注菜单的安排、餐桌颜色、花的摆放等，以便使每次国宴都能让到访的外国来宾满意并留下美好的回忆。

美国国宴菜谱通常会由4~5道菜组成，主要以美式菜为主，但有时为了照顾外宾的特殊口味，也会加一些有异域风情的菜肴。例如，美国总统奥巴马宴请法国总统奥朗德时，宴会菜单共有四道菜肴。第一道菜是来自美国伊利诺伊州河口的奥西特拉鱼子酱，配上来自宾夕法尼亚州的鹌鹑蛋，以及来自纽约州、爱达荷州以及加州农场的数十种马铃薯。第二道菜是生菜沙拉，配小萝卜和胡萝卜，上面浇上红葡萄酒调料，它们被放置在玻璃碗中，就像玻璃花园。第三道主菜是干式熟成肋眼牛肉，原料来自科罗拉多州一个农场，将搭配蓝纹奶酪、焦葱、牡蛎蘑菇以及烩菜。第四道是甜点。而佐餐的葡萄酒严格限定为美国酿造，从加州、华盛顿州以及弗吉尼亚州挑选。其宴会过后，白宫方面通常还会安排艺术表演，有时还会举行舞会。

一、宴会前的准备工作

（一）布置宴会场所

根据“宴会通知单”的要求布置餐厅，设计台形，做好宴会厅的清洁卫生工作。宴会的台形设计要根据宴请活动的性质、形式、主办人的具体要求、参加宴会的人数、宴会厅的形状面积等情况来决定。西餐宴会一般使用长台，其他类型的餐台由小型餐台拼合而成。一般拼成一字形、N 字形、E 形、梳子形、T 形、星形，此外还有正方形等。西餐宴会无论采用何种台形，都要求庄重、美观、大方，桌椅摆放整齐、对称、平稳，椅间距离不少于 20 厘米。

（二）摆台及餐前准备

（1）根据宴会菜单和规格铺上台布、围桌裙和装饰布，按西餐宴会摆台的要求摆好餐台，具体要求如下。

①摆台之前要洗手消毒。

②摆台时用托盘盛放要用的餐具，边摆边检查餐刀餐叉、酒具、餐盘是否干净、光亮、符合标准，如发现不清洁或破损的餐具要及时更换。

③手拿餐具（如刀、叉）时，要拿其柄部；拿餐盘、面包盘时手不应接触盘面；拿杯具时手指不能接触盛酒部位。

④摆好台后要全面检查一遍，查看是否有漏项或摆错现象；检查花瓶、蜡烛台是否摆放端正。

（2）在宾客到达餐厅前 10 分钟，把开胃品摆放在餐桌上，一般是每人一盘，在少数情况下也可把各种开胃品集中摆在餐桌上，由宾客自取，或由服务员帮助分让。在摆开胃品时应考虑其荤素、颜色、口味的搭配，盘与盘之间要留出一定的距离。

（3）在宾客到达餐厅 5 分钟之前，把宾客要用的黄油、面包摆放在面包盘、黄油盘中，全部宾客的面包数量应是一致的。

（4）为宾客的杯中斟好冰水或矿泉水。

（5）准备好各种酒水饮料，该冷冻的放入冰箱，保证各种饮料符合饮用要求。

（6）对宴会前各项准备工作进行一次全面检查，然后服务人员应再次整理自己的着装，重要的宴会服务人员应戴白手套，做到制服整齐，仪容大方。

二、迎接宾客及休息室服务

根据宴会通知单要求，在宴会开始前半小时或15分钟左右，服务员在宴会厅门口迎接先到的客人，服务员要礼貌热情地表示欢迎，并引领客人到休息室休息。

为宾客送上饮料及餐前酒品，给宾客送饮料前先征求宾客的意见，然后根据宾客的要求送上饮料或餐前酒。送饮料给宾客时，如宾客是坐饮，要先在宾客面前的茶几上放杯垫，然后放饮料杯；如宾客是立饮，要先给宾客餐巾纸，然后给宾客饮料。

当宾客到齐，主人表示可入席时（服务员要注意观察），服务员要立即打开通往餐厅的门，引领宾客入席。入席时，女士优先，服务员帮助宾客拉椅、落餐巾、倒冰水。

三、酒水服务

宴会过程中的酒水服务分五个阶段进行。

（一）服务餐前酒

客人落座后，服务员主动走到宴会台前，按宾主顺序询问客人是否需要开胃酒。如果客人一时难以决定饮何种饮料，应主动向客人介绍饮料、啤酒或鸡尾酒，介绍时要注意客人的国籍、民族和性别。推荐和建议时，注意用礼貌用语，不能强迫客人接受，要记清每位客人所订饮料的品种和数量，以便准确地提供服务。

取开胃酒时，按客人座次顺序将酒水依次摆放在托盘内，第一位客人的酒水放在托盘的前右侧，主人的酒水放在托盘的里侧。饮料取回后，按宾主顺序依次从客人右侧服务。

（二）服务白葡萄酒

餐前酒服务完毕后，开始白葡萄酒的服务。

（三）服务红葡萄酒

宴会的红葡萄酒服务，可以在客人食用主菜前提供，或根据宴会主办单位的特殊要求服务。

（四）服务香槟酒

很多重要宴会，客人需要香槟酒服务。香槟酒一般用在庆典或款待贵宾的场合，服务时机要根据主办人的要求确定。有些客人喜欢在宴会开始后饮用，直到宴会结束；也有些客人喜欢在宴会进入尾声时饮用；特殊情况下，客人还要宴会前或宴会中每人喝一杯香槟。因此，服务员一定要事先询问清楚香槟酒服务的时间，以保证在规定的时间内进行香槟酒服务。

（五）服务餐后酒

当客人在宴会食品用完后，需饮用餐后酒。这时，餐厅服务员应向客人介绍餐后酒或白兰地的种类，客人确定饮用酒名后，餐厅服务员依据餐前酒服务程序与标准为客人服务餐后酒。

四、上菜服务

西餐宴会多采用美式服务，有时也采用俄式服务。上菜服务的顺序是：头盆、汤、副盘、主菜、甜点水果、咖啡或茶。上菜时，要严格遵循宾主顺序，按先宾后主、女士优先，从客人右侧上菜的原则服务。上每一道菜之前，服务员都应将用完的前一道菜的餐具撤下。

（一）上头盆

又称为开胃品，分冷、热两种。如果是冷头盆，可在宴会前10分钟左右事先上好。根据头盆配用的酒类，服务员先为主宾斟酒。客人用完头盆后，服务员应从主宾右侧开始撤盘，连同头盆、刀、叉一起撤下。

（二）上汤

在上汤时连垫盘一起上，上汤时一般不喝酒。一般清汤盛放在带耳的汤盅内，其他汤则盛放在无耳汤盅内。注意汤盅在使用前应根据汤的温度进行加热或冷却处理，所需用的调味汁一律从客人的左侧送上。汤用完后，餐具连同装饰盘一起撤下，餐位上只留下用主菜的餐具、面包盘、黄油刀、黄油碟、甜品叉勺和有酒水的杯具。

（三）上海鲜菜肴

服务员应先斟好白葡萄酒，再从客人右侧上海鲜菜肴。当客人享用完海鲜菜肴后，服务员可以从主宾右侧开始撤下鱼盘及鱼刀、鱼叉。

（四）上主菜

上主菜前，服务员应先斟好红葡萄酒。主菜菜肴的服务程序是：

（1）服务员从客人的右侧撤下装饰盘，摆上餐盘。

（2）服务员在左侧为客人分主菜，菜肴的主要部分要靠近客人。

（3）另一名服务员随后从客人的左侧为客人分派沙司。

（4）若配有沙拉，服务员也应从左侧为客人依次送上。

（五）上甜点、水果

客人用完主菜后，服务员应及时撤走主菜盘、刀、叉、沙拉盘、黄油碟、面包盘和黄油刀，摆上干净的点心盘，之后托送奶酪及配食的饼干，并从客人的左侧分派。上奶酪前先斟酒，可以是香槟酒或波特酒。水果由服务员托着水果盘在客人的左侧派送，并上净手盅和水果刀、叉。

（六）上咖啡或茶

上咖啡或茶时，服务员应送上糖缸、淡奶壶（每四个一套）。在客人的右手边放咖啡具或茶具，然后用咖啡壶或茶壶依次斟上。客人饮用咖啡或茶时，服务员应向客人推荐餐后酒或雪茄烟。

五、席间服务

在席间，服务员要勤斟酒水，勤换烟灰缸，主动替客人点烟。席间宾客离座时，帮助拉椅、重新整理餐巾；待宾客回座时，帮助拉椅、落餐巾。注意菜肴服务期间应询问是否加黄油面包。上甜点前用面包滚或服务巾清理台面上的面包屑。服务时应始终注意女士优先。

六、结账服务

宴会接近尾声时，服务员应清点所用的酒水饮料，交收银台算出总账单。宴会结束时，宴会主人或助手负责结账，一般不签单，而是收取现金或用信用卡、支票结账。

七、送客服务

当宾客起身离座时，服务员应主动为宾客拉椅，检查是否有宾客遗留物品，向宾客致谢并希望能再次为其提供服务，礼貌地送宾客至宴会厅门口。

八、收尾工作

首先检查台面是否有未熄灭的烟头。其次先整理椅子，再收餐巾，然后用托盘或手推车收餐具。撤换台布，了解下一餐宴会的情况，在下班前准备下一餐宴会的餐桌。最后关好门窗和所有的电灯。

知识链接

西餐宴会席位安排

一、西餐席位排列的规则

（1）女士优先。在西餐礼仪里，往往体现女士优先的原则。排定用餐席位时，一般女主人为第一主人，在主位就位。而男主人为第二主人，坐在第二主人的位置上。

（2）距离定位。西餐桌上席位的尊卑，是根据其距离主位的远近决定的。距主位近的位置要高于距主位远的位置。

（3）以右为尊。排定席位时，以右为尊是基本原则。就某一具体位置而言，按礼仪规范其右侧要高于左侧之位。在西餐排位时，男主宾要排在女主人的右侧，女主宾排在男主人的右侧，按此原则，依次排列。

（4）面门为上。按礼仪的要求，面对餐厅正门的位子要高于背对餐厅正门的位子。

（5）交叉排列西餐排列席位时，讲究交叉排列的原则，即男女应当交叉排列，熟人和生人也应当交叉排列。在西方人看来，宴会场合是要拓展人际关系，这样交叉排列，用意就是让人们能多和周围客人聊天认识，达到社交目的。

二、西餐座次安排

就座西餐的位置排法与中餐有一定的区别，中餐多使用圆桌，西餐则以长桌为主。长桌的位置排法主要有以下两种方式：

（1）法式就座方式。主人位置在中间，男女主人对坐，女主人右边是男主宾，左边是男次宾，男主人右边是女主宾，左边是女次宾，陪客则尽量往旁边坐。

（2）英美式就座方式。桌子两端为男女主人，若夫妇一起受邀，则男士坐在女主人的右手边，女士坐在男主人的右手边，左边则是次客的位置，如果是陪同客尽量往中间坐。

在隆重的场合，如果餐桌安排在一个单独的房间里，在女主人请你入席之前，不应当擅自进入设有餐桌的房间。如果都是朋友，大家可以自由入坐。在其他场合，客人要按女主人的指点入坐。客人要服从主人的安排，其礼貌的做法是，在女主人和其他女士坐下之后方可坐下。一般说来，宴会应由女主人主持。如果女主人说："祝你们胃口好"，这就意味着你可以吃了。如果女主人还没有发话，勺子就进了嘴，那可是非常不礼貌的。

实训考核

一、考核内容

以小组为单位，设计西餐服务情景，并分角色扮演，为宾客提供西餐宴会服务。

二、考核标准

考评小组		被考评小组	
考评地点			
考评内容	西餐宴会服务		
考评标准	内　容	分值（分）	实际得分（分）
宴会前的准备工作	按要求布置宴会场地	10	
	按规范进行西餐宴会摆台	10	
迎接宾客及休息室服务	迎接宾客服务	10	
	休息室服务	10	
酒水服务	按规范服务餐前酒	10	
	按规范服务白酒	10	
	按规范服务红酒	10	
	按规范服务香槟	10	
	按规范服务餐后酒	10	
上菜服务	能按要求完成西餐宴会上菜服务	10	
合　计		100	

项目四　鸡尾酒会与冷餐酒会服务

课程导入

中央大街冲击吉尼斯世界纪录大型西餐酒会

继“6·1中央大街狂欢夜”后，为庆贺这条亚洲最长的步行街建成10周年，系列庆祝活动的另一个重要组成部分，“中央大街冲击吉尼斯世界纪录大型西餐酒会”也于今晚如期举行。

当晚，5000余名参与者聚集在中央大街，在长达300米的餐桌前，品尝了由哈市知名西餐厅提供的西餐食品。很多参与者是举家前往中央大街品尝西餐，把这次在中央大街上进行的活动当成了自己的节日。这表明了哈尔滨人对中央大街的热爱，对西餐文化的热爱。

据组织者介绍，摆放长达300米的餐桌是一次全新的尝试，由于缺乏经验，未能按期完成餐桌的布置，造成了酒会开始的时间顺延了将近一个小时。在等待过程中，一些参与者因为不能及时了解活动全局真实情况，对活动进程产生了误会，局部地区出现了短时间的骚动，并直接导致了一些参与活动的西餐厅来不及摆放更多事先准备的食品的结果。对此，活动承办单位向所有参与者表示遗憾和真诚的道歉。

图4－4

西餐酒会通常有鸡尾酒会和冷餐酒会。冷餐酒会由鸡尾酒会发展而来，以自助餐的形式举行，规模宏大、布置华丽、气氛热烈、菜肴丰盛、环境高雅，服务前的准备工作量大，而宴会进行中的服务则较简单，与自助餐的服务方式大同小异。因此，在这里将详细介绍鸡尾酒会及其服务的相关内容。

一、鸡尾酒会服务

鸡尾酒会是较流行的社交，聚会的宴请方

式。鸡尾酒会实用、简单、热烈、欢愉且适用于不同场合、不同时间，与会者不分高低贵贱，气氛热烈而不拘泥太多的礼节要求。鸡尾酒会以供应各种酒水为主，也提供简单的小吃、点心和少量的热菜。鸡尾酒会一般不设座，只设临时酒吧，酒吧四周设小圆桌，桌上放置餐巾纸、烟灰缸、牙签等物品，以招待更多的宾客。鸡尾酒会的形式较为自由。席间由主人和主宾即席致辞，宾客可以迟到或早退。然而，为避免宴会主人不好意思开口结束宴会的尴尬情况，酒会通常有时间上的限制。一般举办时段，则以上午9：00~11：00、下午3：00~5：00及下午4：00~6：00比较合适，但酒会期间仍然可作适度调整，以给予主人及与会宾客充分的自由与方便。

（一）鸡尾酒会的形式和供应方式

1. 酒会的形式

（1）酒会中不摆放桌椅，也不设置主宾席，只摆设餐台以及一些小圆桌或茶几，宾客在酒会中以站姿进餐。宽敞的空间使主人及宾客均得以自由地在会场内穿梭走动，自由地和其他与会宾客交谈。

（2）酒会还有一个便利之处是宾客可根据自身方便、喜好，在请柬里所注明的宴会时段内，随时到达或提前离场。

（3）若宴请宾客人数较多，主人也可以将既定的酒会时间区隔成数时段，并注明不同时段的请柬邀约不同的宾客，以避免某一时间内的与会宾客数过多，造成场面拥挤、使得主人无法兼顾所有宾客。由此可知，酒会其实是属于比较活泼且较具弹性的宴会进行方式。

2. 酒会的供应方式

酒会的举办方式相当多，并且具有很大的发挥空间，我们以形式的简繁分成三类。

（1）仅供应简单的开胃品。酒会中的开胃品通常放置在酒吧台或沙发旁的茶几上，供宾客自行取用。而这些开胃品不外乎是一些洋芋片、腰果、花生、蔬菜条、面包条等简单且方便食用的小餐点。

（2）除了开胃品的供应之外，再增加一些绕场服务食品之类的食物，由服务人员端着来回穿梭于宾客之间，供宾客们依个人喜好自行取用。这种类型的酒会在正式餐会开始之前的30分钟或15分钟通常会提供餐前酒给宾客饮用。这种餐前酒的招待，不但能使宾客在用餐前能享受酒的美味，也可以帮助先到达会场的宾客在自由轻松的气氛之下与他人寒暄，打发等待其他与会宾客到齐的时间，而不至于感到无聊乏味。

（3）采用“餐台式”来举行酒会。若以这种方式举办酒会，便必须提供一些冷盘类食物以及其他简单易食的热食类餐点。除此之外，小餐盘和叉子的设置也是餐台式酒会所不可或缺的。

（二）鸡尾酒会服务流程

1. 准备工作

根据“宴会通知单”的具体要求安排台形、桌椅，准备所需各种设备，如立式麦克风、横幅等。在设计酒会场地之前，必须事先了解宾客办酒会的目的、与会人数的多少以及所希望的菜色等。在酒会的场地设计中，舞台设计是其中非常重要的一环。倘若舞台布置得宜、主题明确，能让所有与会宾客在进场之后便留下深刻的第一印象，那么这场酒会已经成功了一半。

1）餐台布置

酒会中餐台的摆设方式主要着重于酒吧台与餐台的位置规划。酒会通常采用活动式的酒吧台，并且摆放一些辅助桌以放置酒杯。至于餐台的布置，不仅须配合宴会厅的大小，还应摆设在较显眼的地方，一般都摆设在距门口不远的地方，让宾客一进会场就能清楚看到。

餐台摆设可用有机玻璃箱、银架或覆盖着台布的饮料箱来垫高，使菜肴摆设呈现出高低层次的立体效果。

餐台的摆设要视菜单上菜肴道数的多少来准备，过大或过小的餐台都是不适当的布置，所以必须事先了解厨师所推出的菜肴分量，以作为布置的依据，有时也需配合特殊餐具的使用来进行摆设。

酒会会场除了放置餐台及酒吧之外，还需摆设一些辅助用的小圆桌。小圆桌中间可摆一盆蜡烛花，并将蜡烛点燃以增添酒会的气氛。小圆桌上可放置一些花生、洋芋片、腰果等食物，供宾客取用。同时，小圆桌也具有让宾客摆放使用过的餐盘、酒杯等功用。

若要使餐台看起来更有气氛，可以使用透明的白色围布来围餐桌，并在桌上分别放置各种颜色的灯光来照射，如此一来便可使酒会更添浪漫优美的氛围。酒会时不需太亮的灯光照明，而暗的灯光恰可提供酒会适宜的气氛。但若酒会场地有舞台的布置，则舞台的灯光应比舞台周围的酒会场地要亮，必要时可用投射灯来照明，以凸显舞台的布置。

如果酒会中只有少数一两个餐台，菜肴便可以不按照自助餐的摆设方式进行布置，而只需摆设出层次感、使菜肴呈现高低不同的视觉效果即可。但是如果餐台为数众多，则可依照菜肴类别分区摆设，比如分成冷盘区、熟食区、切肉区、小点心区、饮品区等。

2）酒水台摆设

宴会时，酒吧台均采用临时性活动吧台，由饮料单位负责准备。如果与会宾客众多，则可直接采用宴会桌当酒吧台。

杯子的数量约为参加人数的三倍，其中必须包括红葡萄酒杯、白葡萄酒杯、白兰地酒杯、果汁杯、啤酒杯、利口杯、雪利杯、鸡尾酒杯等。将足够数量的餐盘、刀叉放在餐台的一端或两端，中间陈列小吃、菜肴。规格高的鸡尾酒会还准备肉车为宾客切割牛柳、火腿等。

酒会开始前，应请宴会主人先行清点所有准备用来供应宾客饮用的酒水数量，结束后仍须请其再清点一次，以确定实际的使用数量。清点结果记录在酒会领料（退料）表上。供应宾客于宴会中饮用的酒水，在宴会开始前必须清楚记录，结账时才不会有所遗漏。

2. 酒会前的分工

主管要根据酒会规模配备适当的服务员，一般以一人服务十位客人的比例配员，服务员要负责托送酒水，照管和托送菜点，调配鸡尾酒，及时提供各种饮料，为客人提供其他服务等。由于酒会中宾客没有固定座位，所以服务人员很难划分服务区域，而只能用分组的方式来服务宾客。一般将酒会服务人员分成三组来进行服务工作，第一组负责绕场服务和餐台，第二组负责酒类、饮料的服务，第三组则负责收拾空杯残盘及整理会场。其工作细节说明如下。

（三）迎宾服务

鸡尾酒会准备完毕后，在开宴之前，服务人员应和主办人员一同位于宴会厅入口处列队迎候宾客入场。

（四）服务工作

1. 酒水服务

服务员在宴会进行中始终用托盘递送各种酒水。一般酒水托盘中放一只口纸杯，每杯饮料均用口纸裹着送给宾客。服务时要及时收回客人手中或桌面上已用过的酒杯，保持台面的整洁。

2. 菜点服务

负责菜点的服务员在酒会开始前半小时左右备好干果、点心和菜肴等；要保证有足够数量的盘、碟、叉、勺，以帮助宾客取食、添加点心、菜肴，必要时用托盘送特色点心；另外，负责收小桌上的空盘，用过的牙签、纸巾等。

3. 吧台服务

吧台服务员负责斟酒水和调配宾客所点的鸡尾酒，并做好吧台台面的清洁卫生。

（五）结束工作

鸡尾酒会结束后，宾客结账离去时，服务员要列队送客，然后负责撤掉所有的物品，余下的酒品收回酒吧存放，脏餐具送洗涤间，撤下台布，收起桌裙，为下一餐做好准备。

二、冷餐酒会

冷餐酒会属于自助餐，是西方国家较为流行的一种宴会形式，目前在中国也越来越流行，冷餐酒会适用于表示庆祝、欢迎和其他目的的会议用餐、团体用餐和各种大型活动。冷餐酒会一般有坐式和立式两种就餐形式，目前以坐式就餐服务居多。冷餐酒会具有规模大、布置华丽、气氛热烈、环境高雅、菜肴丰富、服务准备工作量大、宴会进行中服务较简单等特点。

（一）准备工作

1. 布置会场

从“宴会通知单”上了解参加人数、酒会形式、台形设计、菜肴品种、布置主题等事项。餐台的摆设应方便宾客选取菜肴，并注意宾客流动方向。餐桌摆放要突出主桌并留有通道，环境布置要围绕宴会主题。

2. 餐台的摆放

餐台的摆放形式多种多样，有设备完整的食品陈列台；有烘托宴会主题的看台或花台；有宾客就餐的餐台等。

（1）食品陈列台的布置。食品陈列台又叫自助餐台。宾客所取菜肴应整齐地放在自助餐台最前端。沙拉、开胃品和其他冷菜放在人流首先能取到的一端，并注意美观；接着放热蔬菜、肉类菜肴，并注意要跟调配的调味汁放在一起；热菜通常要用保温锅保温，菜肴前应摆放中英文对照的菜名牌；甜品、水果一般是单独设台摆放，也可放在主菜的后面即人流最后去的一端；陈列台前半部或后半部摆上取用食品餐肴所需的餐盘、刀、叉等物品，方便宾客取用。

（2）装饰台的布置。布置看台时，先在餐台上铺台布，然后围上装饰用的桌裙和装饰台，台中央可布置冰雕、鲜花、水果装饰物点缀，以烘托气氛，增加立体感，美化就餐环境。

（3）餐台的摆放。宾客就餐的餐桌应摆放酒水具、椒盐瓶、牙签桶、烟灰缸、桌号、鲜花、烛台、小毛巾或纸巾等物。

（二）迎宾工作

在酒会开始前半小时或 15 分钟，一般应在宴会厅门外为先到的宾客提供鸡尾酒、饮料和简单小吃，直到酒会开始请宾客进入宴会厅，服务员见到宾客应有礼貌地问好并热情地引领客人至宴会厅。

（三）入座就餐

设座式的冷餐会座次卡主要设在主桌，其他桌不用区别，宾客自由选择或根据请柬要求入座。服务员为每位宾客斟冰水，并询问是否需要酒水饮料。宾客全部入座后，主办方致辞、祝酒并宣布酒会正式开始。客人排队从餐桌上选取自己喜爱的食品回到座位享用，也有一些高档冷餐酒会主桌的开胃品、汤由服务员送到餐桌上。

（四）自助餐台服务

自助餐台应有厨师值台。厨师负责向宾客介绍、推荐、帮助分送菜肴和切割肉车上的各类烤肉；负责及时添加菜肴，检查食品温度，回答宾客提问并保持餐台整洁。

（五）席间服务

服务员要随时接受宾客点用酒水饮料，并负责送到餐桌或宾客手中；帮助宾客取用食品菜肴；巡视服务区域，随时撤空盘、空杯，换烟灰缸，替宾客点烟，整理餐桌等；在服务期间服务员应随时与厨房保持联系，如通知加菜和告知宾客特殊需求等，尽可能地为宾客提供更为周到的服务。

（六）结束收尾工作

当宴会接近尾声时，宴会的负责人和服务员要清点酒水，核实人数，协助收款员打出账单。当主办单位或个人示意结账时，服务员按规定办理结账手续，并询问宾客对活动的满意程度。

宾客离座时帮助拉椅、提醒携带随身物品，感谢宾客的光临，礼貌道别送客。同时检查角落是否有宾客遗留的物品。

宾客全部离开餐厅后，厨师负责将余下的菜肴全部撤回厨房分别按规定处理。服务员负责清理台面，送洗餐具，恢复宴会厅原样。

由宴会负责人写出“冷餐酒会服务报告”备案。对酒会的服务工作进行小结，根据征求来的意见为将来的服务做好调整，以便提高服务质量。

知识链接

酒会菜单设计

一、酒会菜单设计的原则

酒会中，除非个人特殊需求，一般都不设置桌椅供宾客入座就餐，也就是说来宾通常以站立的姿势食用餐点。因此，酒会餐点在刀法上必须讲求精致、细腻，食物应切分成较小块、少量，使宾客能够方便拿（持）餐食入口，而不必再使用刀叉。

酒会跟自助餐的菜单设计有很大不同。一般酒会所提供的菜肴并不像自助餐那样以让宾客吃饱为目的，而是限量供应，讲求精致、简单、方便，所以食物的分量有限，吃完了便不再提供，除非来宾再另点食品。

在菜单的设计上，酒会菜单讲究食物的精美，因此酒会中每道菜所使用的手工部分比平常多，人力成本也不可避免地随之提高。鉴于此，其食物成本必须相对降低，以控制宴会厅经营成本并维持宴会部门的赢利能力。

酒会菜单不提供沙拉和汤类食物，以符合简单、方便的原则。

人数越多，菜单开出的菜肴种类也会随之增加。例如，100 人和 1000 人的酒会，尽管每人单价相同，酒会中出现的菜色也应有很大的差别。由此可知，与会人数也是决定菜单内容设计的重要依据。

二、酒会菜单结构

（1）鸡尾小点（Canapes），如小饼干加乳酪，小面包加鹅肝酱等。

（2）冷盘类（Cold Cut）。

（3）热菜类（Hot Item）。

（4）现场切肉类（Carving Item）。

（5）绕场服务小吃（Pass Aroundor Special Addition），如鸡尾小点、油炸小点心等，

或者特别增加类，如手卷、烤乳猪等。

（6）甜点及水果（Pastries & Fruit）。

（7）配酒料（Condiments），即佐酒食用餐点，如干果类、蔬菜条等，通常放置在酒会中必备的小圆桌上，以便宾客自行取用。

举办酒会时，如果能严格按上述几点作为菜单设计的依据，便能轻而易举地制定出一份适当且宾主尽欢的酒会菜单。

实训考核

一、考核内容

我市承办第×届大学生运动会，在维多利亚酒店举办500人参加的大型晚宴，参加对象有政府官员、运动员代表、裁判员、教练员及工作人员等，酒店为办好这次宴会，从酒店总经理到各部门经理及员工都十分重视，并多次开会研究办好这次宴会的目标、要求及注意事项，每个环节明确主要负责人，从理论上说安排有条不紊，周到细致。请同学以小组为单位，为该宴会设计一场鸡尾酒会。并分角色扮演，设计鸡尾酒会服务场景模拟练习。

二、考核标准

考评小组		被考评小组	
考评地点			
考评内容	鸡尾酒会服务		
考评标准	内　容	分值（分）	实际得分（分）
鸡尾酒会方案汇报	表达清晰流畅	10	
	主题鲜明、观点正确	10	
	内容全面、思维缜密	10	
	有自己的创新和特色	10	
鸡尾酒会服务	各项准备工作准确到位	10	
	正确提供菜点服务	10	
	正确提供酒水服务	10	
	收尾工作	10	

续 表

考评标准	内 容	分值（分）	实际得分（分）
团队精神	通力合作、分工合理、团结互助	10	
	发言积极，乐于与同学分享成果	10	
合 计		100	

模块五　酒吧服务与管理

学习目标

※　了解酒吧的表现形式及特点
※　熟悉酒吧服务主要内容
※　能够熟练掌握酒吧服务技巧
※　熟悉酒水成本控制的主要过程
※　培养学生具有一定的酒吧运营管理意识

教学建议

本模块的学习重点是让学生了解酒吧服务及运行管理。酒吧是餐饮中颇具特色的一个部门，有足够的吸引力而引起消费者和从业者的关注。同时它也是一个获利能力较强的部门，其地位相当重要。酒吧最终又是从业人员高技术展示的场所，具有很强的挑战性。教师可充分利用校外实训基地进行参观，也可让学生到酒吧间或商业性酒吧见习，使学生加深对酒吧的认识与了解。

学习项目

项目一　酒吧服务
项目二　酒水管理

项目一 酒吧服务

课程导入

海景酒吧助客点酒

王楠将一对男女青年客人引领至他们喜欢坐的位置后，为客人点燃蜡烛，紧接着双手呈上酒水牌，并礼貌地问候："您好，小姐/先生，这是我们的酒水牌，我们这儿有各种鸡尾酒，开胃酒，各种干邑，威士忌，各种金酒，朗姆酒，伏特加酒，还有各种利口酒，香槟酒，葡萄酒，啤酒，各种软饮等。"

事实上，酒店酒海景吧定期进行酒水销售与服务培训，它们有一套较为完善的服务用语：如果客人点的是鸡尾酒，就给客人介绍："我们这儿有各种鸡尾酒，有经典鸡尾酒，长饮类鸡尾酒，古典鸡尾酒，情趣鸡尾酒和无酒精的鸡尾酒，不知先生/小姐喜欢喝什么样的鸡尾酒?"

若客人点的是经典鸡尾酒，就给客人介绍："我们这儿有海景自己创的海景之梦、海景特饮，还有女士比较爱喝的红粉佳人，自由古巴、玛格丽特也是很多客人喜欢的。不知先生/小姐喝哪一种?"

若客人点的是长饮类鸡尾酒，给客人介绍："我们这儿有新加坡司令、金汤力、椰林飘香，墨西哥日出、佐罗、彩虹、长岛冰茶、金巴利橙汁、蝴蝶、莫斯科佬和哈威撞墙，不知先生/小姐喝哪一种?"

若客人点的是古典鸡尾酒，给客人介绍："我们这儿有干马天尼、美态、血玛丽、冰玛格丽特、往日情怀、天使之吻等，不知先生/小姐喝哪一种?"

若客人点的是开胃酒，给客人介绍："我们这儿有干马天尼、半干马天尼、甜马天尼、金巴利，不知先生/小姐喝哪一种?"

若客人点的是干邑酒，就给客人介绍："我们这儿有人头马 XO、人头马特技、人头马 VSOP、马爹利 XO、蓝带马爹利等，不知先生/小姐喝哪一种？若客人点了其中的一种，询问客人是不是要加冰。"

若客人点的是威士忌，就给客人介绍：我们这儿有皇家礼炮、威雀、黑方、红方、占美臣、加拿大俱乐部、杰克丹尼，若客人点了其中的一种，询问客人加不加冰块。

若客人点的是冰淇淋，就给客人介绍有草莓冰淇淋、香草冰淇淋、巧克力冰淇淋。

若客人点的水果拼盘，就给客人介绍大果盘120元、中果盘100元、小果盘80元。

……

一、酒吧基础知识

（一）概念及其环境

酒吧（Bar）是经营各种酒品和饮料的场所。酒吧环境优雅、舒适，气氛轻松、高雅。门前整洁卫生，标志标牌齐全，摆放端庄，布局合理。室内吧台、接待台、收款台和餐桌椅分区设置，整体布局协调美观。吧台提供靠台服务，内设鸡尾酒配制工作台，酒水陈列架。各种酒水数量充足，展示陈列美观舒适。桌椅摆放整齐，形式活泼多样，台面清洁卫生。室内灯光暗雅，气氛宜人，播放轻松音乐，能够给客人提供一个良好的休息、消遣、调节心情的环境。客人有舒适轻松、心情舒畅的感觉。

（二）类别

1. 主酒吧（Main Baror Pub）

主酒吧大多装饰美观、典雅、别致，具有浓厚的欧洲或美洲风格。视听设备比较完善，并备有足够的靠柜吧凳，酒水、载杯及调酒器具等种类齐全，摆设得体，特点突出。许多主酒吧的另一特色是具有各自风格的乐队表演或向客人提供飞镖游戏。来此消费的客人大多是来享受音乐、美酒，以及无拘无束的人际交流所带来的乐趣，因此，对调酒师的业务技术和文化素质要求较高。在这类酒吧中，客人一般直接坐在吧台上，面对调酒师，当面欣赏调酒师的全套调酒表演。

2. 酒廊（Lounge）

其经营特点、装饰、风格、设计与咖啡厅相似。这种酒吧形式在酒店大堂和歌舞厅最为多见，装饰上一般没有什么突出的特点，以经营饮料为主，另外还提供一些美点小吃。

3. 服务酒吧（Service Bar）

俗称水吧，也称餐厅酒吧。服务酒吧是一种设置在餐厅中的酒吧，服务对象也以用餐客人为主。中餐厅服务酒吧较为简单，酒水种类也以国产为多。西餐厅服务酒吧较为复杂，除要具备种类齐全的洋酒之外，还要具有全面的餐酒保管和服务知识。

4. 宴会酒吧（Banquet Bar）

这一类酒吧是根据宴会标准、形式、人数、厅堂布局及客人要求而摆设的酒吧，临时性、机动性较强。外卖酒吧（Catering Bar）则是根据客人要求在某一地点，例如大使馆、公寓、风景区等临时设置的酒吧，外卖酒吧隶属于宴会酒吧范畴。

5. 其他类型的酒吧

酒店根据经营特点设置一些特色酒吧，如为游泳、打保龄球等客人设立的酒吧。最典型的当属主题酒吧（Saloon）。现实比较流行的“氧吧”（Oxygen Bar）、“网吧（Internet Bar）等均称为主题酒吧。这类酒吧的明显特点即突出主题，来此消费的客人大部分也是来享受酒吧提供的特色服务，而酒水却往往排在次要的位置。

(三) 酒吧结构

1. 吧台造型

常见吧台有直线形、圆形、U形等。

2. 酒吧的设计

1) 吧台设计要求

有特色、简洁、方便操作和服务。高度110~120厘米，宽度60~70厘米较为适宜。

2) 工作台

位于吧台下面，是调酒师调酒和切配水果的工作区，高75厘米，宽45厘米比较方便。

3) 酒柜

即酒吧中的展示柜，高175厘米。上层陈列酒具、酒杯和瓶装酒，下层设有冷藏柜，可存放饮料、水。

二、酒吧营业前工作程序

营业前工作准备俗称为“开吧”。主要有酒吧内清洁工作、领货、酒水补充、酒吧摆设和调酒准备工作等。

(一) 酒吧内清洁工作

1. 酒吧台与工作台的清洁

酒吧台通常是大理石及硬木制成，表面光滑。由于每天客人喝酒水时会弄脏或倒翻少量的酒水在其表面而形成点块状污迹，在隔一个晚上后会形成硬结。清洁时先用湿毛巾擦拭，再用清洁剂喷在表面擦抹，至污迹完全消失为止。清洁后要在酒吧台表面喷上蜡光剂以保护光滑面。工作台是不锈钢材料，表面可直接用清洁剂或肥皂粉擦洗，清洁后用干毛巾擦干即可。

2. 冰箱清洁

冰箱内常由于堆放罐装饮料和食物使底部形成油滑的尘积块，网隔层也会由于果汁和食物的翻倒粘上滴状和点状污痕，大约三天必须对冰箱彻底清洁一次，从底部、壁到网隔层。先用湿布和清洁剂擦洗干净污迹，再用清水抹干净。

3. 地面清洁

酒吧柜台内地面多用大理石或瓷砖铺砌。每日要多次用拖把擦洗地面。

4. 酒瓶与罐装饮料表面清洁

瓶装酒在散卖或调酒时，瓶上残留下的酒液会使酒瓶变得黏滑，特别是餐后甜酒，由于酒中含糖多，残留酒液会在瓶口结成硬颗粒状；瓶装或罐装的汽水啤酒饮料则由于长途运输仓储而表面积满灰尘，要用湿毛巾将瓶装酒及罐装饮料表面擦干净以符合食品卫生标准。

5. 杯、工具清洁

酒杯与工具的清洁与消毒要按照规程做，即使没有使用过的酒杯每天也要重新消毒。

6. 公共区域

酒吧柜台外的地方每日按照餐厅的清洁方法去做，有的酒店是由公共地区清洁工或服务员做。

（二）领货工作

1. 领酒水

每天将酒吧所需领用的酒水数量填写酒水领货单，送酒吧经理签名（规模较小的酒店由餐饮部经理签名），拿到食品仓库交保管员取酒发货。此项工作要特别注意在领酒水时清点数量以及核对名称，以免造成误差，领货后要在领货单上收货人一栏上签名以便核实查对。食品（水果、果汁、牛奶、香料等）领货程序大致与酒水领货相同，只是还要经行政总厨或厨师长签名认可。

2. 领酒杯和瓷器

酒杯和瓷器容易损坏，领用和补充是日常要做的工作。需要领用酒杯和瓷器时，要按用量规格填写领货单，再拿到管事部仓库交保管员发货，领回酒吧后要先清洗消毒才能使用。

3. 领百货

百货包括各种表格（酒水供应单、领货单、调拨单等）、笔、记录本、棉织品等用品。一般每星期领用一到两次。领用百货时需填好百货领料单交酒吧经理、饮食部经理和成本会计签名后才能拿到百货仓库交仓管员发货。

（三）补充酒水

将领回来的酒水分类堆好，需要冷藏的如啤酒、果汁等放进冷柜内。补充酒水一定要遵循先进先出的原则，即先领用的酒水先销售使用，先存放进冷柜中的酒水先卖给客人。以免因酒水存放过期而造成浪费，特别是果汁及水果食品更是如此。例如纸包装的鲜牛奶的存放期只有几天，稍微疏忽都会引起不必要的浪费。这是调酒员要认真对待的。

（四）酒水记录

每个酒吧为便于进行成本检查以及防止失窃现象，需要设立一本酒水记录簿，称为barbook。上面清楚地记录酒吧每日的存货、领用酒水、售出数量、结存的具体数字。每个调酒员取出“酒水记录簿”就可一目了然地知道酒吧各种酒水的数量。值班的调酒员要准确地清点数目，记录在案，以便上级检查。

（五）酒吧摆设

酒吧摆设主要是瓶装酒的摆设和酒杯的摆设。摆设要遵循几个原则，这就是美观大方，有吸引力、方便工作和专业性强，酒吧的气氛和吸引力往往集中在瓶装酒和酒杯的摆设上。摆设要让客人一看就知道这是酒吧，是喝酒享受的地方。瓶装酒的摆设一是要分类摆，开胃酒、烈酒、餐后甜酒分开；二是价钱最贵的与便宜的分开摆，例如干邑白兰地，便宜的几十块钱一瓶，贵重的几千块钱一瓶，两种是不能并排陈列的。

瓶与瓶之间要有间隙，可放进合适的酒杯以增加气氛，使客人的感觉得到满足和享受。经常用“酒店专用”以标明档次。散卖酒与陈列酒要分开，散卖酒要放在工作台前伸手可及的位置以方便工作。不常用的酒放在酒架的高处，以减少从高处拿取酒的麻烦。酒杯可分悬挂与摆放两种，悬挂的酒杯主要是装饰酒吧气氛，一般不使用，因为拿取不方便，必要时，取下后要擦净再使用；摆放在工作台位置的酒杯要方便操作，加冰块的杯（柯林杯、平底杯）放在靠近冰桶的地方，不加冰块的酒杯放在其他空位，啤酒杯、鸡尾酒杯可放在冰柜冷冻。

（六）调酒准备

1. 取放冰块

用桶从制冰机中取出冰块放进工作台上的冰块池中，把冰块放满；没有冰块的可用保温冰桶装满冰块盖上盖子放在工作台上。

2. 配料

如辣椒油、胡椒粉、盐、糖、豆蔻粉等放在工作台前面，以备调制时取用。鲜牛奶、淡奶油、菠萝汁、番茄汁等，打开罐装入玻璃容器中（不能开罐后就在罐中存放，因为钛罐打开后，内壁有水分很容易生锈引起果料变质），存放在冰箱中。橙汁、柠檬汁要先稀释后倒入瓶中备用（存放在冰箱中）。其他调酒用的汽水也要放在伸手拿得到的位置。

3. 水果装饰物

橙角预先切好，与樱桃串在一起排放在碟子里备用，面上封上保鲜纸。从瓶中取出少量咸橄榄放在杯中备用，红樱桃取出用清水冲洗后放入杯中（因樱桃是用糖水浸泡，表面太黏）备用。柠檬片、柠檬角也要切好排放在碟子里用保鲜纸封好备用，以上几种装饰物都放在工作台上。

4. 酒杯

把酒杯拿去清洗间消毒后按需要放好。工具用餐巾垫底排放在工作台上，量杯、酒吧匙、冰夹要浸泡在干净水中。杯垫、吸管、调酒棒和鸡尾酒签也放在工作台前（吸管、调酒棒和鸡尾酒签可用杯子盛放）。

（七）更换棉织品

酒吧使用的棉织品有两种——餐巾和毛巾。毛巾是用来清洁抹台的，要沾湿水用；餐巾（镜布、口布）主要用于擦杯。要干用，不能弄湿。棉织品只能使用一次清洗一次，不能连续使用而不清洗。每日要将脏的棉织品送到洗衣房更换干净的。

（八）工程维修

在营业前要仔细检查各类电器和设备，如灯光、空调、音响、冰箱、制冰机、咖啡机等；所有家具、酒吧台、椅、墙纸及装修有无损坏。如有任何不符合标准要求的地方，要马上填写工程维修单交酒吧经理签名后送工程部，由工程部派人维修。

（九）单据表格

检查所需使用的单据表格是否齐全够用，特别是酒水供应单与调拨单一定要准备好，以免影响营业。

三、酒吧营业中的工作程序

酒吧营业中的工作程序包括酒水供应与结账程序、酒水调拨程序，调酒操作服务、侍客服务等，英文称为 operation & service。

（一）调酒服务标准

在酒吧，客人与调酒员只隔着吧台，调酒员的任何动作都在客人的目光之下。不但要注意调制的方法、步骤，还要留意操作姿势及卫生标准。

1. 姿势、动作

调酒时要注意姿势端正、轻松、大方，不要弯腰或蹲下调制。任何不雅的姿势都直接影响到客人的情绪。动作要潇洒、轻松、自然、准确，不要紧张。用手拿杯时要握杯子的底部，不要握杯子的上部，更不能用手指接触杯口。调制过程中尽可能使用各种工具，不要用手。特别是不准用手抓冰块放进杯中来代替冰夹，不要做摸头发、揉眼、擦脸等小动作，也不准在酒吧中梳头、照镜子、化妆等。

2. 先后顺序与时间

调制出品时要注意客人到来的先后顺序，要先为早到的客人调制酒水。同来的客人要为女士们和老人、小孩先配制饮料。调制任何酒水的时间都不能太长，以免使客人不耐烦。这就要求调酒师平时多练习，调制时动作快捷熟练。一般的果汁、汽水、矿泉水、啤酒可在 1 分钟时间内完成；混合饮料可用 1 ~ 2 分钟完成；鸡尾酒包括装饰品可用 2 ~ 4 分钟完成。有时五六个客人同时点酒水，也不必慌张忙乱，可先一一答应下来，再按次序调制。一定要答应客人，不能不理睬客人只顾自己做。

3. 卫生标准

在酒吧调酒一定要注意卫生标准，稀释果汁和调制饮料用的水都要用冷开水，无冷开水时可用容器盛满冰块倒入开水也可使用。但色不能直接用自来水。调酒师要经常洗手，保持手部清洁。配制酒水时有时允许用手，例如拿柠檬片、做装饰物。凡是过期、变质的酒水不准使用，腐烂变质的水果及食品也禁止使用。要特别留意新鲜果汁、鲜牛奶和稀释后果汁的保鲜期，天气热更容易变质。

4. 观察、询问与良好服务

要注意观察酒吧台面，看到客人的酒水快喝完时要询问客人是否再加一杯；客人使用的烟灰缸是否需要更换；酒吧台表面有无酒水残迹，经常用干净湿毛巾擦抹；要经常为客人斟酒水；客人抽烟时要为他点火，让客人在不知不觉中获得各项服务。总而言之，优良的服务在于留心观察加上必要而及时的行动。在调酒服务中，因各国客人的口味、饮用方法不尽相同，有时客人会提出一些特别要求与特别配方，调酒员甚至酒吧经理也不一定会做，这时可以询问、请教客人怎样配制，也许会从中得到满意的结果。

5. 清理工作台

工作台是配制供应酒水的地方，位置很小，要注意经常性的清洁与整理。每次调制完酒水后一定要把用完的酒水放回原来位置，不要堆放在工作台上，以免影响操作。斟酒时滴下或不小心倒在工作台上的酒水要及时抹掉。专用于清洁、抹手的湿毛巾要叠成整齐的方形，不要随手抓成一团。

（二）酒水供应程序

1. 客人点酒水

客人点酒水时，调酒员要耐心细致，有些客人会询问酒水品种的质量产地和鸡尾酒的配方内容；调酒员要简单明了地介绍，千万不要表现出不耐烦的样子。还有些客人请调酒员介绍品种，调酒员介绍时须先询问客人所喜欢的口味，再介绍品种。如果一张台有若干客人，务必对每一个客人点的酒水作出记号，以便正确地将客人点的酒水送上。

2. 调酒员或服务员开单

调酒员或服务员在填写酒水供应单时要重复客人所点的酒水名称、数目，避免出差错。酒吧中有时会由于客人讲话的发音不清楚或调酒员精神不集中听错而制错饮品。所以需特别注意听清楚客人的要求。酒水供应单一式三联，填写时要清楚地写上日期、经手人、酒水品种、数量、客人的特征或位置及客人所提的特别要求。填好后交收款员。

3. 立账

收款员拿到供应单后须马上立账单，将第一联供应单与账单钉在一起，第二联盖章后交还调酒员（当日收吧后送交成本会计），第三联由调酒员自己保存备查。

4. 调酒员配制酒水

调酒员凭经过收款员盖章后的第二联供应单才可配制酒水，没有供应单的调酒属违反饭店的规章制度，不管理由如何充分都不应提倡。凡在操作过程中因不小心，调错或翻倒浪费的酒水需填写损耗单，列明项目、规格、数量后送交酒吧经理签名认可，再送成本会计处核实入账。

5. 供应酒品

配制好酒水后按服务标准送给客人。

（三）结账程序

客人要求结账—调酒员或服务员检查账单—收现金、信用卡或签账—收款员结账。

客人打招呼要求结账时，调酒员或服务员要立即有所反应，不能让客人久等。许多客人的投诉都是因结账时间长而造成的。调酒员或服务员需仔细检查一遍账单，核对酒水数量品种有无错漏，这关系客人的切身利益，必须非常认真仔细，核对完后将账单拿给客人，客人认可后，收取账单上的现金（如果是签账单，那么签账的客人要正楷写上姓名、房号及签名，信用卡结账按银行所提供的机器滚压填单办理），然后交收款员结账，结账后将账单的副本和零钱交给客人。

（四）酒水调拨程序

在酒吧中经常会由于特别的营业情况卖完某些品种的酒水，这时客人如果再点这种酒，如果回答说卖完或没有会使客人不高兴，而且影响酒吧的营业收入。这就需要马上从别的酒吧调拨所需酒水品种。酒吧中称为店内调拨 inter bar transfer 发出酒水的酒吧要填写一式三份的酒水调拨单，上面写明调拨酒水的数量、品种、从什么酒吧拨到什么酒吧，经手人与领取人签名后交酒吧经理签名。第一联送成本会计处，第二联由发酒水的酒吧保存备查，第三联由接受酒水酒吧留底。

（五）酒杯的清洗与补充

在营业中要及时收集客人使用过的空杯，立即送清洗间清洗消毒。绝不能等一群客人一起喝完后再收杯。清洗消毒后的酒杯要马上取回酒吧以备用。在操作中，要有专人不停地运送、补充酒杯。

（六）清理台面处理垃圾

调酒员要注意经常清理台面，将酒吧台上客人用过的空杯、吸管、杯垫收下来。一次性使用的吸管、杯垫扔到垃圾桶中，空杯送去清洗，台面要经常用湿毛巾抹，不能留有脏水痕迹。要回收的空瓶放回回收处，其他的空罐与垃圾要轻放进垃圾桶内，并及时送去垃圾间，以免时间长产生异味。客人用的烟灰缸要经常更换，换下后要清洗干净，严格来说烟灰缸里的烟头不能超过两个。

（七）其他

营业中除调酒取物品外，调酒员要保持正立姿势，两腿分开站立。不准坐下或靠墙、靠台。要主动与客人交谈，聊天以增进调酒员与客人间的友谊。要多留心观察装饰品是否用完，将近用完要及时地补充；酒杯是否干净够用，有时杯子洗不干净有污点，及时替换。

四、酒吧营业后的工作程序

营业后工作程序包括清理酒吧、完成每日工作报告、清点酒水、检查火灾隐患、关闭电器开关等。

（一）清理酒吧

营业时间到点后要等客人全部离开后，才能动手收拾酒吧。决不允许赶客人出去。先把脏的酒杯全部收起送清洗间，必须等清洗消毒后全部取回酒吧才算完成一天的任务，不能到处乱放。垃圾桶要送垃圾间倒空，清洗干净，否则第二天早上酒吧就会因垃圾发酵而充满异味。把所有陈列的酒水小心取下放入柜中，散卖和调酒用过的酒要用湿毛巾把瓶口擦干净再放入柜中。水果装饰物要放回冰箱中保存并用保鲜纸封好。凡是开了罐的汽水、啤酒和其他易拉罐饮料（果汁除外）要全部处理掉，不能放到第二天再用。酒水收拾好后，存放柜一定要上锁，防止失窃。酒吧台、工作台、水池要清洗一遍。酒吧台、工作台用湿毛巾擦抹，水池用洗洁精洗，单据表格夹好后放入柜中。

（二）每日工作报告

主要有几个项目，当日营业额、客人人数、平均消费、特别事件和客人投诉。每日工作报告主要供上级掌握酒吧的营业详细状况和服务情况。

（三）清点酒水

把当天所销售出的酒水按第二联供应单数目及酒吧现存的酒水确切数字填写到酒水记录簿上。这项工作要细心，不准弄虚作假，不然的话所造成的麻烦是很大的。特别是贵重的瓶装酒要精确到0.1瓶。

（四）检查火警隐患

全部清理、清点工作完成后要对整个酒吧检查一遍，有没有会引起火灾的隐患，特别是掉落在地毯上的烟头。消除火灾的隐患在酒店中是一项非常重要的工作，每个员工都要担负起责任。

（五）关闭电器开关

除冰箱外所有的电器开关都要关闭。包括照明、咖啡机、咖啡炉、生啤酒机、电动搅拌机、空调和音响。

（六）打烊

最后留意把所有门窗锁好，再将当日的供应单（第二联）与工作报告，酒水调拨单送到酒吧经理处。通常酒水领料单由酒吧经理签名后可提前投入食品仓库的领料单收集箱内。

知识链接

灯饰与酒吧的氛围

酒吧环境的好坏，除了与酒吧空间的设计和陈设有关之外，光线更是不容忽视的重要一环。店堂的光线不外乎自然光、饰光、照明光三种。通常情况下，原生的光线适宜于店堂的时段有限，因而，饰光与照明光是店堂光线的主要部分。

灯光是酒吧的重要物质要素。灯光的功能与食客的味觉、心理有着潜移默化的联系，与酒吧的经营定位也息息相关。作为一种物质语言，与酒吧定位相适应的光源能有机地衬托酒吧的个性和风格，因此，酒吧的灯光布置是一个整合的过程，要正确处理明与暗、光与影、实与虚等关系。鲁道夫·阿恩海姆告诉我们，人天生具有自觉的视觉补偿功能，因此，酒吧应该艺术地购置灯光系统，调动食客的审美心理，从而达到饮食之美与环境之美的统一。灯光必须与经营定位相适应，不同的酒吧里有着不同的灯饰系统。

传统的咖啡厅、西餐厅是最讲究情调的地方，灯饰系统以沉着、柔和为美。不同的国家有不同的情调，英国式的古典庄重，法国式的活泼明朗，美国式的不拘一格等，都需要灯光来配合。根据中国传统的就餐心理，中餐厅应灯火辉煌、灯光衬托出热烈气氛。

灯饰还往往勾起人们的回忆，如果一家西餐厅灯火通明，大红灯笼高挂，人们肯定以为经营的不是西餐，这就是灯光在人们印象中所起的暗示作用。因此，灯光要和人们传统记忆相吻合。

此外，就目前酒吧的发展态势来看，个性酒吧不断涌现，许多主题酒吧正在颠覆着传统的店堂布置格局，如一些城市出现的海洋酒吧、动力火车酒吧等。这时，其灯饰设置与传统习惯完全不同，但都是基于灯饰服务于经营定位的基本思路，所以灯饰系统的设置不是一成不变的，关键要处理好变与不变的关系。

实训考核

一、考核内容

酒吧消费市场前景看好，当前许多酒店都在拓展自己富有特色的酒吧及酒吧服务，以提升酒店的服务水准。酒吧虽然小巧玲珑，但大多都精心设计，环境优雅舒适、时尚新潮。经营成功的酒吧，每天客流不断，而且在时间上的阶段性特征不如餐厅那样表现出早、午、晚的消费节律明显。酒吧的酒水销售以杯为单位，消费量较大，毛利率高于餐厅的食品，一般为60%～75%。另外，酒水销售以现金结账，销售速度快。

假如海景酒吧准备进军你所在的城市，请根据你调研当地酒吧消费市场实况，为海景酒吧李经理制定一个完整的酒吧工作流程。请同学以小组为单位，为新开酒吧的顺利运营制定完整的工作流程。

二、考核标准

考评小组		被考评小组	
考评地点			
考评内容	酒吧基本知识		
考评标准	内　容	分值（分）	实际得分（分）
资料收集	形成酒吧相关资料调查材料	10	
流程方案	开吧前准备工作	10	
	酒吧营业中工作	10	
	酒吧结束工作	5	
	结合当地市场实际	10	
	方案文字、图片等设计精美	5	

续 表

考评标准	内 容	分值（分）	实际得分（分）
方案汇报	表达清晰流畅	5	
	主题鲜明、观点正确	10	
	内容全面、思维缜密	10	
	有自己的创新和特色	5	
团队精神	通力合作、分工合理、团结互助	10	
	发言积极，乐于与同学分享成果	10	
合 计		100	

项目二　酒水管理

课程导入

白天鹅宾馆酒吧服务程序

（1）迎宾要求：微笑，见到来宾即上前招呼问候。请问几位？

（2）带位要求：指示动作，在客人稍前侧引领入座。旅行团客待问明人数，准备好台椅后再带位。

（3）拉凳，示座要求：到位后即主动上前拉凳，并示意客人就座。

（4）递酒牌要求：翻开酒牌递给客人（先女后男）。

（5）整理台面要求：把花瓶、烟盅、意见卡移至无人坐的地方。

（6）问饮品要求：介绍特饮，描述鸡尾酒的配方。烈酒类，如 CIN，RUM，VODKA，SCOTCH 等需问明加冰还是净饮，还是加上其他饮料。VEROUTH，MARTINI 要问 DRY 还是 SWEET？推销特饮咖啡，蒸馏水，矿泉水代替普通咖啡、冰水。

（7）复述机打要求：把客人所点复述一遍，检查错漏。西方旅行团要问明分单还是合单。

（8）落单要求：按要求写上日期、工号、人数，需附上特殊注明的饮品，要在机打单上显示出来。属于鸡尾酒的要写鸡尾酒名，而不是写配方，如：CIMLET/VODKA + OJ 应写：SCREWDRIVER，有 COUPON 的需在机打单上说明，所有机打单均需打上时间。

（9）出酒水要求：用托盘备好纸巾、杯垫等。饮品跟好 GARNISH，STIRER，CHOCOLATE 等。

（10）酒水上台要求：在客人右边送上饮品，并说明品名。饮品放于客人面前，先女后男，纸巾、花生放于易取之处。朱古力、冰水、白兰地/甜酒放成品字形。MEXER 只能混合一半，STIRER 放在 CXRAFE 杯内。

（11）添酒水，换烟盅要求：巡台时为客人倒满啤酒、汽水，收掉空罐，离台前再问是否需另一杯饮品；用正确的手法换烟盅。

（12）准备账单要求：提早打好账单，分单的要分清楚，并核定账单，属改错的单要有班长以上人员签名方有效。

（13）结账，谢客要求：用账单夹把账单夹好，递给客人，并多谢客人。付现款的要在客人面前清点数目，签单的需有宾馆卡或房匙证明。持有宾馆所发的以“8”字号为先的金卡者，为酒店长住客，可享有九折优惠。零钱、底单要送还给客人。在客人离开前，再次道谢，并欢迎下次再光临。

一、酒水基础

（一）酒水

1. 酒与酒度

酒是一种用水果、谷物、花瓣、淀粉或其他有足够糖分或淀粉的植物经过发酵、蒸馏、陈酿等方法生产出含乙醇的饮料。凡是含有0.5%～75.5%食用酒精的可饮用的液体都可以称为酒。

标准酒度是指在20℃的条件下每100毫升酒液中含有纯酒精的毫升数，通常用百分比或用缩写GL表示。如42度白兰地标注为“42% Vol”，或“42GL”。一般有两种记法：一种是欧式百分比法：欧洲、日本等国，是以百分比或度来表示，如威士忌一般为40% Vol或43% Vol，葡萄酒为12%～12.5% Vol。另一种是美式proof法：美国、加拿大是用proof来表示。proof之值等于百分比之两倍，如80proof＝40%。

由于分类角度的不同，酒的种类较多。

1）按照酒精度分类

低度酒：酒精浓度＜20度。

中度酒：酒精浓度在20～40度。

高度酒：酒精浓度＞40度。

2）按照酒的颜色分类

白酒：无色透明的酒品。

色酒：带有颜色的酒品。

3）按照生产酒的工艺分类

酿造（发酵）酒、蒸馏酒、配制酒（又称浸制酒，如山西竹叶青、湖北园林青）。

4）按照制酒原料分类

果酒、粮食酒。

5）按照商业习惯分类

市场上对酒的分类较多，常见的如白酒：无色透明酒液；黄酒：酒药曲浆中的微生物酿成的低度原汁酒（8～12）、金黄清亮或黄中带红；果酒：糖分高的水果酿成的低度酒（15）；药酒：白黄果酒中加入中药、药用价值；露酒：蒸馏酒为基酒加入香料酿成，可强身；啤酒：麦芽糖化加啤酒花酵母菌发酵酿成的低酒精度饮品（2～7.5），又称“液体面包”。

2. 非酒精饮料

非酒精饮料统称为软饮料，又称清凉饮料、无醇饮料。乙醇含量通常小于0.5%（m/V）的饮料制品。所含酒精限指溶解香精、香料、色素等用的乙醇溶剂或乳酸饮料生产过程的副产物。软饮料的主要原料是饮用水或矿泉水，果汁、蔬菜汁或植物的根、茎、叶、花和果实的抽提液。有的含甜味剂、酸味剂、香精、香料、食用色素、乳化剂、起泡剂、稳定剂和防腐剂等食品添加剂。其基本化学成分是水分、碳水化合物和风味物质，有些软饮料还含维生素和矿物质。

软饮料的品种很多。按原料和加工工艺分为果汁及其饮料、蔬菜汁及其饮料、植物蛋白质饮料、植物抽提液饮料、乳酸饮料、矿泉水和固体饮料等；按性质和饮用对象分为特种用途饮料、保健饮料、餐桌饮料和大众饮料四类。世界各国通常采用第一种分类方法。但在美国、英国等国家，软饮料不包括果汁和蔬菜汁。

（二）中国酒

5000年前中国就开始酿酒，考古发现多处有酒器，河姆渡、三星堆、大汶口等比较典型，中山靖王刘胜墓中出土的青铜器盛装的酒色清而味甘、饮后余香可留数日。神农、仪狄、杜康等堪称世界上最早的酿酒师。陕西白水县康家卫村，传说是杜康的出生地；河南汝阳县的杜康矾、杜康河，传说是杜康酿酒处；河南伊川县皇得地村的上皇古泉，传说是杜康汲水酿酒之泉。在酿酒的研究记载方面《齐民要术》中记载了9种酒曲造法和39种酿酒法。还有宋代朱翼中的酿酒专注《北山酒经》等都成为中国古代杰出的成就。

1. 国酒香型及酒类（见表5－1）

表5－1　国酒的香型及酒类

香型	特点	代表
酱香型	酱色突出、略有焦香、细腻醇厚、回味绵长、敞杯不饮香味扑鼻、空杯留香	茅台酒
浓香型	芳香浓郁、清爽甘冽、入口甜、落中绵、尾净余长（白酒中占主体）	五粮液
清香型	清香爽口、微甜绵长、余味爽净	汾酒
米香型	米香突出、香气清淡、入口柔绵	三花酒
复香型	兼有两种以上主体香型、一酒多香	董酒、西凤酒

2. 代表名品

1）白酒名品（见表5－2）

表5－2　国酒名品及其特点

名称	产地	特点	酒精度
茅台	贵州仁怀	清亮透明、香气柔雅、醇厚绵长	55
汾酒	山西汾阳	莹澈透明、气味芳香、入口纯绵、落口甘甜	60
五粮液	四川宜宾	清澈透明、留香不绝、醇厚净爽、回味悠长	60

续 表

名 称	产 地	特 点	酒精度
剑南春	四川绵竹	无色透明、芳香浓郁、醇和回甜、清冽净爽	60/52
古井贡	安徽亳县	清澈明晶、黏稠挂杯、香纯幽兰、醇和甘润、回味长	60/62
洋河大曲	江苏泗阳	清澈透明、醇香浓郁、柔绵甘冽、回香悠长、余味净	64/38
董酒	贵州遵义	晶莹透明、醇香浓郁、甘甜清爽	58 ~ 60
泸州老窖	四川泸州	无色透明、清冽干爽、醇香浓郁、饮后尤香	60
西凤酒	陕西凤翔	色清透明、醇厚清冽、气味芳香	65
双沟大曲	江苏泗洪	清澈透明、芳香扑鼻、醇厚甜美	60

2）黄酒名品（见表5－3）

糯米、籼米、黍米、玉米等经糖化发酵后压榨而成。酒度一般在16～18度，营养价值极高的饮料酒。

表5－3　　知名黄酒

名称项目	绍兴加饭酒	龙岩沉缸酒
产地	浙江绍兴	福建龙岩
酒精度	17 ~ 20	14.5 ~ 20
原料	糯米	糯米
特点	深黄色、芳香异常、酒味醇美、口味微甜	红褐色、鲜艳透明、香气醇郁、余香绵长

3）葡萄酒名品（见表5－4）

我国酿造葡萄酒历史悠久，始于汉代并兴盛至今。市场上对葡萄酒分类较为混乱，但认可度较高的分类如按加工方法：酿造葡萄酒（又称原汁、静态葡萄酒）、加香、起泡和蒸馏葡萄酒；按糖分含量：干葡萄酒（0.5%以下，无甜味）、半干（0.5%～1.2%，微甜）、半甜（1.2%～5%，较甜）、甜葡萄酒（5%以上，很甜）；按色泽：红酒、玫瑰红和白葡萄酒。1892年华侨张弼士在山东烟台设厂。味美思、雷司令、金奖白兰地等就是该厂名品，曾获万国博览会金奖。

目前，中粮酒业有限公司的长城葡萄酒系列、烟台张裕葡萄酿酒股份有限公司的张裕葡萄酒系列、中法合营王朝葡萄酿酒有限公司的王朝葡萄酒系列、甘肃莫高实业发展股份有限公司的莫高葡萄酒系列、贵州茅台酒厂（集团）昌黎葡萄酒业有限公司的茅台葡萄酒系列等占据了国内葡萄酒市场的相当份额。

表 5－4　　部分国产葡萄酒及其特点

名　称	产　地	酒精度	含糖	特　　点	味型
烟台红葡萄酒	山东烟台	15～16.5	12%	红宝石色、醇厚甜鲜、微酸涩	甜型
中国红葡萄酒	北京	16	12%	棕红色、纯正爽口、香浓微涩	甜型
沙城白葡萄酒	河北怀来	12	—	淡黄色、果香醇美、柔和圆润	干型
民权白葡萄酒	河南民权	12	10%	麦黄色、清澈透亮、果香甜美	甜型

（三）国外常见酒

1. 发酵酒

1）葡萄酒（Wine）

常见葡萄酒如红葡萄酒（Red Wine）、白葡萄酒（White Win）、玫瑰红葡萄酒（Rose Wine）；按照酿造方式不同较为常见的有静态葡萄酒、葡萄汽酒（加汽和香槟）、加强（强化）葡萄酒、加香葡萄酒等。

2）啤酒（Beer）

（1）根据色泽可分为淡色啤酒（俗称黄啤酒）、浓色啤酒和黑色啤酒。

（2）根据麦汁浓度可分为低浓度啤酒、中浓度啤酒和高浓度啤酒。

（3）根据是否杀菌可分为鲜啤酒和熟啤酒。

（4）按传统风味分类主要有麦酒、黑啤酒、跑特啤酒、淡啤酒、荞麦啤酒、麦芽烈啤酒、甜啤酒和扎啤等。

3）米酒（Ossasake）

较为常见的国外米酒以日本米酒最为典型，类似于中国黄酒制作方法。酿造方法上有纯酿、吟酿（清酒之王）、增酿（勾兑增加食用酒精、糖类、酸类等原料）等。知名品牌如味酣（Mirin）、屠苏（Toso）、清酒（Seishu）等。

2. 蒸馏酒

1）白兰地（Brandy）

白兰地是以白葡萄、水果为原料（葡萄为主）先发酵成酒，再蒸馏提纯的产物。

（1）科涅克（Cognac）——世界名牌产品有：产地法国，白兰地之王、43 度、琥珀色。Hennessy（轩尼诗）、Remv Martin（人头马）、Martell（马爹利）、Courvoisies（拿破仑）、Bisyuit（百事吉）、Camus（金花）等。

（2）阿尔马涅克（Armagnac）——世界名牌产品有：法国：黑琥珀色、香气袭人、留杯悠长（1 周）、43 度。Castagnon（卡斯塔浓）、Chabot（夏博）、Setup（桑卜）等。

（3）其他白兰地——较为知名的产品：法国 Aigle（鹰）、德国 Asbach Uralt（阿斯巴赫·乌拉尔特）、西班牙 Torres（托莱斟）、日本 Suntory（三得利）、Beccaro（贝卡罗－意）、E&J（美）、Torres（托雷斯－西）等。

表 5-5　白兰地常见字母及其年份

E = Especial	特级	V. O.	10~12 年
F = Fine	精美	V. S. O.	12~20 年
V = Very	非常	V. S. O. P.	20~30 年
O = Old	老陈	X. O	40 年以上
P = Pale	浅色清澈	EX	50 年以上
S = Superior	高级的	EF	70 年以上
X = Extra	特高档的		

2）威士忌（Whisky）

用大麦、黑麦、燕麦、小麦、玉米等经发酵蒸馏而成。始于爱尔兰，苏格兰最负盛名。40 度，英国威士忌最负盛名。

（1）苏格兰（Whisky）——大麦原料、焦香气味、棕黄带红、干冽醇厚。JohnnieWalker（约翰尼·沃克—红、黑标）、White Horse（白马）、Chivas Regal（芝华士）、Dewar（笛沃）、Bells（金铃）。

（2）爱尔兰（Whiskey）——与苏格兰近似，但无焦香味，40 度。John Jameson（詹姆森）、Powers（波厄斯）。

（3）加拿大——用谷物制成。棕黄色、清香爽口。Club（加拿大俱乐部）、Seagram's（施格兰）。

（4）美国——主要产于肯塔基的波本镇，不要原料玉米。橡木桶盛装，43.5 度。Four Roses（四玫瑰）、Old Grand Dad（老祖父）、JimBeam（占边）。

3）金酒（Gin）

谷物蒸馏酒经杜松子与其他香料串香制成。始于荷兰，名于英国。40~52 度。杜松子酒、琴酒、毡酒。

（1）荷式金酒——国酒、透明清亮、香味突出、微甜。单饮。Bols（波尔斯）、Bokma（波克马）。

（2）英式金酒——干金酒、干冽爽适，单饮或基酒。Beefeater（必富达）、Gordon's（哥顿）、Gilbey's（基拔）、Old Tom（老汤姆）、Tanqueray（得其利）。

4）伏特加（Vodka）

前苏联、波兰。无色透明、晶莹清亮、不甜不酸不涩。40 度。单饮、基酒。Stolichnaya（红牌-苏联）、Moskovkaya（绿牌-苏联）、BlauerBison（兰牛-波）、Cossack（哥萨克-英）、Smirnoff（皇冠-美）。

5）朗姆酒（Rum）

甘蔗糖料为原料、中美洲。白——新鲜酒、55 度。老——橡木桶陈 3 年、40~43 度。淡——40~43 度，基酒。传统——陈 8~12 年。浓——串香、54 度。Bacardi（古）、Captain Morgan、Myer's（牙）、Ronrico（波）。

6）龙舌兰酒（Tequila）

龙舌兰酒又称“特基拉酒”，是墨西哥的特产，被称为墨西哥的灵魂。特基拉是墨西哥的一个小镇，此酒以产地得名。以龙舌兰（agave）为原料，龙舌兰是一种仙人掌科的植物，通常要生长12年，成熟后割下送至酒厂，再被割成两半后泡洗24小时。然后榨出汁来，汁水加糖送入发酵柜中发酵两天至两天半，然后经两次蒸馏，此时的酒香气突出，口味凶烈。白色者未经陈酿，银白色储存期最多3年，金黄色酒贮存至少2~4年特基拉酒是墨西哥的国酒，墨西哥人对此情有独钟，饮酒方式也很独特，常用于净饮。每当饮酒时，墨西哥人总先在手背上倒些海盐末来吸食。然后用淹渍过的辣椒干、柠檬干佐酒，恰似火上烧油，美不胜言。

3. 配制酒

配制酒又称调制酒，是酒类里面一个特殊的品种，不能专属于哪个酒的类别，是混合的酒品。配制酒是一个比较复杂的酒品系列，它的诞生晚于其他单一酒品，但发展却是很快的。配制酒主要有两种配制工艺，一种是在酒和酒之间进行勾兑配制；另一种是以酒与非酒精物质（包括液体、固体和气体）进行勾调配制。配制酒较有名的也是欧洲主要产酒国，其中法国、意大利、匈牙利、希腊、瑞士、英国、德国、荷兰等国的产品最为有名。

1）开胃酒

常见的开胃酒如味美思（Vermouth）、比特酒（Bitter）、茴香酒（Anises）。

2）甜食酒

采用原料多为鲜花、树叶、树根、树皮、水果、外皮、药草、香料等。常见的有雪利酒、波特酒、玛德拉、玛萨拉等。

3）餐后甜酒

餐后甜酒又称利口酒。由英语Liqueurs音译而来，是调彩虹酒不可缺少的材料。

4）鸡尾酒

（1）组成。鸡尾酒在美国、英国、墨西哥等国有着不同的传说。它非常讲究色、香、味、形的兼备，故又称艺术酒。鸡尾酒的成分由基酒、辅料（水或果汁）和装饰料组成。六大基酒有金酒、伏特加、兰姆酒、龙舌兰、威士忌、白兰地；辅料有五大汽水：苏打汽水（Soda Water）、通宁汽水（Tonic Water或汤力）、姜汁汽水（Ginger Water）、七喜汽水（7-UP）、可乐（Cola）。重要果汁如柳橙汁、凤梨汁、番茄汁、葡萄柚汁、葡萄汁、芭乐汁、苹果汁、小红莓果汁、运动饮料、杨桃制、椰子汁、红石榴汁、柠檬汁、莱姆汁、鲜奶油、椰奶、鲜奶、蜂蜜、蓝柑汁、薄荷蜜、葡萄糖浆等。

（2）鸡尾酒的调制方法。常用调制鸡尾酒的方法有摇匀法（Shake）、搅匀法（调和法Stir）、漂浮法（兑和法Build）、搅和法（Blend）等。

（3）鸡尾酒的命名。鸡尾酒的命名有很多方法，如以酒的内容命名、以时间命名、以自然景观命名、以颜色命名等，甚至还有以花草、植物、历史故事、典故、历史名人等命名。如红粉佳人（PINKLADY）、马丁尼（MARTINE）、奥林匹克（OLYMPIC）、血腥玛丽、深水炸弹、老海军等。

二、酒吧间服务与管理

在酒吧服务过程中，酒吧间是一个独立的经营单位，它不但负责提供酒水，还负责制作和加工酒水。其是吧台对客服务的坚实后盾。

（一）酒吧间的工作程序

1. 整理酒吧卫生

每天正式营业前按卫生标准整理。按下列步骤操作：

（1）清——清理吧台内外杂物和废弃包装物，倒入垃圾箱。

（2）擦——用干抹布擦拭吧台、吧柜、酒水间桌椅。按从上到下、从左到右、从里到外顺序擦拭。

（3）整——整理吧柜、陈列架上的酒水，按规定位置摆好，商标朝外。倒放、竖放的酒瓶要整齐。整理酒台上的酒具，擦拭干净。整理调酒用具，摆放整齐。

（4）观——观察整理效果。确保卫生标准，不留卫生死角。

2. 检查营业准备

（1）主管或领班查看酒水柜台的各种饮料、进口酒、国产酒是否齐备，各种调酒器具准备情况、吧台布置、环境卫生，酒吧设备是否达标和齐全完好。

（2）签单补充当日需要的酒水。

（3）查看营业报表。主要是看前一天的营业报表，检查销售情况。

（4）做好餐厨联系。与中餐厅、西餐厅、宴会厅联系，掌握当日各餐厅主要活动对酒水的需要量和要求，并与厨房联系，做好酒水、小吃准备。

（5）召开班前会。传达餐饮部经理有关指令，布置当天工作，检查员工着装仪表、个人卫生，记录员工出勤，提醒注意事项，准备迎接客人。

（二）酒水补充领用程序

（1）每日班前由调酒员根据酒水销售情况开领料单，点清领用品种名称、数量。交酒吧经理审批签字。

（2）酒吧经理签字后请餐饮部经理签字，然后到酒水库房领取。

（3）领用的酒水由当班经理和调酒员复核检查，确认签字后，按固定酒吧冰柜或储酒架固定位置存放。

（4）调酒所需要的配料由调酒员开单，到厨房或餐饮部领取，保证营业需要。

（三）做好营业前的准备工作

个人卫生和仪表仪容，应符合酒吧制定的服务礼仪标准要求；检查酒柜和冰箱温度是否正常，制冰机的性能是否完好，酒柜和冰箱是否干净卫生，按规定数量领取当日所需各种酒水、配料和物品，擦拭或洗刷干净并摆放到位。准备好杯垫、吸管、冰块和洗擦酒杯用的洁净剂和毛巾，切好部分橙片、柠檬片、糖罐装满方糖等；检查出库的酒和饮料是否足量；检查酒具是否卫生，并按固定的位置放好，检查酒吧其他用品是否齐全；整理好仪容仪表，站好位，准备迎接宾客。

（四）营业中的售酒服务

客人到来时，向客人问好，安排客人就座；呈酒单，同时向客人介绍各种酒类的特性，例如产地、口味、酒精度等。在客人点完酒水后，向客人复述一遍他刚才所点的酒水名称和容量，在客人认可后再取来酒水。

拉开瓶塞时不可有“砰”的声音，以免因振动将瓶底的沉淀物振散，而且有声音也会影响酒质；若是年份较久的红酒，需先将瓶塞拉开，让酒呼吸，也就是不要马上将酒倒给客人，让酒散发；若客人喝完白酒要换红酒，要收起白酒杯，再换红酒杯；倒香槟酒时，因有气泡，所以可以先停一下，等气泡消了再倒第二次，即所谓的两倒法，倒香槟时可以将酒杯拿起来倒，其他的葡萄酒则不能将酒杯拿起来倒。调制酒水的操作，不应背向客人，取背后酒瓶时，也要斜着身子去取；酒水和饮料的调制操作应符合调制规范的要求；上酒和饮料时，先放杯垫再放上酒水，动作要轻；服务员代客人买酒和饮品时，填充好酒水单一式三份，吧台服务员根据酒水单上列出的酒和饮品名和数量取交给服务员。酒水单一份交吧台服务员结账，一份留在代客买酒和饮品的服务员处，以备查单用，一份交收账员结账用。

凡团体包餐所需要的酒和饮品，根据订餐下单的名称、数量，由服务员填写买酒单向吧台服务员领取，提供给客人。

通常中小餐馆的吧台设有电话，以方便餐馆业务联系及客人使用，吧柜服务人员有责任接听电话，并按规定管理好电话；客人要求结账时，要及时完成结账工作，并致谢。

（五）酒吧间工作注意事项

变质变味的酒和饮料不能出售，要另外处理；为客人上酒和饮料时，手不能接触杯身，要拿住杯的下半截，使客人感到礼貌和卫生，坚持右上左撤的服务规程；量酒杯中的酒一定要倒尽，不能让客人受损失，同时也不会影响下一杯酒的味道；在每次斟酒后，将酒瓶放回原处；未满的酒瓶里的酒不要卖给客人，要开新酒，避免客人不悦；调酒时要严格照配方调制，若客人有特殊要求，可以按客人的要求调制；注意与客人的沟通，对情绪激动和醉酒的客人要安抚，不可粗鲁相待，以免发生纠纷。营业结束后，将销售的酒和饮品凭单与收款员核对，做到日清日结；回收的空酒瓶、饮料罐要及时清理；贵重的酒水要保管好，不得丢失；收好剩余的酒和饮料及其他食品，清理各种器皿，搞好卫生，锁好酒柜、冰箱。

三、酒吧服务流程

（一）迎宾服务

1. 问候

客人到达酒吧时，服务员应主动热情地问候“您好”“晚上好”等礼貌性问候语。

2. 领坐

引领客人到其喜爱的座位入坐。单个客人喜欢到吧台前的吧椅就座，对两位以上的客人，服务员可领其到小圆桌就座并协助拉椅，同时遵照女士优先的原则。

（二）为客人点酒

（1）客人点酒，主动介绍酒水特点、口味。

（2）开好点酒单，询问客人是否用小吃，并复述一遍。

（3）坐吧台高凳上的客人点酒，也要开点酒单，做好记录。

（三）为客人调酒

调酒师接到点酒单后要及时调酒，并应注意以下事项：

（1）调酒时要注意姿势正确，动作潇洒，自然大方。

（2）调酒时应始终面对客人，去陈列柜取酒时应侧身而不要转身。

（3）严格按配方调制，如客人点酒水单上没有的，应征询客人意见而决定是否需要。

（4）调酒师调酒时要按规范操作。

（5）调制好的酒应尽快倒入杯中，对吧台前的客人应倒满一杯，其他客人斟倒八成满。

（6）随时保持吧台及操作台的卫生，用过的酒瓶应及时放回原处，调酒工具应及时清洗。

（7）当吧台前的客人杯中的酒水不足1/3时，可建议客人再来一杯，起到推销的作用。

（8）掌握好调制各类饮品的时间，不要让客人久等。

（四）为客人送酒服务

（1）服务员应将调制好的饮品用托盘从客人的右侧送上。

（2）送酒时应先放好杯垫和提供的酒水和咖啡，递上餐巾后再上酒，报出饮品的名称并说："这是您（或你们）的，请慢用。"

（3）服务员要巡视自己负责的服务区域，及时撤走桌上的空杯、空瓶，并按规定要求撤换烟灰缸。

（4）适时向客人推销酒水，以提高酒吧的营业收入。

（5）在送酒服务过程中，服务员应注意轻拿轻放，手指不要触及杯口，处处显示礼貌卫生习惯。

（6）如果客人点了整瓶酒，服务员要按示酒、开酒、试酒、斟酒的服务程序为客人服务。

（五）为客人验酒

酒的服务中首先是要给客人验酒，这是相当重要而不可忽视的过程。验酒的目的，其一是得到客人认可；其二是使客人品酒的味道和温度；其三是显示服务的规范。给客人验酒是酒的服务中重要的事。假如拿错了酒，验酒时经客人发现，道歉并立即更换，否则未经同意而擅自开酒，也许会遭到退回的损失。不管客人对酒是否有认识，均应确实做到验酒，这种做法也体现了对客人的尊敬。

供应红葡萄酒的温度应与室温相同，淡红酒可稍加冷却，可利用美观别致的酒篮盛放。该酒因陈年常会有沉淀，要小心端到餐桌，不要上下摇动。先行给客人验酒认可，然后将酒篮平放于客人的右侧。酒从酒库取出，在拿给客人验酒之前，均需将每只酒瓶上的灰尘擦拭干净；仔细检查缺点并进行弥补后，再拿至餐桌上给客人验酒。

（六）开瓶与斟酒服务

在开瓶与斟酒过程中，服务员要从容地按酒吧礼仪、姿态、语言做得恰到好处。应经常随身携带开瓶器以及开罐器，以备开瓶（罐）使用。

1. 开瓶方法

1）一般酒的开瓶

供酒时应选备一只良好的开瓶塞的拔塞钻，最好是带有横把及刀子的“T”字形的自动开瓶器，其螺旋钻能藏于柄内，使用时可减少麻烦。葡萄酒酒瓶的开瓶步骤为：割破锡箔（在瓶口，用刀往下割），把瓶口擦拭干净，拔软木塞，再次把瓶口擦拭清洁。其进行方法是首先除去瓶盖外套，至瓶口下$\frac{1}{4}$时，用布擦净后将酒钻自瓶塞顶部中心穿入，旋转至全部没入，再徐徐抽出瓶塞。软木塞很脆，可能折损破裂。把软木塞放到碟子上，让客人闻木塞以验酒（有经验的酒客会以此来验证酒的品质）。如是钟型瓶塞，按瓶钻则可在桌上开取，最好在开始抽出时，将酒钻稍微向右转，瓶塞抽出后，将瓶口拭净以备斟酒。

2）起泡酒的开瓶

起泡酒因为瓶内有气压，故软木塞的外面有铁丝帽，以防软木塞被弹出。其开瓶的步骤是：把瓶口的铁丝与锡箔剥掉，以 45 度的角度拿着酒瓶，拇指压紧木塞并将酒瓶扭转一下，等瓶内的空气弹出软木塞后，继续压紧软木塞并以 45 度的角度拿着酒瓶。其进行方法是：首先将酒瓶外包锡箔自顶至颈下 4cm 处割除，后将丝环解开，用拇指紧压瓶塞，以防骤然冲出；另一只手握瓶底部，将瓶徐徐向一方转动，并保持斜度 45 度，转动酒瓶，瓶塞不动。假如瓶勺下足以将瓶塞顶出，可将瓶塞慢慢自边推动，瓶塞离瓶时，将塞握住。开启含有碳酸的饮料如啤酒等时，应将瓶子远离客人，并且将瓶身倾斜，以免液体溢至客人身上。

2. 斟酒方法

1）一倒法

斟酒前将酒瓶口擦拭干净，手持酒瓶时要小心，无振荡起酒中的沉淀。以标签对着客人，先斟少许在主人或点酒的客人杯中请其尝试，经同意后再进行斟酒。收瓶的要领是：当酒瓶将离开酒杯昂起时，慢慢将瓶口向右上转动，如此才不会使留在瓶口边缘的酒液滴下弄污桌布；陈年的红葡萄酒需装在特别的酒篮里，避免搅乱沉淀，要保持平稳，为了尽量少动酒瓶，可把杯子从桌上拿起，瓶口靠近杯沿慢慢地斟倒；斟酒时从杯沿开始倒，再逐渐抬高酒瓶到离杯 10 厘米处结束。

2）两倒法

两倒法适用于起泡的葡萄酒或香槟酒以及啤酒类，两倒法包含有两次动作。初倒时，酒液冲倒杯底会起很多的泡沫，等泡沫约达酒杯边缘时停止倾倒，稍待片刻，至泡沫下降后再倒第二次，继续斟满至2/3或3/4杯。到了半杯程度，再执正酒杯。第二次注入杯子的正中，至在表面冲起一层泡沫，但勿使其溢出酒杯，这一层泡沫有保持酒液中二氧化碳的作用。要领是：起初慢慢地斟，中途略猛地斟，最后是轻轻地斟。此外，补斟的酒不好喝，必须喝光再重新斟满。

（七）斟酒的礼节

以惯例先倾入约1/4的酒在主人杯中，以表明此酒正常，等主人品尝同意后，再开始给全桌斟酒。斟酒时由右方开始（反时针方向），先斟满女客酒杯，后斟满男客酒杯。无论如何，当客人酒杯全部斟满后，才能斟满主人酒杯。只有在斟倒冰镇啤酒及起泡葡萄酒或陈年红葡萄酒时，才可以把酒杯拿到手上而不失礼。如客人同时饮用两种酒时，不能在同一酒杯中斟倒两种不同种类的酒；不要向邻桌斟酒，已开的酒瓶，应置于主人右侧。空瓶不必尽快收取，酒瓶亦是一种装饰品，能增加其气氛。

（八）为客人结账服务

客人示意结账时，服务员应立即到收银台去取账单。取回账单后，服务员要认真核对台号、酒水的品种、数量及金额是否准确。确认无误后，服务员要将账单放在账单夹中用托盘送至客人的面前，并有礼貌地说："这是您的账单。"找回零钱时要向客人道谢，并欢迎客人下次光临。

四、酒水控制管理

（一）用量标准控制

星级酒店酒吧的毛利率大多在50%以上。因此，酒吧应重视酒水的控制与管理，既保证酒水的质量符合标准，又能保证酒吧利润。为保证酒水的数量标准和成本标准，必须实行酒水配料用量的标准化。需要用标准量器衡量配料的用量，尤其是那些成本较高的酒水配料用量必须严格地使用标准量器来控制。用标准量器衡量配料用量比称重、目测方法更方便、更精确。常用的最简单的量酒器有以下四种：

1. 标准量酒杯

在酒吧中，调酒师用标准量酒杯量取被调制的酒水特别是价值高的烈性酒是最为经济、精确的配制方法。常见的量杯有玻璃和金属材料制作成的两种。量杯有大小的不同，小的有不到一盎司的，大的有几个盎司的。

2. 标准酒瓶计量器

有些酒吧，在常用的烈性酒及主要配料酒的瓶上安上计量器，计量器上预先调节好每次应倒出的标准容量，这样每次斟出的酒正好是标准量，使用这种装置，可以使酒水及配料的用量标准化，从而使酒水质量具有一定的标准，也可使零杯销售的酒水数量具有标准。这种装置的缺点是倒酒速度慢，只能用于常用的主要配料。

3. 标准调酒器

调酒器一般是不锈钢制的量器，带有标准的刻度，有的以毫升标刻度，有的以盎司标刻度。例如带有 0.25、0.5、0.75 盎司……的刻度。调酒器可用来衡量单一的酒水或饮料，但主要用于配制以不同配料混合的鸡尾酒。有些鸡尾酒需要不同量的配料，如一种配料为 0.25 盎司、一种为 0.75 盎司、第三种配料是 1.5 盎司。为了精确地量出每种配料，有必要使用带刻度的调酒器，然后摇匀混合。

4. 电子计量器

电子计量器由电脑控制。将常用的酒水及配料酒放在由电子计量器控制的容器中，计量器预先调节好标准的配料量，服务员只要按下各配料的键钮，便可得到所需的规定容量。这种计量器省时省力，量度精确，控制严密，调酒师喜欢使用。但是由于它价格昂贵，只能用于最常用的配料酒和饮料，因为常用配料使用频率高，需要标准化控制。

（二）标准配方控制

为确保酒水及饮品质量稳定和份额的一致，也为了使售出酒水的成本始终如一，在配制酒水饮品时需要使用标准配方。标准配方需要列出以下内容：酒水的标准份额；配制酒水的各种配料（包括主要配料和次要配料）的名称、用量和成本额；饮料的加工、配制方法；配制酒水使用的各种标准器具；标准盛杯；每份酒水的标准成本；酒水的形状和外观等。使用标准配方，能使调酒师每次配制的酒水质量保持一致，即使调酒师调动工作，酒水的质量也能保持稳定，这容易赢得顾客的满意。

使用标准配方，可以很容易地计算酒水的标准成本。需配制的酒水有两种：一种是单一的烈性酒，加或不加混合剂以零杯销售；另一种是混合饮料或称鸡尾酒，它是以多种配料混合而成的饮料。其标准成本计算方法如下：

1. 单一酒的零杯销售成本计算

将每瓶酒的容量除以每杯酒的标准容量，得出每瓶酒可配制零杯酒的杯数。然后将每瓶酒的成本额除以杯数得出每杯酒的成本。但是在计算过程中要留出配制过程中溢出、挥发的折损量。其计算公式为：

$$\text{零杯酒的标准成本} = \frac{\text{每瓶酒进价}}{\dfrac{\text{每瓶容量}-\text{每瓶允许流失量}}{\text{零杯酒每杯标准容量}}}$$

2. 混合饮品及鸡尾酒的成本计算

混合饮品和鸡尾酒需要几种不同的饮料配制而成，常常要用两种以上的烈性酒，因而成本比单一酒要高。在计算成本时，准确计算每杯酒中各配料的成本是十分重要的。在确定每份酒水的标准成本时，主要需计算每杯酒水所耗用的烈性酒的价值，由于次要配料的价值比较低，故只要粗略估计其价值就行。其标准成本的计算公式为：

$$每份鸡尾酒的标准成本=\frac{\dfrac{每瓶烈性酒进价}{每瓶容量-每瓶允许流失量}}{每份鸡尾酒耗用烈性酒容量}+每份鸡尾酒所耗用次要配料的价值$$

（三）标准操作规程控制

1. 酒杯的温度处理

不同的酒类有不同的饮用温度，其杯具的温度处理也应与之相适应。需常温下饮用的酒类，如白兰地、利口酒、红葡萄酒等的饮用杯具，既不要做升温处理，也无须做降温处理，常温状态下的杯具就可做盛杯了。一些烈性酒和鸡尾酒需要较低的饮用温度，以保持清新爽口的冰味，则需对杯具做冰镇降温处理。

2. 冰块的使用

酒水服务中常用到冰块，冰块的使用应根据标准配方的要求，选择不同的冰块冰块形状，如刨冰、碎冰或块冰。在使用冰时，不管是什么形状，都应当新鲜、洁净、卫生无异味；不管以什么方法调制饮料，都应先将冰放入酒杯或调酒器中，随后再加入基酒和各种混合配料进行配制。

3. 充分混合

调酒时常用兑和、调和、摇和及搅和等方法，针对不同款式的酒水选择不同的方法。如鸡尾酒以含汽类饮料作辅料，通常采用兑和与调和的方法；如用乳制品等一些黏稠的饮料作辅料，一般应选用摇和的方法加工制作。不管用哪种方法调制，都应充分混合。混合操作的时间长短，视具体情况而定。一般来说，搅和动作应轻巧，摇酒动作宜快捷、连贯，搅和和摇酒的时间应恰当。时间太短，各种原料混合不匀，饮料不冷。但若时间太久，则冰块溶解过多，会冲淡饮料。一般当调酒器外出现霜雾时即可停止摇动。

4. 倒酒

倒酒时要注意用符合规格的酒杯。如果用调酒器一次调制两份以上的饮料，在倒酒前先将酒杯准备好，排成一列，各酒杯先倒入1/4杯，然后1/2杯，直至倒完，而不能先倒满一杯再倒第二杯。这样才能保证每杯饮料具有相同的酒度和味道。

5. 多色饮品配制次序

多色饮品的制作是利用各种不同颜色的酒的不同比重，使一种酒漂浮于另一种酒上面。因而配多色酒时尤其要注意按标准配方将原料按顺序倒入，切不可颠倒次序。在各种酒分别用量杯量好后，要将玻璃搅拌棒或长匙柄插入酒杯，再把各种酒依次沿棒慢慢倒入，这样各种酒就不会混合，成为层次分明、颜色漂亮的多色饮品。

6. 水果和果汁

应尽量使用新鲜的水果配制饮料，许多水果要切成各种形状，有的水果起装饰作用，所以水果的形状一定要按标准配方的规格切。常用的果汁有番茄汁、菠萝汁、橙汁、柠檬汁、苹果汁、梨汁。尽量要用新鲜水果，当场榨取。

（四）酒水管理与控制环节

酒水因其价格昂贵，容易携带，在销售中稍有疏忽或过失就会影响酒吧的经济效益，因此必须严格控制和认真管理。酒水成本控制过程见图 5－1。

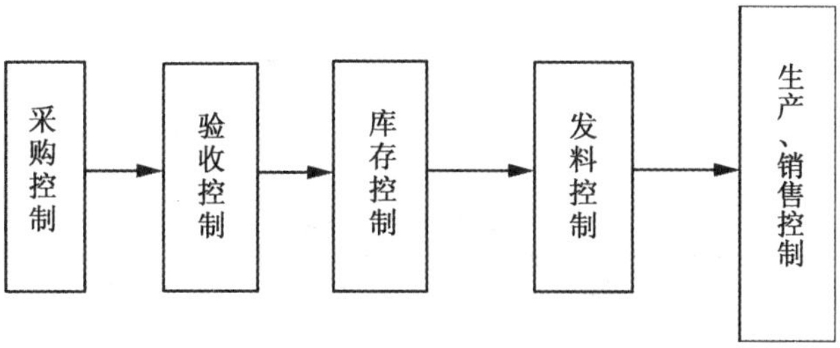

图 5－1　酒水成本控制过程示意

1. 酒水采购控制

酒水采购控制的主要目的是：保持酒水生产所需的各种配料的适当存货，保证各种配料的质量符合使用要求，以及保证按合理价格采购。

1）选好采购人员

酒吧必须有专人负责酒水采购工作。为了便于控制，酒水采购人员不能同时从事酒水配料和销售工作。

2）确定采购数量

要准确确定订货数量，最好使用永续盘存制。永续盘存制注明各种酒、饮料应保存的标准存货数量。标准存货数量是指企业最理想的储存数量，通常为企业在一定时期真实使用量的 150% 左右。永续盘存表还标明了最高和最低存货量，其中最高存货量是管理人员规定的现有存货量可增加的最高限度；最低存货量实际上即订货点。

3）保证采购质量

根据使用情况，酒水可分为指定牌号和通用牌号两种类型。只有在顾客具体说明需要哪一种牌子的酒水时，才供应指定牌号；顾客未说明需要哪一种牌子时，则供应通用牌号。此外，确定酒水的质量，还需考虑价格，顾客的偏爱、年龄、酒水的销售状况等一系列因素。

2. 酒水验收控制

酒水验收员的责任是根据订单检验酒水质量、数量是否符合要求，是否可以接收。验收时，必须仔细清点瓶数、桶数，如按箱进货，验收员应开箱检查瓶数是否正确。要了解整箱酒或饮料的重量，也可通过称重量检查。如果瓶子密封，还应抽查是否已启封或瓶盖是否松动。发现有不一致之处，应做好记录，并按规定处理。

验收之后，验收员应在每张发票上盖上验收章，并签名；然后立即将酒水送到储藏室。另外，验收员还应根据发票填写验收日报表，送财务部，以便在进货日记账中入账。酒水验收日报表、分类日报表见表 5－6 和表 5－7。

表 5－6　酒水验收日报表

供应单位	项目	箱数	每箱瓶数	每瓶容量	每瓶成本	每箱成本	小计

酒水管理员：__________　　验收员：__________

表 5－7　酒水分类日报表

果酒	烈酒	啤酒	甜酒	淡色啤酒	……

酒水管理员：__________　　验收员：__________

3. 酒水库存控制

酒类在空气中极易被细菌侵入，导致变质，许多高级酒类价格昂贵，库存不善将造成酒水成本的大大提高。因此，库存控制的目的是：防止酒水变质；从数量管理上防止酒水损耗；对有些酒类来说库存还能提高与改善酒本身的价值。一方面要建立酒窖，另一方面则要控制存货。实行酒水库存卡（见表 5－8）制度，确立各类酒水（特别是销量大的）的标准库存量，计划酒水的每日销售量，实行酒水的动态管理。实行永续盘存记录制度，及时反映库存的变化情况。另外，库房钥匙要由专人保管。

4. 酒水领发控制

1）实行酒吧标准存货制

为了便于了解每天应领用多少酒水、饮料，每个酒吧应备有一份标准存货表。假设某种牌号的白兰地的标准存货为 4 瓶，那么酒吧在每日开业前就应有 4 瓶这种白兰地。酒吧标准存货制，可保证酒吧各种饮料存货数量固定不变，便于控制供应量。酒吧标准存货数量既要保证满足顾客需求，又不能存货过多。对于特殊用途饮料，酒吧应备足量，以便满足整个营业的需要。在领（发）料工作中，常使用表 5－9 所示的酒水领料单。

表 5－8　酒水库存卡

编号__________　　规格__________　　品名__________

日期	入库	出库	结余	签名

表5－9　　酒水领料单

日期＿＿＿＿＿＿　　酒吧服务员：＿＿＿＿＿＿

酒名	数量	最初发料	增发数量	退回数量	耗用数量	单位成本	总成本

申请人：＿＿＿＿＿＿　领料人：＿＿＿＿＿＿　发料人：＿＿＿＿＿＿　回收人：＿＿＿＿＿＿

2）酒瓶标记

在发料之前，酒瓶上应做好标记，标记上应有不易仿制的标识、代号或符号。每个酒吧可采用不同的标记，这样可以防止服务员将自己的酒带入酒吧出售，然后自留现金收入。

5. 酒单促销

酒单如同餐厅的菜单，是酒吧最好的推销工具，一份设计精美的酒单往往会激发顾客的消费欲望，刺激消费，增加酒水的经济效益。酒单有很多种，按照酒单使用地点不同可分为餐厅酒单和鸡尾酒单两大类；此外，酒吧还会根据季节或推销主题设计的酒单，如时令酒单、葡萄酒单等。不同酒单，其内容和设计要求也不一样，但总体来说应做到各项酒水说明内容完整，定价合理；酒单清楚整洁，设计精美，别具特色。

五、酒吧服务注意事项

（1）积极推销。服务员要始终面带微笑，要主动介绍酒水特点、口味，根据客人爱好提出建议。

（2）上酒水、饮料和小吃时一律使用托盘。不得直接用手拿取。

（3）开瓶前要先切掉金属薄片、用布巾按软口塞及瓶口。开红葡萄酒，切忌用力晃动防止沉淀物上浮。开有汽的酒水，必须轻拿轻放，切忌瓶口对着客人。

（4）为单一客人服务，可适当陪客人说几句话，使其开心。为成双成对的客人服务，不要乱插话，也不要侧耳细听。

（5）服务酒水时必须掌握好温度。红酒以15～17摄氏度为宜，白酒以10～12摄氏度为宜，啤酒和香槟酒以6～8摄氏度为宜。

（6）需要加冰块的酒水，必须按定量加冰。客人若要添加冰块，可随时添加。

（7）酒吧客人消遣时间较长。客人饮酒消遣慢，不应有催促客人的举动。

（8）若有客人醉酒，不能有轻慢态度，更不可取笑。帮助醉酒客人暂时离开。

（9）清洗酒杯。使用食用洗洁剂温水清洗，并另准备两块清洁手巾，一块干的，用来把清洗沥干的酒杯揩干，另一块用来擦亮酒杯，这会给顾客留下良好印象。

（10）保持酒橱和酒瓶的整洁。每天早晨用湿布把酒橱和各种酒瓶揩抹一次，以除去灰尘和污物。

（11）保持吧台的清洁。每天用淡碱水洗刷柜台，然后用清洁干布擦净，每周用亚麻子油干擦柜台表面，使其闪闪发光。

（12）清洁酒吧镜。将微量柠檬汁或氨水放入温水中，并用此水抹去镜面上的灰尘和烟垢，同时再用此水除去酒吧内门、窗玻璃上的污物和油腻。揩净后注意必须用纸巾把镜面与玻璃揩干擦亮。

（13）柠檬和橘子在挤汁前要用热水泡过，这样会多挤出果汁。

（14）新鲜水果切片时勿切得太薄，切妥后要用清洁的湿布覆盖，并置入冰箱内备用。切果皮时，内层白囊应切除。

（15）用蛋清的目的是为了增加酒的泡沫。

（16）调酒时，首先将盛该酒的酒杯放置在吧台前面，若顾客要一杯以上酒时，则可将酒杯排成一排，杯沿相接，尽量让顾客看到你倒酒和调酒时的动作。

（17）当顾客指明要用某一牌号酒来调酒时，你必须把这牌号的酒放在吧台前面让顾客看到，然后按照配方为他调酒。

（18）在调酒前，先要检查一下酒杯，看看有否破裂，杯内是否有碎玻璃或污垢油腻。

（19）当你用酒瓶注酒时，必须牢牢紧握酒瓶中间部分，并把标贴朝向顾客，使顾客能清晰地看到你倒的是什么牌号的酒。

（20）不要随便改变顾客所需要的饮料酒。当顾客指定某一牌号的酒而你手中又没有这种酒时，必须先征得顾客的同意，才能用其他牌号的酒来代替。

（21）女士优先。调酒服务必须优先女士，然后才为其同伴服务。

（22）使用调酒壶摇酒前，应注意壶中不宜投放太细的碎冰；同时摇酒时间不要太长，动作要轻快，不要使冰融化太多从而造成酒味变淡。当摇动金属调酒壶时应铿锵有声，使壶内之酒调合均匀，如感到壶的外壁发冷时就该终止摇动。

（23）保证橱内、柜中存货数量不缺。每天检查空酒瓶的数量及牌号，以便及时补足，保证供应。

（24）不可催促客人喝酒，也不可因客人喝得太多或太少而显露不耐烦神色。

（25）每次倒过酒的酒瓶和使用后的各种器皿工具等，应立即放归原来位置，不可破例。

知识链接

酒吧服务质量标准

一、接待客人

（1）酒吧设领位员，仪表端庄，着装整洁，迎送客人彬彬有礼。

（2）引进客人时，步履轻盈，微笑服务。

二、酒桌服务

（1）酒吧服务员能较好地掌握酒水知识和上酒方法技巧，能较好地与客人沟通。

（2）待客热情，服务迅速。正常或营业低峰期时，客人点酒水后四分钟内送上；营业高峰期时，保证六分钟送上。

（3）酒桌布置较好，台面清洁卫生。台上烟缸无破损、无污迹，餐巾折叠美观，酒牌干净卫生。

（4）为酒会服务时应使用托盘，斟酒时商标朝向客人。杯中酒水剩 1/3 时，方可询问客人是否添加。

（5）烟缸内不得超过三个烟头，随时更换。

三、靠台服务

（1）客人到来，服务员笑脸相迎，递上酒单，态度热情。

（2）客人坐好后，主动询问要求，接受点酒，配制酒水快速准确。

四、结账服务

（1）结账时账单检查准确无误，呈递客人过目，态度端正。

（2）客人付款结账，钱款与挂账手续完善，客人结账后表示谢意。

（3）客人离台后，四分钟内重新整理好台面。

实训考核

一、考核内容

酒吧服务要求服务员一定要具备一定的素质和能力，熟悉各种酒和饮料的相关知识，熟练掌握调制技术。每份饮料或鸡尾酒都必须按质量标准调制，调制饮料的动作要准确、美观大方、熟练。在酒吧服务过程中，服务员要严格执行标准配方、标准操作程序，使用标准量器，以确保服务质量。因此，如何经营酒吧，提供什么样的服务，是经营策略中的重要部分。

白天鹅宾馆餐饮部李经理已经了解到开设酒吧所需要的各种硬件要素，正在为宾馆酒吧的开业物色人选并制定相关章程，假如你受到李经理委托，你会为白天鹅宾馆酒吧制定一份怎样的服务流程呢？请同学以小组为单位，根据以下任务步骤，为白天鹅宾馆酒吧设计一份完整的服务流程细则。

1. 收集白天鹅宾馆酒吧设立的相关信息资料。
2. 调研白天鹅宾馆酒吧市场需求。
3. 列出白天鹅宾馆酒吧服务清单。
4. 白天鹅宾馆酒吧间服务管理。
5. 白天鹅宾馆酒吧服务基本要领。
6. 酒吧运营过程的服务与管理细则。
7. 提交完整的酒吧服务流程文稿。

二、考核标准

考评小组		被考评小组	
考评地点			
考评内容	酒吧运营与酒水管理		
考评标准	内　容	分值（分）	实际得分（分）
资料收集	形成酒吧服务与管理资料调查材料	10	
服务流程	确定酒吧主题	10	
	列出酒吧服务清单	10	
	确定服务要领	5	
	制定酒吧间的服务管理章程	10	
	流程文字、图片等设计精美	5	
方案汇报	表达清晰流畅	5	
	主题鲜明、观点正确	10	
	内容全面、思维缜密	10	
	有自己的创新和特色	5	
团队精神	通力合作、分工合理、团结互助	10	
	发言积极，乐于与同学分享成果	10	
合　计		100	

模块六　餐饮服务质量控制

学习目标

※ 了解餐饮服务质量控制的内容
※ 掌握餐饮服务质量管理的方法
※ 能够熟练处理常见的投诉
※ 培养学生处理突发事件的能力

教学建议

根据学生的特点和实训教学的要求，把学生编成几个学习小组，教师模拟现实餐厅服务环境，创设逼真的工作情境，学生以学习小组讨论并结合情景模拟形式模拟练习。其中教师现场指导，其他学生对表演组进行客观的评价，以最终完成项目，达到教学目标。

学习项目

项目一　餐饮服务质量管理
项目二　餐厅常见服务质量问题的处理

项目一　餐饮服务质量管理

课程导入

全国“青年文明号”餐厨班谈餐饮服务质量

广西柳州酒店四号楼餐厨班以其优质服务和敬业精神获得全国“青年文明号”称号，成为广西餐饮界学习的榜样，该班组就如何提高餐饮服务质量谈了八点体会。

“我们四号楼餐厨班共有15名员工，平均年龄26岁，其中党员1名，团员15名，负责4号、7号两栋楼宾客的餐饮服务工作。依据长期服务的经验，我们归纳了八个要点。

第一，给客人以亲切感。亲切，是先声夺人的第一印象。不管客人什么身份、什么心情、从哪儿来，亲切是酒店与宾客沟通的第一要素。我们坚持微笑迎宾，客人进楼，问候致意，陪同领座，并尽可能提前了解客人（至少是主要客人）的姓名，并给予恰到好处的身份称呼。

第二，仔细观察。服务不只是脚勤手快，还得用眼用心。从客人就座到餐毕的全过程中，既要悉心观察每位客人的特点和爱好，也要随时发现客人的即时需求，有的客人对某几个菜下箸少，说明他不爱吃，第二天就改换。有时刚准备上菜，但发现客人要敬酒而杯已空，就赶快先斟酒。

第三，加强各环节的沟通，尤其是服务员与厨师的沟通。搞好餐饮服务，光靠一线的服务员是不够的。各个服务环节必须及时沟通，才能从整体上为客人提供满意的服务。如客人不愿吃韭黄，就通知厨房换；客人咸蛋夹得多，第二天就多上。

第四，建立客人档案。酒店有许多常客，必须把他们的习性、爱好、口味等记录在案。可以这么说，仔细观察是经验，而建立客人档案则是科学。有了客人档案，就可大大提高工作效率，也减少了疏漏和失误。同时，记住客人的爱好，表现了对他们的尊重和关注，对VIP客人来说，这是非常敏感的心理服务。

第五，分工之中注意协作。酒店作为企业，在管理中进行分工当然必不可少。但酒店不同于工厂流水线，不能刻板地按照流程操作。客人有很大的随意性，协作至关重要。譬如说，一桌餐最忙是开餐前，客人往往三三两两到达，要接应招呼、斟茶上毛巾，又要撤筷套、递口布、上菜点饮料，容易顾此失彼。我们在分工盯桌的前提下，坚持协作原则，谁忙就帮谁，领班、主管可以帮，其他有空闲的服务员也主动上来帮，利用“时间差”，保证每个包房、餐桌的服务到位。

第六，强化培训及练兵。培训是学习知识，练兵是练习技能技巧，两者缺一不可。员工必须全面掌握菜肴知识、酒水知识、烹饪知识、外语知识和服务知识。练兵则强调准确性和效率。有的同志在家还反复练，做到又快又准。如目测距离、折花、摆台、斟酒、倒酱油，都需经过“千锤百炼”，方能达到“从心所欲而不逾矩”的水平。我们在地区比赛中折桂，在全国比赛中也得到奖励，现在员工折花品种可达200多种，摆台、折花最快只需11分钟，加斟酒15分钟。客人要加碗筷，也是一步到位，不需调整。

第七，抓好班前会。班前会的作用有三点：一是岗位继续培训，二是针对季节时令和当天货源指出服务要求，三是纠正昨天服务中出现的问题。如酒店当天的进货原料、水果备货、新到的饮料品种、新推出的菜肴特点，如何及时向客人推荐介绍，既扩大销售，又满足宾客需求。班前会每天5~10分钟，从不间断。

第八，服务档次和品种到位。“到位”不仅是指高低之分，不同的客人需求大相径庭，决不是摆上金银餐具就能说明全部问题的。有的要放鲜花，放什么鲜花？外国客人不太讲究排场，但对造型颇为讲究。饮料也要适合他们的国情，足够的冰块更是必不可少。同时，还宜弄些气氛的烘托，如民族歌舞、民族礼仪、民族服饰、民族菜肴。对国内企业宴请，则要显示气派，以庄重取胜，并多备酒和饮料品种，以供选择。

资料来源：陈觉　何坚满《餐饮管理经典案例及点评》。

近年来，几乎所有的餐厅都把加强服务质量管理，创一流服务作为餐厅管理的主要议题，将“宾客至上，服务第一”作为餐厅的经营宗旨。但是面对着每天、每个岗位频繁出现的各种服务质量问题和客人的批评投诉，一些餐厅控制服务质量的机制和措施却常常是低效而乏力的。许多餐厅管理者习惯于采用头痛医头、脚痛医脚、临时突击、事后检查的办法，这将难以从根本上长期保证餐厅服务质量的高标准和稳定性，这也是目前我国餐厅业的服务质量不能适应国际餐饮发展需求的重要原因。

一、餐饮服务质量的特点和内容

酒店出售的商品有别于一般市场上的商品。它是通过固定的有形设施和服务员热情周到的无形服务相结合来体现其价值的。

在有形设施上，要为顾客提供优美、舒适的就餐环境、质价相符的精美膳食；在无形服务上，则在“情”字上下工夫，做到热情、友好、好客、相助。有形设施和精美食品虽然是为顾客提供的基本物质基础，然而要提供一流水平的服务，则只有通过服务员的精心工作、热情服务和熟练的服务技术技巧去体现和完成。

（一）餐饮服务质量的特点

服务是无形的，无法像有形产品那样定出一系列数据化标准，但我们可以根据顾客对酒店服务的共同的、普遍的要求对服务质量的特点进行分析，进而有针对性地采取相应措施，加强管理，实现优质服务。一般认为，服务质量有下述四个显著特性：

1. 综合性

餐饮服务是一个精细复杂的过程，而服务质量则是餐饮管理水平的综合反映。它的实现有赖于餐饮计划、餐饮业务控制、设备、物资、劳动组合、餐饮服务人员的素质等多方面的保证。

2. 短暂性

餐饮产品现生产、现销售，生产与消费几乎同时进行。短暂的时间限制对餐饮管理及餐饮工作人员的素质是一个考验。能否在短暂的时限内很好地完成一系列工作任务，也是对服务质量的一种检验。

3. 关联性

从饮食产品生产的后台服务到为宾客提供餐饮产品的前台服务有众多的环节，而每个环节的好坏都关系到服务质量的优劣。这众多的工序与人员只有通力合作、协调配合、发挥集体的才智与力量，才能够保证实现优质服务。

4. 一致性

这里说的一致性是指餐饮服务与餐饮产品的一致性。质量标准是通过制定服务规程这个形式来表现的，因此服务标准和服务质量是一致的。即产品质量、规格标准、产品价格与服务态度保持一致。

（二）餐饮服务质量的内容

餐饮服务质量管理的内容包括实物产品、劳务服务、设备设施、环境气氛质量管理等方面。

1. 实物产品质量管理

实物产品可直接满足客人的物质消费需求，其质量高低是影响客人满意度的一个重要因素，是餐饮服务质量管理的重要组成部分之一。管理内容包括产品的卫生与营养、产品的颜色、产品的香气、产品的滋味、产品的形态、产品的质感、产品的盛器、产品的温度等。

2. 劳务服务质量管理

劳务服务质量是餐饮提供的劳务服务的使用价值的质量，主要满足宾客心理上、精神上的需求。劳务服务质量管理内容体现在对服务人员的仪容仪表、礼节礼貌、服务态度、服务技能、服务效率和清洁卫生等方面的管理，具体而言有以下内容。

（1）仪容仪表管理。餐厅服务员必须着装整洁规范、举止优雅大方、面带笑容。根据规定，餐厅服务员上班前须洗头、吹风、剪指甲，保证无胡须，头发梳洗整洁，不留长发，牙齿清洁，口腔清新，胸章位置统一，女性化清淡妆，不戴饰物。餐饮服务的全体从业人员要注重仪容仪表，讲究体态语言，举止合乎规范。要时时、事事、处处表现出彬彬有礼、和蔼可亲、友善好客的态度，为宾客创造一种宾至如归的亲切之感。

（2）礼节礼貌管理。礼节礼貌在服务工作中十分重要。礼貌，是人与人之间在接触交往中相互表示敬重和友好的行为规范。它体现了时代风格和人的道德品质。礼节，是人们在日常生活和交际场合中，相互问候、致意、祝愿、慰问以及给予必要的协助与照料的惯用形式，是礼貌的具体表现。餐饮服务中的礼节礼貌通过服务人员的语言、行动或仪表来表示。同时，礼节、礼貌还表达谦逊、和气、尊敬的态度和意愿。餐厅全体员工都要将礼貌服务贯穿于服务过程的始终。

（3）服务态度管理。从迎宾、就餐到送走宾客，整个餐饮的销售过程自始至终伴随着服务员的服务性劳动。因此，服务人员要用良好的服务态度去取得顾客的信任与好感。良好的服务态度是进一步做好服务工作的基础，是贯彻“宾客第一”和员工有无“服务意识”的具体表现。

（4）服务技能管理。服务员的服务技能和技巧是服务水平的基本保证和重要标志。服务员没有过硬的基本功，服务技能水平不高，即使态度再好、微笑得再甜美，顾客也会礼貌地拒绝。服务技能的掌握，是一个由简单到复杂，长期磨炼、逐步完善的过程。

（5）服务效率管理。服务效率是服务工作的时间概念，是服务员为顾客提供某种服务的时限。它不但反映了服务水平，而且反映了管理的水平和服务员的素质。为保证服务效率，必须对菜肴烹制时间、规程、翻台作业时间、顾客候餐时间等做出明确的规定并将其纳入服务规程之中，作为员工培训的指南和操作的标准。餐厅应该尽量消除就餐宾客等候服务的现象。

3. 餐饮设施设备质量管理

保证餐饮设施设备齐全、先进、方便、舒适，满足客人的物质享受和精神享受需要是提高餐饮服务质量的基础条件，即物质基础和硬件要求。为此，这方面的管理应当注重以下几点。

（1）餐厅容量管理。酒店配有各种类型餐厅，提供各种风味产品服务等，能够满足客人多类型、多方面、多层次的消费需求。为满足宾客的消费需求，餐厅总座位数应 $\geq$ 客房数 $\times 2 \times 80\%$。若餐饮经营状况良好、流动客人多，则可增加一定的餐位数。同时要求餐厅空间宽敞，色调柔和，家具舒适，功能齐全。餐厅温度分布要均匀，空气要清新。

（2）餐饮环境布局管理。设备配置要齐全、舒适、安全方便，各种设备的摆放地点和通道尺度要适当，运用对称和自由、分散和集中、高低错落、对比和映衬，以及借景、延伸、渗透等装饰布置手法，形成美好的空间构图形象。同时，要做好环境美化工作，主要包括装饰布局的色彩选择及运用，窗帘、墙壁的装饰，盆栽、盆景的选择和运用等。

（3）照明管理。光线柔和、分布均匀。照明装置和控制器要符合国家质量要求。灯光亮度应适应工作需要，适合客人阅读菜单。高档餐厅灯光照度应可以调节。

（4）音响管理。音量要适中，曲目要合适。餐厅内噪音不超过 50dB，最好控制在 45dB 以内。

（5）家具管理。家具的选用应考虑客人舒适、服务方便、空间合理。各类餐厅家具摆放要整齐，便于客人进餐时行走和服务员操作服务。家具选择和室内装饰要协调，桌椅必须牢固、光滑，式样、高度和色彩、质地必须协调一致。桌椅应配套，同时备有儿童座椅。

（6）餐具、用品管理。各种餐具要配套齐全，种类、规格、型号相统一；质地优良，与餐厅营业性质、等级规格和接待对象相适应；新配餐具和原配餐具规格、型号应一致，无拼凑现象。餐巾、台布、香巾、口纸、牙签、开瓶器、打火机、火柴等各种服务用品配备齐全，酒精、鲜花、调味用品要适应营业需要。筷子要清洁卫生，不能掉漆、变形，并没有明显磨损的痕迹。

4. 环境气氛质量管理

餐饮环境是指就餐者在餐厅等消费场所用餐时的周边境况。餐饮环境布置的主要目的是为了向宾客提供品尝美味佳肴的理想环境。要想取得满意的结果，经营者就要满足宾客的生理和心理要求。高质量的餐饮环境除了具备明亮宽敞、清洁卫生的特点外，还应舒适美观、大方别致，具有较高的审美艺术格调。实际上，在不同性质、不同内容、不同场合的餐饮活动中，进餐宾客往往还能产生许多特定的心理需求。例如，欢乐喜宴就要营造热烈兴奋、流光溢彩、辉煌华贵的环境气氛；亲朋好友聚餐则要求温馨安逸、恬静舒畅。

二、餐饮服务质量控制方法

（一）餐饮服务质量控制的基础

要进行有效的餐饮服务质量控制，必须具备三个基本条件。

1. 必须建立服务规程

餐饮服务质量的标准就是服务过程的标准。服务规程即是餐饮服务所应达到的规格、程序和标准。为了提高和保证服务质量，我们应把服务规程视为工作人员应该遵守的准则，视为内部服务工作的法则。

酒店的餐饮服务规程，必须根据住店客人和来店用餐者的生活水平和对服务要求的特点来制定。西餐厅的服务规程更应适应欧美宾客的生活习惯。另外还要考虑到市场需求、酒店等级风格、国内外先进水平等因素的影响，结合具体服务项目的目的、内容和服务过程，来制定出适合本酒店的标准服务规格和程序。

餐厅的工种很多，各岗位的服务内容和操作要求都不相同。为了检查和控制服务质量，餐厅必须分别对零点、团队餐和宴会以及咖啡厅、酒吧等的整个服务过程制定出迎宾、引座、点菜、走菜、酒水服务等全套的服务程序。

制定服务规程时，首先确定服务的环节程序，再确定每个环节服务人员的动作、语言、姿态、时间要求、用具、手续、意外处理、临时要求等。每套规程在首、尾处有和上套服务过程以及下套服务过程相联系、相衔接的规定。

在制定服务规程时，不要照搬其他酒店的服务程序，而应在广泛吸取国内外先进管理经验、接待方式的基础上，紧密结合本店大多数顾客的饮食习惯和本地的风味特点，推出全新的服务规范和程序。

管理人员的任务，主要是执行和控制规程。特别要注意抓好各套规程即各个服务过程之间的薄弱环节。一定要用服务规程来统一各项服务工作，从而使之达到服务质量标准化、服务岗位规范化和服务工作程序化、系列化。

2. 必须收集质量信息

餐厅管理人员应该知道服务的结果如何，即宾客是否满意，从而采取改进服务、提高质量的措施；应该根据餐饮服务的目标和服务规程，通过巡视、定量抽查、统计报表、听取顾客意见等方式来收集服务质量信息。

3. 必须抓好员工培训

企业之间服务质量的竞争主要是人才的竞争、员工素质的竞争。很难想象，没有经过良好训练的员工能有高质量的服务。因此，新员工上岗前，必须进行严格的基本功训练和业务知识培训，不允许未经职业技术培训、没有取得一定资格的人上岗操作。在职员工也必须利用淡季和空闲时间进行培训，以提高业务技术，丰富业务知识。

（二）餐饮服务质量控制手段

餐饮服务质量控制的手段，从科学系统的角度出发，主要分为下列三种。

1. 预先控制

所谓预先控制，就是为使服务结果达到预定的目标，在开餐前所做的一切管理上的努力，其目的是防止开餐服务中各种资源在质和量上产生偏差。包括以下几个方面：

（1）人力资源的预先控制。餐厅应根据自己的特点，灵活安排人员班次，以保证有足够的人力资源。

（2）物资资源的预先控制。开餐前，必须按规格摆好餐台，准备好餐车、托盘、菜单、点菜单、订单、开瓶工具及工作台小物件等。另外，还必须备足相当数量的“翻台”用品。如桌布、口布、餐巾纸、刀叉、调料、火柴、牙签、烟灰缸等物品。管理人员还应对设备的安全程度、适应程度和配备的合理程度做一次检查。

（3）卫生质量的预先控制。开餐前 30 分钟，对餐厅卫生从墙面、天花板、灯具、通风口、地毯到餐具、转台、台布、台料、餐椅等都要作最后一遍检查，一旦发现不符合要求的，要安排迅速返工。

（4）事故的预先控制。开餐前，餐厅主管必须与厨师长联系，核对前、后台所接到的客情预报或宴会指令单是否一致，以避免因信息的传递失误而引起事故。另外，还要了解当天的菜肴供应情况，如个别菜肴缺货，应让全体服务员知道，这样，一旦宾客点到该菜，服务员就可以及时向宾客道歉并建议客人改点其他菜肴，避免引起宾客不满。

2. 现场控制

现场控制是指现场监督正在进行的餐饮服务，使其规范化、程序化，并迅速妥善处理意外事件。现场控制的主要内容：

（1）服务程序的控制。开餐期间，餐厅主管应始终站在第一线，通过亲身观察、判断、监督、指挥服务员按标准服务程序服务，发现偏差，及时纠正。

（2）上菜时机的控制。要根据宾客用餐的速度、菜肴的烹制时间等掌握上菜时机，做到恰到好处，尤其是大型宴会，上菜的时机应由餐厅主管，甚至餐饮部经理掌握。

（3）意外事件的控制。餐饮服务是面对面的直接服务，容易引起宾客的投诉。一旦引起投诉，主管一定要迅速采取补救措施，以防止事态扩大，影响其他宾客的用餐情绪。

(4) 人力控制。开餐期间，服务员虽然实行分区看台负责制，在固定区域服务，但是，主管应根据客情变化，进行第二次分工、第三次分工……如果某一个区域的宾客突然来得太多，就应从另外区域抽调员工加以支援，等情况正常后再将其调回原服务区域。

3. 反馈控制

反馈控制就是通过质量信息的反馈，找出服务工作中的不足，采取措施加强预先控制和现场控制，提高服务质量。

信息反馈系统由内部系统和外部系统构成。内部系统是指信息来自服务员和经理等有关人员。每餐结束后，应召开简短的总结会，以不断改进服务质量。信息反馈的外部系统是指信息来自宾客。为了及时得到宾客的意见，餐桌上可放置宾客意见表，也可在宾客用餐后主动征求客人意见。宾客通过大堂、旅行社等反馈回来的投诉，属于强反馈，应予以高度重视，保证以后不再发生类似的质量偏差。建立和健全两个信息反馈系统，餐厅服务质量才能不断提高，更好地满足宾客的需求。

知识链接

服务质量管理方法

一、酒店全面质量管理

全面质量管理，起源于20世纪60年代的美国，其概念是由美国质量管理专家费根堡与朱兰等人提出的。先在工业中运用，后推广到服务行业。我国酒店业自1978年开始引进并推行全面质量管理，它运用科学的质量管理思想，改变了传统的事后检查的方法，把质量管理的重点放在预防为主上，将质量管理由传统的检查服务质量的结果转变为控制服务质量问题产生的因素，通过对质量的检查和管理，找出改进服务的方法和途径，从而提高酒店质量。其基本点是：宾客需求便是服务质量、宾客满意就是服务质量标准。以专业技术和各种灵活的科学方法为手段，以酒店全体员工参加为保证，以获得最大的社会效益和经济效益为目的，以实际效果为最终的评价点。特点是：以无形服务为中心；以顾客满意为目的；重视人的作用和强调环境因素的影响。由此可知：酒店全面质量管理是以提高服务质量为宗旨，组织全店员工共同参与，综合运用现代管理手段，建立完善的服务质量标准和体系，在全过程中控制影响服务质量的各种因素而开展的系统的质量管理活动。酒店全面质量管理的关键和实质都在一个“全”字。其内容主要包括五方面。

1. 全方位管理

酒店全面服务质量的构成因素众多，涉及范围广泛。因而，其全面质量管理必然是全方位的质量管理，既包括有形产品的质量管理，又包括无形服务的质量管理；既包括酒店前台的各种质量管理，又包括酒店后台的各种质量管理。

2. 全过程管理

酒店全面质量管理是为客人服务的，而影响对客服务质量水平的各种因素又十分复杂，它们体现在酒店服务的各个方面，体现在酒店业务管理过程的始终。从客人消费的角度来看，从客人进店到客人离店，是一个完整的服务过程，酒店中的每项业务活动，从开始到结束，都会形成一系列的服务过程。为此，酒店全面服务质量管理，既要做好事前质量管理，又要做好事中和事后的质量管理，因而必然是全过程的管理。

3. 全员性管理

酒店服务质量是由广大员工共同创造的。它贯穿于酒店各层次人员执行酒店质量计划、完成质量目标的过程之中。前台人员直接为客人提供各种服务，后台人员通过为一线人员的工作服务而间接为客人服务，管理人员则组织前台和后台人员共同为客人服务。所以，必须把酒店全体员工的积极性和创造性充分调动起来，不断提高员工的素质，人人关心服务质量，人人参与服务质量管理，共同把服务质量提高上来。

4. 全方法管理

酒店全方法质量管理是多种多样管理方法的有机结合，是在有机统一的前提下，根据实际需要，采用灵活多样的各种方法和措施，提供优质服务。

5. 全效益管理

酒店服务既要讲究经济效益，同时又要讲究社会效益和生态效益，它是三者的统一。酒店作为企业，它所进行的经营管理活动属于市场行为，只有在获得一定经济效益的基础上，酒店才能生存和发展。同时作为社会的重要一员，酒店又必须兼顾社会效益和生态效益。从本质上说，创造社会效益和生态效益，既有利于社会发展和生态环境保护，同时又有利于提高酒店的知名度和美誉度，创造口碑，为酒店带来长远利益。

二、ZD 质量管理法

"ZD"是英文 Zero - defects 的缩写，是美国人克劳斯比于 20 世纪 60 年代提出的一种管理观念。含义是无缺点计划管理，即零缺点管理。在现今酒店经营管理中，非常流行"零缺点管理"模式。有一道被大家公认的质量管理公式：100 - 1 < 0，意思是指酒店服务工作要求细致完美无缺，不容许有一丝一毫的差错，在接待服务实际工作中，事实上哪怕一点点的失误，在一个细微的环节上使客人感到不满意，也会使整个服务前功尽弃，即 1% 的失误会否定 99% 的努力。的确不能小看这个 1%，99% 的努力被否定抹杀还只能说明当次服务推销的失败，而其负效应远不止于此。对于某一具体客人来说，他若在酒店里有过一次不愉快的经历，很可能再也不会光顾这家酒店，甚至于客人会将自己不愉快的经历向其他人宣传，这样一来既减少了酒店的目标客源数量，缩小了潜在客户的选择范围，又使酒店的声誉等无形资产严重受损。因此企业必须以零缺点质量管理的要求来控制酒店

质量，追求完美。酒店服务的特点，使得开展零缺点质量管理成为酒店服务质量管理的一种重要的管理方法。零缺点质量管理应做好以下几点：

1. 建立健全检查制度

酒店服务质量具有显现的短暂性的特点，且酒店服务工作大多由员工手工劳动完成。因此酒店各层次管理者，特别是基层管理应遵循“预防为主”的原则，通过全面检查的方式，确保各方位的员工在进行正式服务前就已做好充分的工作准备，防患于未然；在对客人服务过程中为宾客提供优质服务；在服务过程结束后能及时总结经验，汲取教训。为此，各酒店应根据其自身特点建立检查制度，督促员工执行质量标准，预防问题的出现。

2. DIRFT，即每个人第一次就把事情做对（Do It Right the First Time）

酒店服务具有不可弥补的特点，所以每位员工都应把每项服务做到最好。管理者还应要求员工每一次都要把事情做好，而不要抱有“人非圣贤，孰能无过”的传统观念，要求员工能够做到无过，不宽容自己的过错。

3. 开展零缺点工作日

通常，对零缺点缺乏正确的认识是造成酒店质量问题出现的重要因素，通过培训可以帮助每位员工正确的把握酒店服务所需知识；但是酒店出现的各种问题则是通过个人觉悟性来改造的。因此，为帮助员工端正个人的工作态度，酒店可开展“零缺点工作日”竞赛，促使员工养成良好的工作习惯，并以服务的零缺点为目标。在“零缺点工作日”的基础上，酒店还可推行零缺点工作周、工作月，以逐渐使每一位员工的服务达到完美无缺的程度，最终提高整个酒店的服务质量，让每一名宾客满意，使其成为酒店的忠诚的宾客，为酒店带来更多客源。

4. 现场巡视管理

酒店管理者通过现场巡视管理，可以检查员工准备工作，监督指导对客服务（或后台供应）质量标准的执行情况，指导和激励下属员工的工作，事先消除质量隐患，预防质量问题的发生，并及时处理质量问题，最终使酒店质量相对稳定。不同的酒店管理者各有其不同的巡视管理范围。管理者在现场巡视中，应随时倾听宾客的意见和要求，给予反馈，并应注意听取员工的意见和建议。现场巡视过程中如发现员工工作不符合质量要求时，如违反服务规程，应及时指出并纠正，但应注意方式方法。

5. 优质服务竞赛和质量评比

酒店还可定期组织和开展优质服务竞赛和质量评比等活动，以使酒店全体员工树立质量意识，提高执行酒店服务质量标准的主动性和积极性并形成“比、学、赶、帮、超”努力提高酒店服务质量的氛围。

三、PDCA 管理循环法

PDCA 管理循环是指按计划、实施、检查、处理四个阶段进行管理工作，并循环不止地进行下去的一种科学管理方法。PDCA 循环工作法一方面使质量管理按照逻辑程序循环发展，避免了质量管理产生波动性。另一方面保证了质量管理的系统性和完整性，提高了质量管理工作的深度和广度。PDCA 循环转动的过程，就是质量管理活动开展和提高的过程。

1. 工作程序

（1）计划阶段：PDCA 管理循环的计划阶段内容包括：分析服务质量现状，用圆形图找出存在的质量问题；用因果图分析产生质量问题的原因。然后找出影响质量问题的主要原因；最后，提出解决质量问题的质量管理计划，即应达到的目标及实现目标的措施方法。

（2）实施阶段：酒店管理者组织有关部门或班组以及员工具体地实施质量管理计划所规定的目标。

（3）检查阶段：酒店管理者应认真、仔细地检查计划的实施效果，并与计划目标进行对比分析，看是否存在质量差异，是正偏差还是负偏差。

（4）处理阶段：总结成功的管理经验，使之标准化，或编入服务规程，或形成管理制度加以推广应用。同时，汲取失败的教训，提出本轮 PDCA 循环。没有解决的问题，自动转入下一循环的第一步，并开始新一轮的 PDCA 管理循环。

2. PDCA 管理循环的特点

（1）循环不停地转动，每转动一周提高一步。每次循环都有新的目标和内容，质量问题才能不断得到解决，酒店水平才能不断提高。

（2）大环套小环，小环保大环，相互联系，彼此促进。整个酒店循环是一个大环，各部门则是大环中的小环。小环以大环为整体，是大环的分解和保证。

（3）强调管理的完整性。PDCA 四个循环是一个整体，每一个阶段都同等重要。每一个阶段的工作都是下一个阶段的开始，不可忽视或缺少。

3. 实施 PDCA 管理循环的注意事项

PDCA 管理循环的四个阶段缺一不可。只计划而没有实施，计划就是一纸空文；有计划，也有实施，但没有检查，就无法得知实施的结果与计划是否存在差距和有多大差距；若计划、实施、检查俱全，但没有处理，就会使已取得的成果难以巩固，失败的教训不能汲取，发生的问题还会再次重复，如此，服务质量就难以提高。因此，只有 PDCA 四个阶段都完成且不断地循环下去，才会使酒店服务质量问题越来越少，酒店服务质量不断提高并最终趋向于零缺点。

实训考核

一、考核内容

请根据餐饮服务质量内容中的礼节礼貌、仪容仪表、服务态度、清洁卫生、服务技能和服务效率等方面的要求，制定餐厅服务质量检查评分表。

以小组为单位，分工合作，完成本组服务质量检查表的制定，并选出代表，对本组方案进行汇报。

二、考核标准

考评小组		被考评小组	
考评地点			
考评内容	餐厅服务质量检查评分表		
考评标准	内　容	分值（分）	实际得分（分）
资料收集	餐饮服务相关职业标准	10	
服务指标体系设计	每项服务质量检查细则	10	
	每项服务质量评分标准	10	
	撰写方案说明	10	
方案汇报	表达清晰流畅	10	
	主题鲜明、观点正确	10	
	内容全面、思维缜密	10	
	有自己的创新和特色	10	
团队精神	通力合作、分工合理、团结互助	10	
	发言积极，乐于与同学分享成果	10	
合　计		100	

项目二　餐厅常见服务质量问题的处理

课程导入

一杯热咖啡 =68 万美元

世界快餐业龙头麦当劳曾遇到过一件由于热咖啡烫伤顾客而引起的民事诉讼，最终还导致了公司的巨额赔偿。

某个夏日，81 岁的思特拉·吕倍科女士独自坐在美国阿尔伯奎特的一家麦当劳餐馆里，她花了 40 美分要了一杯热咖啡，在放牛奶、糖时，不慎打翻了杯子，咖啡流入她的胸部、腹部、大腿两侧，造成三度烫伤，住院治疗一周，并接受植皮手术。于是，麦当劳公司与该女士就赔偿问题，开始了一场漫长的民事诉讼。

她开始只要求麦当劳支付一半的医疗费用，即 800 美元，但被餐馆管理者拒绝，只得聘请律师，向法院起诉。律师里德·摩根曾受理过 1986 年麦当劳顾客烫伤案，经验丰富，方法得当。他收集了历年烫伤赔偿资料和案例，并亲自到 18 家餐馆测定热咖啡的温度和可能造成烫伤的程度。在法院的调解下，麦当劳曾表示愿以 22.5 万美元实现庭外和解，但原告开价 30 万美元，双方难以言和，法院只能组织陪审团开庭审理。

法庭辩论时，麦当劳出示了一系列证据，说明十年间曾以和解方式处理过 700 起热咖啡烫伤事件，支付赔偿 50 万美元，表明餐馆对顾客负责，但又认为，顾客自己烫伤，餐馆仅从人道主义角度表示同情，而不应承担民事责任。

律师则出示了原告、历次烫伤者的照片和医院鉴定报告，认为热咖啡高达 160℃以上，可能导致严重的烫伤，餐馆应负主要责任。

一名科学家出庭作证，任何 160℃以下的咖啡不会造成三度烫伤。一位医生作证时说，麦当劳的热咖啡端出时 190℃，12 ~ 15 秒钟后 180℃，20 秒时 160℃，有可能造成严重烫伤。一名社会工作者说，麦当劳每年出售 50 亿杯热咖啡，只有极少数因饮用不当造成烫伤，少数事例的照片和医疗报告不能说明问题。麦当劳的法律专家认为，人有保护自己的本能，喝过热的咖啡可能致伤是个常识，因而餐馆不必事先对顾客提出警告或告示性文字。

长达一周的辩论结束后，12 人组成的陪审团宣审判决：顾客享有“知情权”，在不知情的状态下遭受损害，麦当劳负有责任，支付 20 万美元医疗费用，承担补偿费用的 80%，顾客饮用不当，泼洒咖啡，承担 20% 的费用。由于麦当劳漠视顾客利益，拒不承担责任，不承认顾客的“知情权”，判处惩罚性赔款270万美元。麦当劳不服，提起上诉，州高级法院改判惩罚性赔款48万美元（1995年4月3日《纽约时报》）。麦当劳本有机会以800美元或者22.5万元的代价来解决这场纠纷，却最终付出了68万元的代价。

资料来源：陈觉　何坚满《餐饮管理经典案例及点评》。

一、正确认识宾客投诉行为

服务是餐厅的主要产品，餐厅通过销售服务、设施而赢利。宾客与餐厅的关系是买和卖的关系，也是被服务与服务的关系。到餐厅的宾客以双方商定的价格来购买特定的服务产品，从而满足自身在物质和精神上的需要。当宾客认为所付出的费用与得到的服务产品质量不成正比，即认为所购买的产品非所值时，就会产生投诉。

宾客投诉不仅仅意味着宾客的某些需要未能得到满足，实际上，投诉也正是宾客对餐厅、对餐厅员工服务工作质量和管理工作质量的一种劣等评价。任何餐厅任何员工都不希望有宾客投诉自己的工作。然而，即使是世界上最负盛名的餐厅也会遇到宾客投诉。成功的餐厅善于把投诉的消极面转化为积极面，通过处理投诉来促使自己不断改进，防止投诉的再次发生。正确认识宾客的投诉行为就是不仅要看到投诉对餐厅的消极影响，更重要的是把握投诉所隐含的对餐厅的有利因素，变被动为主动，化消极为积极。

（一）投诉是工作质量和效果的晴雨表

对第一线服务而言，基层管理的主要对象是服务员在服务现场的工作质量；对后勤部门而言，基层管理的主要对象为协同前线部门，确保餐厅产品的整体质量符合要求，无论前线还是后勤部门，都通过自己的工作与宾客产生直接或间接的沟通，是宾客心目中的“餐厅代表”。从餐厅服务员到厨房各工序员工，他们的工作态度、工作效率、服务质量和效果直接影响到宾客投诉行为的产生。

宾客投诉行为实际上是餐厅基层管理质量的晴雨表，通过投诉，餐厅可及时发现自己发现不了的工作漏洞；通过投诉，可以鞭策餐厅及时堵塞漏洞，解决可能是长期以来一直存在着的严重影响餐厅声誉的工作质量的问题。即使是宾客的有意挑剔、无理取闹，餐厅也可以从中汲取教训，为提高经营质量积累经验，使制度不断完善，服务接待工作日臻完美。

（二）宾客直接向餐厅投诉，给餐厅提供了挽回自身声誉的机会

宾客在餐厅消费过程中不满、抱怨、遗憾、生气动怒时，可能会投诉，也可能不愿去投诉。不愿投诉的宾客可能是不习惯以投诉的方式表达自己的意见，他们宁愿忍受当前的境况；也可能是认为投诉方式并不能帮助他们解除、摆脱当前不满状况。还有一种可能是怕麻烦，认为投诉将浪费自己的时间，使自己损失更大。这些宾客尽管没有去投诉，但他们会在餐厅通过其他途径来进行宣泄，或自我告诫，以后不再到该餐厅消费；或向亲朋好友诉说令人不快的消费经历。而这一切，意味着餐厅将永远失去这位宾客，餐厅就连向宾客道歉的机会也没有了。

二、正确处理餐厅投诉

投诉是管理者头痛而又会经常遇到的问题，因为餐厅的服务都不可能百分之百地确保不发生任何服务差错。而一旦差错出现，就意味着服务失败，就可能引起顾客投诉。投诉处理不当，则可能永远失去这位顾客，而且还会造成极坏的影响，也就是我们常说的“口碑”。而“口碑”又是影响餐厅经营的极重要的一环，因为服务产品生产消费同步性决定了顾客购买决策做出前无法检验产品质量，顾客只能依据相关信息来做出决断，“口碑”往往成为最为顾客所信赖的决策依据。处理好投诉，首先应明确一个观念，那就是顾客的价值。一位顾客的价值，即给服务组织带来收益是多少？西方服务组织对此有两点认识。首先，顾客的价值远不止一次消费的总额，而体现在顾客终生价值，顾客一生中某项服务消费的总的消费额。其次，顾客的价值还体现在其连带价值上，因为一位顾客至少可以影响十名其他人。所以，失去一位顾客，就相当于失去十位顾客。在这一认识的指导下，当服务失败出现后，餐厅管理者应迅速推出补救服务，纠正失误，力争使不满意的顾客重新成为自己的顾客。

（一）顾客投诉的原因

1. 对设备的投诉

顾客对设备的投诉主要包括：空调、灯光照明、音响设备、家具与餐饮卫生等。在投诉发生之前做好检查、维修、保养工作，把投诉减少到尽可能低的限度，才是招客生财之道。

2. 对服务态度的投诉

在客人的潜在意识中，他们普遍有一种要享受特权的愿望，这种特权表现在“我是客人，我需要你为我提供服务”等。在服务过程中服务员用友好、热忱的态度对待客人，客人的这种特权愿望就得到了满足。

3. 对服务质量的投诉

任何客人对服务质量都会有一定的要求，无论是单独就餐的客人还是款待亲朋的主人，都不愿长时间地等待，食品或饮料服务不及时或者过快，都可能引起顾客的不满。同样，客人既不愿长时间等待，也不愿被催促用餐，特别是西餐的宴会服务。酒和饮料的质量不佳也会引起投诉。

4. 对异常事件的投诉

对这类投诉，餐厅难以预见，如生意没有谈成、比赛输了球等，顾客心情不好，在服务中稍有不慎就可能引发投诉，遇到这类问题，只要服务员的态度好，耐心解释，大部分客人是能够谅解的。

（二）投诉的类型

1. 典型投诉

一位正在结账的客人为等了20分钟仍不见账单而大发雷霆，前台经理出面反复道歉，仍然无效。客人坚持要见总经理，否则，将状告到政府有关部门。5 分钟后，总经理亲自接待了客人，向客人表示歉意并答应了客人的一些要求，事态得以平息。人们一般将投诉说成是告状。其实在酒店业的具体实践中，投诉的含义更为广泛。

2. 非典型投诉

客人在咖啡厅用餐后对服务员讲："小姐，今天的菜挺好，就是餐厅温度高了些。"这位客人的上述讲话不大像是告状，但我们仍然应该把它视为投诉。因为客人毕竟向我们传达了一种批评的信息。尽管他可能是随口而说，且并无怒气。次日，当他又一次来到餐厅时，经理走上前来对他说："先生，我们已经把您对温度的意见转达给了工程部，他们及时处理过了，您觉得今天的温度怎么样？"尽管客人只是说了声："谢谢，很好。"但他对这家酒店的信心已大为提高。如果酒店在其他方面没有大的失误，这位客人算是留住了。

然而，我们设想当客人又一次来到餐厅，包括温度的一切都是老样子，也没人向他解释什么。餐厅的员工们不记得他昨天说了什么，即使记得也不会认为那是在投诉，因为他没有发脾气，也没要找经理，只不过随口说说，且他还夸过餐厅的菜不错呢。

一般情况下，无论对哪种结果，客人都不会做出强烈的反应，但这些所闻所见形成一种积累，最终促使他们是否仍选择这家酒店。他还可能把这愉快或不愉快的感觉，告诉他的朋友、亲属和同事。

3. 控告性投诉

控告性投诉的特点是：投诉人已被激怒，情绪激动，要求投诉对象做出某种承诺。

4. 批评性投诉

批评性投诉的特点是，投诉人心怀不满，但是情绪相对平静，只是把这种不满意告诉对方，不一定要对方做出什么承诺。

5. 建设性投诉

建设性投诉的特点是投诉人一般不是心情不佳的情况下投诉的，恰恰相反，这种投诉很可能是随着对酒店的赞誉而发生的。

当然，投诉的性质不是一成不变的，不被理睬的建设性投诉可能会进一步变成批评性投诉，进而发展成为控告性投诉，或是客人愤然离店，并至少在短期内不再回来。无论哪一种局面出现，对酒店来说，都是一种损失。

如果我们对某些酒店所接到的投诉进行统计分析，就会发现一条规律，凡控告性投诉所占比重较大的酒店，肯定从服务质量到内部管理都存在着很多问题，过多的控告性投诉，会使酒店疲于奔命，就像一部消防车，四处救火，始终处于被动状态。其员工队伍也必定是缺乏凝聚力和集体荣誉感。而建设性投诉所占比重大的酒店，则应该是管理正规、秩序井然。酒店不断从客人的建设性意见中汲取养分，以改善自己的工作，员工的士气也势必高涨，从而形成企业内部的良性循环。

（三）宾客投诉的一般心理

1. 求尊重的心理

宾客在采取了投诉行动之后，都希望别人认为他的投诉是对的，他是有道理的。他们希望得到同情、尊重，希望有关人员、有关部门重视其意见，向其表示歉意，并立即采取相应的措施。

2. 求发泄的心理

宾客在碰到他们烦恼的事情之后，或者被讽刺挖苦甚至被辱骂之后，心中充满了怨气、怒火，要利用投诉的机会发泄出来，以维持他们的心理平衡。

3. 求补偿的心理

宾客在遭受一定损失而向有关部门投诉时，希望能补偿他们的损失，这是普遍的心理。如食物不洁希望换一碟，弄脏了衣物希望能免费洗干净等。

（四）处理宾客投诉的对策

坚持“宾客至上”的服务宗旨，对宾客投诉持欢迎态度，不与宾客争吵，不为自己辩护，接待投诉宾客，受理投诉，处理投诉，这本身就是餐厅的服务项目之一。如果说宾客投诉的原因总是与服务质量有关，那么，此时此刻代表餐厅受理投诉的管理人员应真诚地听取宾客的意见，表现出愿为宾客排忧解难的诚意，对失望痛心者好言安慰，深表同情，对脾气火暴者豁达礼让、理解为怀，争取完满解决问题，这本身就是餐厅正常服务质量的展现。如果说投诉宾客希望获得补偿的心理，那么在投诉过程中，服务员应以最佳的服务态度对待宾客，这对通情达理的宾客来说，也算得上是某种程度的补偿。

对宾客投诉的处理，一定要慎重，并做到：耐心倾听，弄清真相，同情宾客；诚恳道歉；征求宾客同意，恰当处理。

1. 耐心倾听，弄清真相，同情宾客

宾客投诉时，服务员应当礼貌地接待，若有可能，可以为宾客倒一杯茶，请其坐下慢慢地讲；要耐心地听他们把话讲完，因为宾客心中有怨愤，不通过发泄，他们的心里是不舒服的。耐心有时可以使本来暴跳如雷的宾客很自然地平静下来；耐心地听其投诉，也是为了能弄清事情的真相，以便恰当处理。有的服务员在听宾客投诉时急于辩解和反驳，这是没有好处的，这样做的效果往往不好。因为宾客企求的是服务员接受他的意见，而不是听服务员的辩解和反驳。在宾客盛怒之下的辩解和反驳，可能会被认为是对他们的指责和不尊重，会使宾客越发受到刺激，问题反而不易解决，甚至会使宾客愤然离去。听取宾客投诉时，在适当的时候应该表示对宾客的同情，这样也容易使宾客平静下来。

2. 以真诚的态度向宾客道歉

当宾客投诉时，切忌置之不理和与之发生争吵。有些服务员认为宾客投诉是他们“多事”或有意“找碴儿”，这是不对的。如果处处能向宾客提供周到的服务，一般宾客是不会来投诉的。只有因为工作出现差错，或者宾客有误会，宾客才会投诉。

是相信餐厅有关人员能处理好这件事，想请他们帮助或希望他们改进工作，这是大多数宾客的投诉动机。无论宾客投诉的动机如何，客观效果上是有利于餐厅做好工作的。如果一个人或一个单位意识不到自己的弱点，就难以改进工作。在接受宾客投诉时，一定不要理解为是对个人的指责。一些服务员听不进投诉，往往是认为宾客指责自己。当宾客前来投诉时，应当热情地以诚恳的态度，以自己是酒店代表的身份去接待，欢迎他们的投诉，尊重他们的意见，向他们表达歉意。有时请职位高的经理或主管向客人道歉也是一种诚意的表示。这样做可以使宾客觉得餐厅重视他们的投诉，可以满足他们的自尊心，为圆满处理他们投诉铺平了道路。

3. 区别不同情况，在征得宾客同意后做出恰当的处理

对一些明显是餐厅服务工作的过错的问题，应当马上向宾客道歉，在征得宾客同意后做出补偿等处理。如有宾客投诉菜肴、饮料有不洁物或菜端出时已冷了，冰淇淋端上桌时已经融化了等情况时，就要郑重地道歉，并重新换上好的。征得宾客同意是为了避免处理时不合宾客的意愿，反而使问题更复杂化。如果上的菜不是宾客订的，不要说是听错了或说宾客说错了，而应该爽快地承认是自己的责任，马上去换。对一些较复杂的问题，在弄清真相之前，不应急于表态或处理。应当有礼、有理，在宾客同意的基础上做出处理。有礼就是要有礼貌，不能对宾客失礼；有理就是清楚明白地列出充分的理由说服宾客，并在征得宾客同意的基础上做出恰如其分的处理。有的宾客吃完饭之后才抱怨其菜质量不好，为了照顾该宾客的情绪，管理人员可以免费向宾客提供一杯饮料，以表歉意。

知识链接

几种常见服务的注意事项

一、酒醉的客人

当发现客人喝酒过量时，餐厅的服务员应多加观察，如果客人有朋友或家人在，一般会比较容易处理，而且朋友与家人也会加以照顾，作为服务员，此时应主要做一些诸如提供毛巾、换毛巾、提供浓茶解酒等服务工作。

如果客人是独自喝醉的，服务员应找自己的同事帮忙一起照顾这位客人，另外，通过订餐信息等，尽量弄清楚客人的身份，以便采取进一步的措施，比如送客人回家或是找他的朋友帮助。

喝醉酒的客人通常千种百样，无法一一说明每种不同情形下的客人该怎么处理，但主要的原则有下列几条：

（1）不要再提供含酒精的饮料；提供帮助（如毛巾、茶水）；

（2）在较安静的地方处理，不要影响其他客人；

（3）应求得同事的帮助；

（4）尽量明确客人身份。

二、儿童

当客人带有儿童用餐时，服务员应该给予特别的关注，这不仅能够减少客人用餐时的麻烦，也是保证餐厅正常运作所必需的。在餐厅照顾儿童时，应注意以下几点：

（1）及时为儿童提供儿童餐椅，必要时要为儿童系上安全带，以防儿童从餐椅上滑落。提供帮助，但尽量不要去抱客人的小孩，特别是婴幼儿。

（2）准备特殊的餐具，最好能够提供塑料餐具或是其他不易打碎的用具，只提供餐勺（最好是塑料餐勺，不要提供刀叉等容易伤害别人的用具）。

（3）向客人推荐适合儿童口味的饮料，并提供吸管。一般的餐厅都应该准备儿童菜单，向客人推荐适合儿童口味的菜肴。

（4）上菜时一定要注意先上儿童餐。儿童的汤应盛在带把的汤杯中，而且温度适中，上汤时应摆放在靠近家长的位置。

（5）提供儿童用的纸、彩笔等，以便让小孩子可以在餐厅做一些安静的兴趣活动。有许多餐厅会在餐厅的一角开辟一个供儿童玩耍的乐园。这是吸引家庭客人用餐的好方法，即使许多五星级酒店也都会这样做。当然最为重要的是要保证环境和玩具的安全。

三、生病的客人

对于来餐厅就餐的生病的客人，当客人告知服务员后，服务员应立即表示关心，询问客人的病情，然后了解客人需要什么样的食品。对于在餐厅用餐期间感觉不适的客人，服务员应立即上前表示关心，并询问客人哪里感觉不适，是否需要帮助，是否需要叫医生。遇到生病的客人时，应注意：

（1）对于由客人告知生病的客人，可以根据客人的情况来安排特殊的菜式，比如提供粥类食品或是一些清淡菜肴。对于感冒的客人，可以提供一些如姜茶等饮品。

（2）安排座位时应尽量将生病的客人安排在靠近出口或通道的地方，以方便客人离开。

（3）如果客人需要就医，应介绍客人至附近的医院，同时通知酒店的医生，并协助客人离开餐厅。

（4）提供温水供客人服药。时刻保持镇静，并安慰其他客人，及时报告上司。

四、行为不雅或衣冠不整的客人

对于穿戴不整齐的客人来到餐厅时，服务员首先应热情礼貌地问候客人，并婉言告知客人。和以前许多酒店的做法不同，现在一般的餐厅对于穿着短裤、背心的客人都不会过分地拒绝，但在正式宴会的场合或是高档餐厅，对于这样穿着的客人还是会予以拒绝。现在大多数餐厅对于衣冠不整的判断主要是看是否影响到其他客人的用餐环境，有些度假式酒店对客人穿着拖鞋等着装也不会过于计较。对于客人的不雅行为，像在公众区域的沙发上平躺下来睡觉，当然也包括病人、随地吐痰，在非吸烟区吸烟等行为，应礼貌地加以制止。

五、倒酒或饮料时发生意外

服务员在为客人上饮料、茶或倒酒，不小心倒在客人身上时，应立即诚恳地向客人表示道歉，并询问、察看客人是否受伤。处理这类意外事件时应该：

（1）立即表示深切的关心，询问客人是否受伤，特别是倒翻热水或热茶时。如客人被烫伤，应立即拿冰块给客人敷伤。

（2）对于打翻像红酒、咖啡、橙汁等带有颜色的饮品时，应立即用餐巾或餐巾纸吸掉污渍，建议客人换下并及时送洗衣房清洗，以及时处理污渍，尽可能使衣物保持原貌。

（3）及时报告上司，并向客人做出诚恳的道歉。采取必要的弥补措施以免事态扩大。

实训考核

一、考核内容

学生分组设计投诉事故，分角色扮演客人、服务员、餐厅经理，进行餐厅投诉处理模拟练习。情景模拟结束后，小组互评，教师点评。

二、考核标准

考评小组		被考评小组	
考评地点			
考评内容	餐厅投诉事故处理程序		
考评标准	内　容	分值（分）	实际得分（分）
拟定餐厅投诉事故处理程序	拟定餐厅投诉事故处理程序	20	

续　表

考评标准	内　容	分值（分）	实际得分（分）
情景模拟	分工，分别扮演顾客和服务员	10	
	设计餐厅投诉事故场景	10	
	表演投诉事故处理过程	20	
	总结说明	20	
团队精神	通力合作、分工合理、团结互助	10	
	发言积极，乐于与同学分享成果	10	
合　计		100	

参考文献

[1] 宋春厅，李俊．中西餐饮服务实训教程［M］．北京：机械工业出版社，2008.
[2] 汪珊珊，刘畅．西餐与服务［M］．北京：清华大学出版社，2011.
[3] 林洁，尹正江．西餐服务教程［M］．长沙：湖南大学出版社，2013.
[4] 北京市职教成教教材建设领导小组．西餐零点服务［M］．北京：高等教育出版社，2013.
[5] 汪京强．酒吧管理与服务实训教程［M］．福州：福建人民出版社，2002.
[6] 傅生生，郑渊．酒水服务与酒吧管理（第2版）［M］．大连：东北财经大学出版社，2011.
[7] 郝瑞敏．酒店酒吧服务员精细化操作手册（漫画图解版）［M］．北京：人民邮电出版社，2013.
[8] 刘秀珍，陈的非．餐饮服务与管理［M］．北京：中国轻工业出版社，2011.
[9] 申琳琳．酒水服务与酒吧管理［M］．北京：北京师范大学出版社，2011.
[10] 胡柏翠，周德强．酒水服务与酒吧管理［M］．北京：电子工业出版社，2011.
[11] 饶雪梅．餐饮服务实训教程［M］．北京：科学出版社，2007.
[12] 姜红．餐饮服务与管理［M］．大连：大连理工大学出版社，2010.
[13] 熊国铭．现代酒吧服务与管理（第2版）［M］．北京：高等教育出版社，2009.
[14] 张永宁．酒店服务教学案例［M］．北京：中国旅游出版社，2003.
[15] 蒋一驱．酒店服务180例［M］．上海：东方出版中心，1998.
[16] 王珑．宴会设计［M］．上海：上海交通大学出版社，2011.
[17] 中国就业培训技术指导中心．餐厅服务员［M］．北京：中国劳动社会保障出版社，2011.
[18] 叶伯平．宴会设计与管理［M］．北京：清华大学出版社，2011.
[19] 周妙林．宴会设计与运作管理［M］．南京：东南大学出版社，2009.
[20] 王丽梅，朱多生．餐厅服务技术［M］．北京：中国纺织出版社，2009.
[21] 陈觉．餐饮服务要点及案例分析［M］．沈阳：辽宁科学技术出版社，2003.
[22] 姜红．餐饮服务与管理［M］．大连：大连理工大学出版社，2010.
[23] 于英丽，李丽．餐厅服务技能实训教程［M］．大连：东北财经大学出版社，2006.
[24] 何强．中餐服务［M］．北京：中国人民大学出版社，2007.
[25] 于佩珍．餐饮服务技术［M］．天津：南开大学出版社，2005.
[26] 饶雪梅．餐饮服务实训教程［M］．北京：科学出版社，2007.
[27] 李贤政．餐饮服务与管理［M］．北京：高等教育出版社，2005.

[28] 李勇平. 餐饮服务与管理［M］. 大连：东北财经大学出版社，2000.
[29] 詹益政. 酒店餐饮经营实务［M］. 广州：南方日报出版社，2003.
[30] 宋春亭，刘志全. 旅游酒店餐饮服务与管理［M］. 郑州：郑州大学出版社，2006.
[31] 谢民，何志刚. 餐饮经营与管理［M］. 北京：清华大学出版社，2006.
[32] 杨柳. 中国餐饮业白皮书［M］. 长沙：湖南科技出版社，2006.

附　录

餐厅服务员国家职业标准

1　职业概况

1.1　职业名称

餐厅服务员

1.2　职业定义

为顾客安排座位，点配菜点、进行宴会设计、装饰、布置，提供就餐服务的人员。

1.3　职业等级

本职业共设五个等级，分别为：初级（国家职业资格五级）、中级（国家职业资格四级）、高级（国家职业资格三级）、技师（国家职业资格二级）、高级技师（国家职业资格一级）。

1.4　职业环境条件

室内、常温。

1.5　职业能力特征

头脑灵活，具有迅速领会和理解外界信息的能力，并具有准确的判断能力，较强的语言表达和理解能力，准确的运算能力，手、脚、肢体动作灵活、协调，视觉敏锐，能准确地完成既定操作。

1.6　基本文化程度

初中毕业。

1.7　培训要求

1.7.1　培训期限

全日制职业学校教育，根据其培养目标和教学计划确定。晋级培训期限：初级不少于400 标准学时；中级不少于350 标准学时；高级不少于250 标准学时；技师不少于150 标准学时；高级技师不少于100 标准学时。

1.7.2　培训教师

培训初级或中级餐厅服务员的培训教师必须具有本职业高级以上职业资格证书或本专业讲师以上专业技术职务；培训高级餐厅服务员的教师必须具有本职业技师以上职业资格证书或本专业高级讲师以上专业技术职务；培训技师的教师必须具有本职业高级技师职业资格证书或本专业高级讲师以上专业职务；培训高级技师的教师应具有本职业高级技师职业资格证书2 年以上或具有相关专业高级专业技术职务。

1.7.3 培训场地设备

满足教学需要的标准教室。模拟教学场地布局合理，设备、设施齐全，符合国家有关安全、卫生标准。

1.8 鉴定要求

1.8.1 适用对象

从事或准备从事本职业的人员。

1.8.2 申报条件

——初级（具备以下条件之一者）

（1）经本职业初级正规培训达规定标准学时数，并取得毕（结）业证书。

（2）在本职业连续见习工作 2 年以上。

（3）本职业学徒期满。

——中级（具备以下条件之一者）

（1）取得本职业初级职业资格证书后，连续从事本职业工作 3 年以上，经本职业中级正规培训达规定标准学时数，并取得毕（结）业证书。

（2）取得本职业初级职业资格证书后，连续从事本职业工作 5 年以上。

（3）取得经劳动保障行政部门审核认定的，以中级技能为培养目标的中等以上职业学校本职业（专业）毕业证书。

——高级（具备以下条件之一者）

（1）取得本职业中级职业资格证书后，连续从事本职业工作 4 年以上，经本职业高级正规培训规定标准学时数，并取得毕（结）业证书。

（2）取得本职业中级职业资格证书后，连续从事本职业工作 7 年以上。

（3）取得高级技工学校或经劳动保障行政部门审核认定的，以高级技能为培养目标的职业学校本职业（专业）毕业证书。

（4）取得本职业中级职业资格证书的大专以上毕业生，连续从事本职业工作 2 年以上。

——技师（具备以下条件之一者）

（1）取得本职业高级职业资格证书后，连续从事本职业工作 5 年以上，经本职业技师正规培训达规定标准学时数，并取得毕（结）业证书。

（2）取得本职业高级职业资格证书后，连续从事本职业工作 8 年以上。

（3）取得本职业高级职业资格证书的高级技工学校毕业生，连续从事本职业工作 2 年以上。

——高级技师（具备以下条件之一者）

（1）取得本职业技师职业资格证书后，连续从事本职业工作 3 年以上，经本职业高级技师正规培训达规定标准学时数，并取得毕（结）业证书。

（2）取得本职业技师职业资格证书后，连续从事本职业工作 5 年以上。

1.8.3 鉴定方式

分为理论知识考试（笔试）和技能操作考核。理论知识考试满分为100分，60分以上为合格。理论知识考试合格者参加技能操作考核。技能操作考核分项打分，满分为100分，60分以上为合格。技师、高级技师还须进行综合评审。

1.8.4 考评人员和考生的配比

理论知识考试每个标准考场每30名考生配备2名监考人员；初级、中级技能操作考核每2名考生配备至少1名考评员，高级、技师、高级技师技能操作考核每1名考生配备1名考评员。

1.8.5 鉴定时间

理论知识考试为120分钟；技能操作考核初级30分钟，中级40分钟，高级50分钟，技师、高级技师90分钟。

1.8.6 鉴定场所和设备

理论知识考试在标准教室里进行，技能操作考核场所要求在正规的餐厅或等同于正规餐厅的模拟餐厅，桌椅、工作台等必备物品齐全，设备、设施安全，卫生符合国家规定标准。

2 基本要求

2.1 职业道德

2.1.1 职业道德基本知识

2.1.2 职业守则

（1）热爱本职工作，忠于职守，对消费者高度负责。

（2）热忱服务，讲究服务质量，自觉钻研业务，紧跟社会发展需要，不断开拓创新。

（3）树立为人民服务的思想，顾客至上，尊师爱徒。

（4）讲文明，讲礼貌，遵守国家法律及政策法规。

2.2 基础知识

2.2.1 饮食服务卫生知识

（1）食品卫生基础知识。

（2）食品卫生质量的鉴别方法。

（3）预防食物污染、食物中毒和有关的传染病。

（4）饮食业食品卫生制度。

（5）中华人民共和国食品卫生法。

2.2.2 礼节礼貌知识

2.2.3 饮食风俗与习惯

2.2.4 服务安全知识

3 工作要求

本标准对初级、中级、高级、技师、高级技师的技能要求依次递进，高级别包括低级别的要求。

3.1　初级

职业功能	工作内容	技能要求	相关知识
一、接待服务	（一）接待	能准确、规范地使用文明礼貌用语，热情、规范地接待顾客，微笑服务	零餐接待服务知识
	（二）菜肴、食品介绍及服务	能耐心向顾客介绍菜肴、食品，并将顾客所选菜肴、食品清楚准确地填入菜单	
二、餐巾折叠	（一）餐巾折叠	能运用不同的折叠技法将餐巾折叠成20种以上不同的花形，花形规范有形	1. 餐巾折叠技艺知识 2. 根据风俗习惯选择餐巾花形的知识
	（二）餐巾花的选择、插放与摆设	餐巾花选择、插放、摆设要协调、艺术	
三、端托服务	（一）理盘	能按卫生要求整理托盘，达到无菌、整洁、美观、安全、方便服务的要求	1. 托盘使用知识 2. 端托服务形体训练知识
	（二）装盘	能按规范装摆物品，码放整齐、合理，重量分部适宜	
	（三）端托	1. 托盘能端托到位，端托平稳 2. 能按所托物品选择适宜的步伐	
四、摆台服务	（一）选择餐台	能根据客人就餐人数选择适宜的餐台	1. 摆台的基本知识及操作规范 2. 摆台卫生知识
	（二）铺台布	能按规范铺台布	
	（三）摆台	1. 能按就餐需要及摆台规范标准，摆放餐、酒用具 2. 能做到餐台及餐、酒用具摆放规范，符合客人要求，便于服务操作	
五、酒水服务	（一）选酒（饮料）并开启	1. 能准确、及时地向客人提供酒（饮料）单 2. 能根据酒（饮料）的种类，选用适当的方法开启酒（饮料）容器	1. 酒类基本知识 2. 饮料基本知识 3. 酒服务知识 4. 斟酒形体知识
	（二）斟酒（饮料）	1. 能准确选择斟酒（饮料）位置，采用标准姿势和正确程序为顾客斟酒（饮料） 2. 能做到斟酒（饮料）量恰当，保证斟酒（饮料）服务安全	
六、上菜服务	（一）介绍菜名	1. 能准确报出菜品名称 2. 能介绍菜品特点 3. 能介绍特殊菜品的食用方法	一般菜肴介绍

续 表

职业功能	工作内容	技能要求	相关知识
六、上菜服务	（二）上菜	1. 能采用正确的程序和规则上菜 2. 能准确选择上菜位置，动作规范、准确 3. 上菜能规范摆放，保证操作安全	1. 上菜的基本程序和规则 2. 上菜的礼节
七、撤换菜品及餐、酒用具	（一）撤换餐、酒用具	能按礼仪及卫生规范要求，正确、及时地撤换就餐餐、酒用具	撤换菜品及餐、酒用具的知识
	（二）撤换菜肴、食品	能按进餐速度及时撤换餐台上的残菜	
	（三）撤换餐巾、毛巾、台布	1. 能根据客人用餐中餐巾、小毛巾的使用情况及时进行补充、撤换 2. 收台后能及时撤换台布	

3.2　中级

职业功能	工作内容	技能要求	相关知识
一、接待服务	（一）接待	能主动引客入座，并热情服务	1. 名菜、名点的特点 2. 零点、团体菜单的编配知识
	（二）点配菜点	1. 能主动介绍特色菜点 2. 能按顾客需求，编配团体餐菜单	
二、餐巾折叠	折叠餐巾	能运用不同技法，折叠30种以上餐巾花形（杯花、盘花），形象逼真	餐巾折叠技艺
三、摆台服务	（一）餐前准备	开餐前能做好菜单、酒水（饮料）、餐具、用具等各项准备工作	宴会摆台知识
	（二）中、西餐宴会餐台布局与摆设	1. 能根据宴会需要，选择适宜的餐台，合理安排宴会餐台布局及摆设 2. 能正确安排宴会的宾主桌次与座次	
四、酒水服务	（一）特殊酒水开启	能够运用正确方法开启特殊酒水	1. 中国酒的分类与特点 2. 外国酒的分类与特点 3. 特殊酒水的开启、饮用方法
	（二）特殊酒水服务	能够运用正确方法进行特殊酒水斟倒服务	特殊酒水斟酒服务程序

续　表

职业功能	工作内容	技能要求	相关知识
四、酒水服务	（三）酒水保管	能够进行酒水日常保管及服务中保管	酒水日常保管方法
五、分菜服务	（一）分菜	能够运用正确方法进行宴会分菜服务	分菜服务的基本原则与方法
	（二）分鱼	按鱼的不同品种及烹调方法，能独立完成各式整形鱼的分让服务	1. 整形菜拆分原则及操作规范 2. 常见水产品的种类与服务知识 3. 畜、禽类原材料的品种、加工与服务知识
	（三）整（造）型菜拆分	能对整鸡、整鸭及整体造型菜肴进行拆分服务，做到手法准确，动作利落，符合卫生要求和操作规范	1. 整形菜拆分原则及操作规范 2. 常见水产品的种类与服务知识 3. 畜、禽类原材料的品种、加工与服务知识
六、餐、酒用具管理	（一）餐、酒用具的配备、使用	1. 能正确配用餐、酒用具 2. 能按就餐顾客的实际需求配备相应数量的餐、酒用具	餐具、酒具、用具的配备、使用与保管知识
	（二）餐、酒用具的合理保管	能对使用后的餐、酒用具进行妥善保管	

3.3　高级

职业功能	工作内容	技能要求	相关知识
一、接待服务	接待	运用恰当的语言艺术独立接待中外就餐宾客	餐厅服务艺术用语
二、摆台服务	（一）中、高档宴会餐厅布置	能独立布置宴会厅，达到规范、典雅、方便、适用的要求	餐厅的布局、装饰与陈设知识
	（二）中、高档中餐宴会摆台	能独立完成中、高档中餐宴会摆台操作	中餐宴会摆台知识

续 表

职业功能	工作内容	技能要求	相关知识
二、摆台服务	(三) 中、高档西餐宴会及甜点摆台	能独立完成中、高档西餐宴会及西餐甜点摆台操作	1. 西餐宴会摆台知识 2. 西餐甜点摆台知识
	(四) 中、西餐宴会餐台插花	能独立完成中、西餐宴会餐台插花	餐台插花知识
	(五) 冷餐会、自助餐、茶话会、酒会摆台	能合理布置冷餐会、自助餐、茶话会、酒会餐厅及餐台	冷餐会、自助餐、茶话会、酒会摆台知识
三、宴会服务	(一) 高档酒水质量鉴别与斟倒服务	1. 能运用看、嗅、品的方法对酒品进行鉴别 2. 能进行高档酒水和鸡尾酒斟倒服务	1. 酒品鉴别基本方法 2. 鸡尾酒的种类与特点
	(二) 名菜、名点服务	能够进行名菜、名点服务	1. 特殊加工制作菜肴的特点、加工方法及服务 2. 名菜、名点的产地、特点及服务方式
	(三) 茶艺服务	能够根据菜的不同饮用方法进行茶艺服务	1. 茶的种类及特点 2. 茶艺服务基本知识
	(四) 营养配餐	能根据消费者需求拟定符合营养要求的高档宴会菜单	1. 营养基本知识 2. 宴会菜单的种类、作用和编制方法
四、餐、酒用具管理	高档餐、酒用具的使用、保管	能运用正确的方法使用、保管高档餐、酒用具	高档玻璃、金银器皿等高档餐酒用具的使用与保管方法

续 表

职业功能	工作内容	技能要求	相关知识
五、餐厅管理	（一）经营与销售	能够合理安排人力、物力，组织经营销售	餐厅服务与管理知识
	（二）沟通与协调	1. 能够及时将顾客的消费信息反馈给烹调师及有关人员 2. 能够组织协调餐厅服务与其他各个环节的关系	1. 市场预测知识 2. 服务与消费的关系 3. 餐厅服务与厨房制作的关系
	（三）妥善处理问题	具有一定的应变能力，能解决顾客提出的服务问题	公共关系基本知识
六、培训指导	培训指导	能够对初级、中级餐厅服务员进行指导	

3.4　技师

职业功能	工作内容	技能要求	相关知识
一、宴会组织	（一）特殊宴会的组织	能完成普通宴会、高档宴会、主题宴会、素食宴会、清真宴会等不同类型宴会的食品供应，餐、酒用具的配备、人员的配备与落实等宴会组织与实施工作	1. 宴会的组织与分工知识 2. 餐具、酒具、用具的配备知识
	（二）餐台设计与装饰	能够完成餐台台面的设计，并进行合理的装点美化	1. 餐台台面设计知识 2. 餐厅装饰、布置与宴会设计知识 3. 园艺、绿化知识
	（三）餐厅布局与装饰	能对餐厅内外设备、设施及陈设与布局进行合理设计、调整，达到美观、实用的要求，并利用花草等植物对餐厅环境进行美化	1. 餐台台面设计知识 2. 餐厅装饰、布置与宴会设计知识 3. 园艺、绿化知识
二、餐厅管理	（一）组织管理	根据经营销售要求，组织、指挥服务人员完成销售指标	市场营销与导餐服务管理知识

续 表

职业功能	工作内容	技能要求	相关知识
二、餐厅管理	（二）质量管理	1. 能适应市场发展需求，运用服务设备、设施，改善与创新服务方式，提高服务质量 2. 能按季节、节日调整服务方式及服务供应品种 3. 能够鉴别餐饮产品及商品的一般质量	1. 服务质量与标准知识 2. 食品卫生质量的鉴别方法 3. 食品原材料知识
	（三）成本管理	1. 能正确制定饮食产品价格 2. 能准确计算饮食产品毛利率 3. 能准确计算宴会成本	饮食业成本核算知识
	（四）设备、设施管理	能指导服务人员正确使用及保养餐厅内的设备、设施	餐厅设施、设备的配备与管理知识
	（五）协调管理	1. 能协调烹饪与服务的关系，开展高效益的经营与销售 2. 能反馈消费信息，对菜肴制作提出合理化的改革与创新建议	1. 烹饪与饮食服务的关系 2. 消费与饮食心理需求知识
三、公共关系	（一）妥善处理服务中的突发事件	能够及时、妥善处理服务中的突发事件	妥善处理服务中突发事件的知识
	（二）涉外礼仪	能运用恰当的方式接待不同国家、不同民族、不同地区的顾客	涉外礼仪知识
四、培训指导	（一）专业培训	能够按培养目标要求，组织实施培训	1. 餐厅服务实施与指导 2. 教学法常识 3. 服务心理学知识 4. 餐厅服务与管理 5. 论文写作常识
	（二）日常培训	能对所管辖员工的日常工作随时随地进行指导，讲解关键技术要领，亲自示范，言传身教	
	（三）撰写论文	能够撰写有一定水平的论文	

3.5 高级技师

职业功能	工作内容	技能要求	相关知识
一、餐饮服务的设计与创新	（一）餐饮服务设计	1. 能设计富有时代特色的宴会布置格局 2. 能策划和组织中、西餐大型宴会活动及酒会、自助餐、冷餐会或各种命题的饮宴活动 3. 能进行茶市、舞厅（卡拉 OK 厅）、酒吧、咖啡厅的布置与整体设计	1. 旅游酒店管理知识 2. 餐厅接待服务知识 3. 宴会的组织与服务知识 4. 餐厅的布局、装饰与陈设知识

续　表

职业功能	工作内容	技能要求	相关知识
一、餐饮服务的设计与创新	（二）服务创新	能结合市场需求，开发、设计新的服务内容，以引导服务工作不断创新、发展	国外餐饮服务发展趋势
二、餐厅管理	（一）日常管理	1. 能合理调配餐厅人员，创造最佳劳动效率 2. 能做好部门、人员协调工作 3. 设置服务接待大事记，能进行宴会档案管理	1. 档案管理常识 2. 公共关系常识 3. 营销基础知识 4. 服务与消费的关系
	（二）解决疑难问题	能够处理服务、销售中出现的各种疑难问题及突发事件	
	（三）经营管理	1. 能够进行市场需求预测，不断修订、调整经营计划 2. 能积极开发新市场，扩大销售量，保证完成经营利润指标 3. 能正确运用服务与消费的关系，制定相应营销策略，成功地推动市场	
三、培训指导	培训指导	1. 能够编制餐厅服务员培训讲义 2. 能够撰写较高水平的论文	教育学、心理学基本知识
四、外语应用	外语应用	1. 具有基本的外语会话能力 2. 能够借助工具书查阅、翻译本专业资料	外语日常用语和基本的专业外语用语

4　比重表

4.1　理论知识

项　目			初级(%)	中级(%)	高级(%)	技师(%)	高级技师(%)
基本要求	职业道德		15	5	5	5	5
	基础知识	饮食服务卫生知识	40	30	20	20	10
		礼节礼貌知识					
		饮食习俗与习惯					
		服务安全知识					

续 表

项目			初级(%)	中级(%)	高级(%)	技师(%)	高级技师(%)
相关知识	接待服务	餐厅接待服务知识	30	30	20	—	—
		酒水、饮料服务知识	15	15	10	—	—
		餐厅装饰与布置	—	10	10	5	—
		餐、酒用具管理	—	10	5	—	—
		食品营养	—	—	10	5	5
		商品原材料知识	—	—	—	5	5
		烹饪与制作知识	—	—	5	5	5
	宴会服务	宴会的组织与服务	—	—	5	5	10
		宴会设计	—	—	—	10	10
	餐厅管理	设备设施管理	—	—	5	5	5
		成本核算	—	—	—	5	5
		公共关系与协调	—	—	5	5	5
		市场营销管理	—	—	—	5	5
	培训指导	心理学知识	—	—	—	5	5
		培训方案	—	—	—	10	5
		培训组织与实施	—	—	—	5	10
	外语应用	外语应用	—	—	—	—	10
合计			100	100	100	100	100

4.2 技能操作

项目			初级(%)	中级(%)	高级(%)	技师(%)	高级技师(%)
技能要求	接待服务	开餐前准备工作	5	5	5	—	—
		点配菜点	5	10	—	—	—
	餐巾折叠	餐巾花形折叠	20	15	10	10	—
	端托服务	托盘端托服务	10	10	5	—	—
	摆台服务	中西餐餐台摆设	30	20	20	15	—
	酒水服务	酒水斟倒	10	10	10	5	—
	上菜服务	上菜服务	10	—	—	—	—
	分菜服务	分菜服务	—	15	—	—	—
	撤换菜品及餐、酒用具（餐、酒用具管理）	餐间撤换菜品及餐酒用具（餐、酒用具管理）	10	5	—	—	—

续 表

项 目			初级（%）	中级（%）	高级（%）	技师（%）	高级技师（%）
技能要求	宴会服务（宴会组织）	餐台设计与布局	—	5	15	20	30
		设备配备与管理	—	—	5	10	10
		菜单编制与拟定	—	5	10	10	10
		人员组织与配备	—	—	—	—	10
		餐厅布局设计	—	—	—	10	20
		餐厅插花、绿化	—	—	20	20	20
合 计			100	100	100	100	100